编委会

主　编
刘　良　任　亮

副主编
莫耀南　张海东　杨天潼　刘　茜

编　者（以姓氏笔画为序）

王云云　华中科技大学
任　亮　华中科技大学
刘　良　华中科技大学
刘　茜　华中科技大学
刘鸿霞　中国政法大学
杨天潼　中国政法大学
汪　岚　青岛大学
张海东　中国政法大学
卓　莘　福建省公安厅
周　兰　江苏省公安厅
郑　娜　深圳大学
莫耀南　河南科技大学
黄锶哲　华中科技大学
韩正琪　中国政法大学

国家科学技术学术著作出版基金资助项目

现代法医学前沿与进展丛书

死亡时间推断法医学研究

FORENSIC STUDY ON POSTMORTEM INTERVAL ESTIMATION

主编◎刘良 任亮

华中科技大学出版社
http://press.hust.edu.cn
中国·武汉

内容简介

本书是一本系统的死亡时间推断法医学研究专著,内容包括传统法医学死亡时间推断方法,利用死后体液的化学变化、DNA 检测技术、mRNA 含量变化、磁共振波谱技术、三磷酸腺苷生物发光快速检测技术、红外光谱技术推断死亡时间,死亡时间推断研究的科学计量学分析,以及死亡时间推断研究中的难点、前景与展望等。

本书主编对法医学死亡时间推断已经进行了 10 余年的研究,其他编者也多是长期参与死亡时间推断法医学研究的研究者,全书结合编者实践经验及研究成果展开,汇集了法医学死亡时间推断的传统经典理论与先进技术手段,内容全面、科学、先进、实用,可供广大法医工作者及法医学专业学生等学习和参考。

图书在版编目(CIP)数据

死亡时间推断法医学研究/刘良,任亮主编. —武汉:华中科技大学出版社,2022.6
ISBN 978-7-5680-8877-0

Ⅰ. ①死… Ⅱ. ①刘… ②任… Ⅲ. ①死后时间推定-法医学-研究 Ⅳ. ①D919.4

中国版本图书馆 CIP 数据核字(2022)第 211733 号

死亡时间推断法医学研究 刘 良 任 亮 主编
Siwang Shijian Tuiduan Fayixue Yanjiu

总策划:车 巍	
策划编辑:居 颖 汪飒婷	
责任编辑:曾奇峰	
封面设计:廖亚萍	
责任校对:刘 竣	
责任监印:周治超	
出版发行:华中科技大学出版社(中国·武汉)	电话:(027)81321913
武汉市东湖新技术开发区华工科技园	邮编:430223
录　　排:华中科技大学惠友文印中心	
印　　刷:湖北新华印务有限公司	
开　　本:787mm×1092mm　1/16	
印　　张:13.25　插页:2	
字　　数:302 千字	
版　　次:2022 年 6 月第 1 版第 1 次印刷	
定　　价:128.00 元	

本书若有印装质量问题,请向出版社营销中心调换
全国免费服务热线:400-6679-118　竭诚为您服务
版权所有　侵权必究

前　言

死亡时间的推断在法医病理学鉴定中至关重要。早在三百多年前，被誉为欧洲法医学之父的 Paulus Zacchias 就已明确指出：死亡时间的推断，是法医学鉴定中首先需要解决的问题。

许多非自然死亡的确切发生时间往往不清楚，而死亡时间在多数情况下又标志着案件发生的时间，与涉案的人和事密切相关，比如，认定和排除嫌疑人有无作案时间；划定侦查范围；当案件涉及多名嫌疑人时，确定最终犯罪人等。死亡时间推断也在某些自然死亡及涉及财产继承、保险理赔的案件中有一定的作用。

死亡时间推断历来是法医病理学研究的热点问题，中外法医学者提出了许多研究方法或学说，但该问题迄今仍然没有得到很好的解决，传统的死亡时间推断方法易受尸体本身及其环境因素的影响，且主观性强、经验性影响因素多。随着科学技术的不断进步，许多法医学者应用多学科的新技术、手段，研究尸体温度变化和体液、组织及细胞的特征性参数的变化，提出了多种推断死亡时间的方法。

长期以来，各种法医学的教材和专著都有对死亡时间推断的介绍，但介绍的都是一些已经成熟的方法，内容相对简单、方法陈旧，不能完全体现当下死亡时间推断的研究状况和进展。编者旨在通过此书全方位、系统地介绍死亡时间推断的最新研究结果，以飨广大法医同行。

本书主编对法医学死亡时间推断已经进行了 10 余年的研究，在此领域内开辟了许多新的研究途径，提出了多种推断死亡时间的方法，建立了内容翔实的科研数据库，并且积累了大量宝贵的经验。其他参编人员也多是长期参与死亡时间推断法医学研究的研究者。编者从一系列新的角度研究影响或反映死亡时间的相关因素，旨在通过多方位的研究，实现对死亡时间综合、客观的判断，并在实际应用中勇于创新、积极实践，取得了累累硕果。在编写过程中，编者按各自不同的研究方向、研究内容执笔，力求使本书的内容做到高屋建瓴、深入浅出，达到科学性、系统性、先进性、实用性和全面性结合的目的。在本书编写过程中，王荣帅、张有友博士，邓燕飞、张杰、关础怀、余亚蕾、田琦硕硕士也做了大量卓有成效的工作，在此表示衷心的感谢。

本书汇集了传统经典理论与先进技术手段，传统与创新相结合的编写模式为如何准确、客观地推断死亡时间提供了新的思路，即在死亡时间推断方面的研究，应该多因素、多指标、多手段联合应用，采用各种经典的和最新的技术方法进行综合分析，构建专家系统，以期为法医病理学中死亡时间推断问题的解决找到突破口。

编　者

目　　录

第一章　传统法医学死亡时间推断方法 ……………………………………………… (1)
　　第一节　根据尸体现象推断死亡时间 …………………………………………… (1)
　　第二节　根据超生反应推断死亡时间 …………………………………………… (21)
　　第三节　根据胃肠内容物或膀胱内尿量推断死亡时间 ………………………… (25)
　　第四节　根据组织学变化及酶组织化学变化推断死亡时间 …………………… (26)
　　第五节　根据尸体昆虫数据推断死亡时间 ……………………………………… (30)
　　第六节　根据尸体所在现场情况推断死亡时间 ………………………………… (46)

第二章　根据死后体液的化学变化推断死亡时间 …………………………………… (48)
　　第一节　血液、脑脊液等体液变化与死亡时间推断 …………………………… (48)
　　第二节　根据玻璃体液死后变化推断死亡时间 ………………………………… (53)

第三章　DNA 检测技术推断死亡时间 ………………………………………………… (70)
　　第一节　利用 DNA 推断死亡时间研究概况 …………………………………… (71)
　　第二节　细胞分光光度法检测 DNA 含量推断死亡时间 ……………………… (76)
　　第三节　组织化学技术检测 DNA 含量推断死亡时间 ………………………… (77)
　　第四节　流式细胞术检测 DNA 含量推断死亡时间 …………………………… (79)
　　第五节　计算机数字图像分析技术检测 DNA 含量推断死亡时间 …………… (82)
　　第六节　单细胞凝胶电泳技术检测 DNA 含量推断死亡时间 ………………… (89)

第四章　利用 mRNA 含量变化推断死亡时间 ………………………………………… (96)
　　第一节　生物组织 mRNA 的降解方式 ………………………………………… (97)
　　第二节　死后生物组织 mRNA 的降解规律 …………………………………… (101)
　　第三节　死后生物组织 mRNA 降解的影响因素 ……………………………… (106)

第五章　磁共振波谱技术推断死亡时间 ……………………………………………… (108)
　　第一节　磁共振现象 ……………………………………………………………… (108)
　　第二节　核磁共振 ………………………………………………………………… (110)
　　第三节　磁共振波谱技术推断死亡时间的方法 ………………………………… (113)

第六章　三磷酸腺苷生物发光快速检测技术推断死亡时间 ………………………… (119)
　　第一节　生物发光快速检测技术的基本理论 …………………………………… (119)
　　第二节　萤火虫荧光素酶发光系统 ……………………………………………… (119)
　　第三节　ATP 依赖性生物发光反应原理 ………………………………………… (121)
　　第四节　ATP 生物发光快速检测的技术手段 …………………………………… (123)

第五节　ATP生物发光快速检测技术的应用 ……………………………… (126)
　　第六节　ATP生物发光快速检测技术推断死亡时间的应用 …………… (130)
第七章　红外光谱技术推断死亡时间 ………………………………………… (134)
　　第一节　红外光谱的基本概念 …………………………………………… (134)
　　第二节　傅里叶变换红外光谱学的基本原理 …………………………… (140)
　　第三节　利用傅里叶变换红外光谱仪推断死亡时间 …………………… (142)
第八章　死亡时间推断研究的科学计量学分析 ……………………………… (147)
　　第一节　研究方法及数据来源 …………………………………………… (147)
　　第二节　文献外部特征统计分析 ………………………………………… (149)
　　第三节　文献研究主题和热点 …………………………………………… (172)
　　第四节　结语 ……………………………………………………………… (181)
第九章　其他与展望 …………………………………………………………… (182)
　　第一节　死亡时间推断研究中的难点 …………………………………… (182)
　　第二节　死亡时间推断的积累与创新 …………………………………… (185)
　　第三节　死亡时间推断的前景与展望 …………………………………… (188)
　　第四节　结语 ……………………………………………………………… (192)
主要参考文献 …………………………………………………………………… (193)
彩图 ……………………………………………………………………………… (203)

第一章 传统法医学死亡时间推断方法

死亡时间(time of death)在法医学上是指机体死后经历时间(time since death,TSD)或称死后间隔时间(postmortem interval,PMI),即检验尸体时距死亡发生时的时间间隔。

死亡时间推断(estimation of time since death)即推断死后经历或间隔时间。法医学实践表明,死亡时间推断是法医学鉴定中需要解决的重要问题之一。这是因为许多非自然死亡的发生时间不清,而死亡时间在多数情况下标志着案件发生的时间,并与涉案的人和事密切相关。因此,推断死亡时间对确定案件发生时间、认定和排除嫌疑人有无作案时间、划定侦查范围乃至案件的最终侦破均具有重要作用。特别是案件涉及多个嫌疑人时,死亡时间的准确推断尤显重要。此外,死亡时间推断在某些自然死亡及涉及财产继承、保险理赔的案件中也有一定的作用。

鉴于以上原因,死亡时间推断历来是法医病理学研究的热点问题,中外法医学者提出了许多研究方法或学说,迄今为止,该问题仍然没有得到很好的解决,目前主要依据死后尸体变化发生的规律粗略推断死亡时间。根据尸体变化发生的先后及法医学实践的要求,死亡时间推断可分为死后早期死亡时间推断、死后晚期(腐败)死亡时间推断及白骨化尸体死亡时间推断三个阶段。

传统的死亡时间推断方法主要根据不同时期的尸体现象及胃内容物消化程度来推断死亡时间,而且到目前为止,其仍然是法医学实践工作中死亡时间推断的主要方法。

第一节 根据尸体现象推断死亡时间

人死后因受物理、化学和生物学因素等各种因素的作用,尸体会发生各种变化,这些变化称为死后变化(postmortem changes)。死后变化使尸体表面和内部组织器官呈现与活体不同的征象,故亦称尸体现象(postmortem phenomena)。人死后一段时间内,各个组织器官均发生变化,可以通过肉眼、光镜、电镜等观察到,其中以尸体体表和一些主要的内脏器官、组织的形态学变化较为重要。有的死后变化可能在形态学上不明显,但能检测到一定的化学变化。大部分死后变化是尸体随着死亡时间的延长而自发形成的;但也有一些死后变化是外界因素,包括某些人为因素所致,故称死后人为现象(postmortem artifacts);此外,还包括不同的动物和自然环境因素对尸体造成的毁坏。

死后变化是法医病理学的基本内容,也是死亡学(thanatology)的主要内容之一。有的死后变化可破坏或改变生前损伤或病变的形态变化,而有的死后变化可使生前的某些改变明显化。所以,正确认识各种不同的死后变化,并与生前损伤、疾病的病理变化相鉴别,不仅是法医病理学工作者的一项基本功,也是做好法医病理学检案鉴定工作,特别是进行死亡时间推断的必要基础和前提,因而在法医学上具有十分重要的意义。

根据不同的目的和方法,死后变化的分类也各不相同。

1. 按死亡时间分类

(1) 早期死后变化:早期死后变化是指在死后 24 h 以内尸体出现的改变,包括超生反应、肌肉松弛、皮革样化、角膜混浊、尸冷、尸斑、内部器官血液坠积、尸僵、尸体痉挛、自溶、自家消化、溶血;还包括尸体内早期的化学改变,如钠、钾等电解质离子浓度,各种蛋白质和酶类水平,细胞核的 DNA 含量改变及早期死后人为现象等。

(2) 晚期死后变化:晚期死后变化是指在死后 24 h 以后尸体出现的改变,包括尸体腐败的各种征象(尸臭、尸绿、腐败静脉网、泡沫器官、巨人观等)、霉尸、白骨化、木乃伊、尸蜡、泥炭鞣尸、浸软,动物和自然环境因素对尸体的毁坏及晚期死后人为现象。

2. 按死后变化发生的部位分类

(1) 尸体表面的死后变化:如尸斑、尸僵、角膜混浊、皮革样化、尸绿、腐败静脉网等。

(2) 尸体内部器官、组织的死后变化:如自溶、泡沫器官等。

3. 根据尸体是否完整分类

(1) 毁坏型死后变化:包括尸体腐败的各种征象、霉尸、白骨化及动物和自然环境因素对尸体的毁坏等。

(2) 保存型死后变化:如木乃伊、尸蜡、泥炭鞣尸、古尸、浸软等。

死后变化的发生和发展有一定的时间规律,但亦受很多因素的影响。多种因素可加快或减慢死后变化速度,甚至暂时终止其发生和发展。死后变化的影响因素主要包括尸体所处的外界环境因素、尸体本身的内在因素和其他一些特殊因素。

外界环境因素如下:①自然气候:如阴晴雨雪等不同天气状况和东西南北等不同地域条件,其中温度、湿度、空气流通情况等对死后变化的影响很大。温度是最主要的外界环境因素。气温低可延缓死后变化的发生和发展;气温越高,死后变化就越早发生,也发展得越快。②尸体所处的环境地点:主要分为室内和室外两种。室内环境对死后变化影响相对较小,但如果门窗打开,则室内的温度、空气流通情况仍有很大的变化,也会对死亡变化造成较大影响。室外的影响则根据具体地点而异。除受一般的自然环境因素影响外,尸体还可能受到地形、流水、动物及陆地和水上交通工具的损伤和破坏。③尸体上的衣着服饰等:衣着服饰有隔热保温等作用,会影响死后变化的发生和发展。

尸体本身的内在因素则包括年龄、性别、体形、疾病及死亡原因等。婴儿由于其体内水分比例较成人高,故死后变化发展较快。肥胖者较瘦弱者尸体温度(简称尸温)放散慢,而产妇较一般人死后变化的进展快。传染性疾病患者死后变化发展较快;急性失血性休克死者较其他死因者的死后变化发展稍慢。

此外,其他一些特殊因素对死后变化也有影响,包括如下几种:①尸体被冷藏或冷冻:尸体被冷藏后其死后变化的发生、发展慢,被冷冻者更慢,尤其对尸斑的颜色影响明显。②停尸载体的位置及尸体的体位:尸体被停放在不同物体上时,死后变化因散热情况不同而有一定差别。尸体的体位也对死后变化有影响,特别是对尸斑和内脏器官的血液坠积有明显影响。③尸体搬运:如搬动尸体可使胃内容物反流和进入呼吸道。④医源性因素:当人体在濒死期或实际上虽已死亡但仍被送到医院给予胸外心脏按压等急救时,可造成肋骨和(或)胸骨的骨折等人为现象。

根据死后变化推断死亡时间,是法医学实践中常用的一种传统的方法。由于死后变化受到尸体内部和外部环境条件的影响,虽然利用死后变化推断死亡时间并不十分精确,但它是一种简便、实用的方法。几乎所有的死后变化,特别是早期死后变化都可用于推断死亡时间。死后早期是指尸体未出现明显腐败现象的时期。早期死亡时间的推断,实际工作中多以尸温的下降规律为基础,结合尸斑、尸僵和其他尸体现象以及胃、肠内容物的消化情况等综合推断。20世纪50年代以来,一些新的推断方法相继提出,如根据超生反应检测、离子检测、酶检测、DNA降解程度检测等推断死亡时间,到目前为止,这些方法还未真正应用于实际工作中。近年来,一种以尸温测量为基础,综合多种影响因素的多参数综合推断早期死亡时间的方法在一些国家已得到实际应用。

一、根据尸冷推断死亡时间

人死后,因新陈代谢停止、不再产生热量,尸体原有热量不断散发,以对流、辐射及传导等方式向周围环境散失热量,使尸温逐渐下降至环境温度,或低于环境温度,称尸冷(algor mortis)。尽管影响尸冷形成的因素较多,但由于尸温的测量方法简便易行,迄今尸冷仍被广泛用于推断死亡时间。由于尸体内的热量要先传到体表,再通过对流、辐射和传导等逐渐散发,故尸温下降的速度受尸体内、外环境因素的影响较大。

外部环境即尸体所处的环境,如衣着服饰、气温、湿度、通风状况等。浸在冷水中或埋于土内的尸体,尸温较陆地上的尸体下降速度快。衣着多的尸体较衣着少的尸体尸温下降速度慢。通风条件好、空气干燥时,尸温下降速度快。

环境温度是影响尸冷最主要的外部环境因素,环境温度高,尸温下降速度慢。春秋季室温(16~18 ℃)时,一般经3~4 h,颜面、手掌等裸露部位的温度即可与环境温度一致;经5~6 h,体表仅胸部有温感;到24 h,尸温与室温相等。中等身材的成人尸体,在16~18 ℃时,死后10 h内,平均每小时尸温下降1 ℃;此后下降速度减慢。如气温超过40 ℃,尸冷则不发生。冰雪环境中的尸体,约经1 h可完全冷却。

尸体本身的因素则与死者的年龄、体形和死因等有关。其中,以胖瘦的影响最大。肥胖尸体的皮下脂肪厚,尸体热量向体表扩散慢。小儿尸体较成人尸体相对体表面积大、散热快,尸温下降得更迅速。因消耗性疾病、大失血死亡的尸体,尸温下降速度快。猝死、败血症、日射病、热射病、机械性窒息、颅脑损伤、破伤风及死前伴有肢体剧烈痉挛的中毒等死者的尸温下降速度较慢,有的在死后短时间内反而可上升至超过37 ℃。

尸体不同部位的温度下降速度也有很大差别。裸露的颜面和手掌处的温度较有衣着的胸、腹部下降快。法医学尸检时,通常以测直肠温度(肛温)或肝表面温度代表尸体体内温度,从而推断死亡时间。口腔或腋下的温度因受外界环境因素影响大,与实际尸温有一定的差别而不能作为标准。人死后新陈代谢停止,不能再保持正常体温。环境温度低于体温时,体表热量以辐射和传导的方式散失;体内的热量先向体表传导,然后从体表散失,最后尸温降到与环境温度相同。尸温的下降具有一定的规律,尽管影响尸冷的因素较多,如环境温度、湿度、通风情况,以及尸体本身因素(胖瘦、高矮、死因、年龄以及衣着厚度等),但由于尸温的测量方法简便易行,尤其对于基层工作者来说适用性较强、对设备及人员素质要求不高,不仅可以单独使用,而且可以联合其他方法一起使用,迄今仍被广泛用于推断死亡时间。

1. 尸温的测量

尸温分为尸体表面温度和尸体内部温度。影响尸冷的因素很多,尤其是环境温度的差异,首先对尸体表面温度产生较大的作用。尸体内部器官因受到皮肤、皮下脂肪及肌肉的保护,受外界环境温度变化影响相对较小,随外界环境温度变化而发生变化的速度相对较慢,其变化规律与死亡时间的相关性较好。因此,尸体内部器官温度(visceral temperature)常被用于推断死亡时间。多数法医学者认为,以测量直肠、肝、脑及耳部温度较为可靠,其中以测量直肠及肝表面温度较佳,直肠及肝表面温度作为尸体的"核心温度"(core temperature)可用于推断死亡时间。

直肠温度的测量操作简便易行,将温度计插入肛门 15 cm,插入时温度计应尽量远离骨盆后壁,以免骨盆后壁温度较低而造成误差。Mead 和 Bonmarito 于 1949 年对直肠温度作为尸体内部的"核心温度"提出了异议。他们曾进行临床试验,将一根管壁不同部位均带有测温点的软导管插入自愿受试者直肠内 20 cm,发现所有受试者中,导管顶端的温度要比导管中部的温度低。X 线检查显示,导管的顶端几乎贴近骨盆后壁。他们认为,来自体表冷却后的血流通过骨盆后壁的静脉,导致直肠内不同部位温度有差异。因此,他们提出测量直肠温度应始终在一个部位进行,避免骨盆大静脉血流对温度的影响。

肝表面温度,一般是在尸体右肋下缘做一小切口,从此切口插入温度计达肝表面来测量的,其准确性与直肠温度相当,但插入部位不同对其测量结果亦有影响。目前多使用电子测温仪,所测得的数据较为精确、可靠。

有学者提出应检测尸体多部位的温度,并将脑温与直肠温度加以对比。因为发现脑温的影响因素较少,用其代表核心温度可能较为准确,但测量较困难。有学者使用探针式温度计,由眼窝内眦经眶裂,或由鼻腔经颅骨筛板进入颅内测脑温,认为可行。也有学者以深度为重点介绍可将探针式温度计插入脑皮质下 1~2 cm,直至接触到硬脊膜表面。还有研究显示脑温和脑血流量是相互影响的,生前脑血流量的变化情况对脑温影响较大。

使用红外线耳温枪测量耳温,主要是通过测量经由鼓膜发散的红外线能量来实现的,所以测量的角度、深度都可能导致误差。

近来也有学者认为,眼球及眼眶周围软组织受衣着、载体等的影响小,个体组织结构和解剖位置差异小且无明显平台期等,适合作为尸温测量的部位。但眼温亦受环境温度、眼闭合程度、眼球初始温度等多种因素影响,且眼球处于体表,与尸体核心温度相比,它的热传导规律更易受外界环境的影响。

2. 死亡时的尸温

直肠温度在活体间有一定差异,不同人的直肠温度可波动在 34.2～37.6 ℃ 之间,平均 36.9 ℃。直肠温度常被当作尸体深部的核心温度,相当于脑、心、肺及腹腔器官的温度,但直肠温度易受骨盆大静脉血流的影响。静息状态下,肝和腹腔其他器官产生的热量占全身总热量的 70%;运动时主要由肌肉和皮肤产热。基于人体器官、骨骼及皮肤之间温度的差异,有学者提出了人体平均体温(T_b)。在适宜的室温(24～25 ℃)下,人体 2/3 处于核心温度,由直肠温度(T_r)表示,人体 1/3 处于体表温度,用皮肤温度(T_s)表示,因此平均体温(T_b)=(2/3)T_r+(1/3)T_s。另外,影响体温的因素还有昼夜体温差、环境温度和昼夜温差、体质状况、某些药物、年龄、性别及情绪状态等,这些都可使体温发生不同程度的波动。

3. 尸体冷却规律

当环境温度低于尸温时,尸温逐渐下降直至达到环境温度。尸体各部位的冷却曲线并不一致,尸体表面温度在死后迅速降低,而尸体靠近中心部位的温度在死后初期无明显改变,一段时间后开始逐渐下降,呈现出一个短暂的平台期,这最早由 Burman 于 1880 年发现,此后许多研究者进一步证实了这一现象。1985 年,Hutehins 在尸体直肠温度测定中也观察到了平台期的存在。导致这种现象的可能原因如下:①呼吸循环停止后,通过血液循环和呼吸散失热量的过程终止。②人体死亡后,组织细胞的代谢活动并没有立即终止。由于血液剩余氧的存在,代谢活动可持续一段时间而产生热量。当血氧分压迅速降低后,有氧代谢过程停止,无氧代谢,特别是在肌肉组织中,可达到相当高水平。死后数小时内几乎所有的肌糖原分解,产生乳酸,继续产生一定的热量。③其他因素,如环境温度、尸体衣着薄厚、尸体肥胖程度以及测量的部位等均能对尸冷平台期的长短产生影响,在环境温度较高的情况下,衣着较厚、肥胖尸体的平台期要比相同环境下未穿衣服、瘦弱尸体的平台期长。而在尸体冷藏情况下,有学者报道尸冷更趋于线性,并未出现明显的平台期现象。平台期的存在对根据尸冷推断早期死亡时间可产生很大的影响,因此,推断死亡时间时应考虑到这方面因素的作用。研究表明尸体直肠温度下降速度遵循一定的规律,表现为在短暂平台期后,最初下降得较缓慢,逐渐加快并达到最大速度,最后再次变慢,直至达到环境温度。其整个过程呈反"S"形曲线(图 1-1)。该曲线可以通过复指数公式加以说明:

$$Q = (T_r - T_a)/(T_0 - T_a) = A \times \exp(B \times t) + (1-A) \times \exp[(A \times B)/(A-1) \times t]$$

式中,Q 为标准温度;T_r 为任一时间测得的直肠温度;T_a 为环境温度;T_0 为临终时直肠温度;A 为常数;B 为常数;t 为死亡时间;exp 代表指数(exponent)。公式中的第二个指数(以常数 A 表示)代表起始部的平台,第一个指数(以常数 B 表示)代表平台以后的曲线。常数 B 依赖于体重。

迄今,尸冷曲线是在不同环境条件下和不同尸体部位测量的温度基础上提出的。一般来讲,尸冷方式在数学上可用二次幂"S"形曲线公式表示。然而,一些研究中以一次或

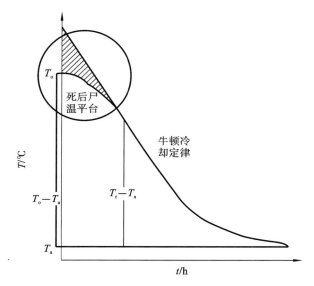

图 1-1 尸体直肠温度下降曲线

注：T_r 为直肠温度；T_a 为环境温度；T_o 为临终时直肠温度(37.2 ℃)。

直线方程式来表示。实际上,尸冷数学模型越复杂,越难以在实际工作中得到应用。当尸冷曲线在接近直线或一次方程式可以表达的范围内时,简单的数学模型同样适用。关键是在尸冷初期以及当尸温接近环境温度时,不能用简单的一次或直线方程式来说明,用复指数公式更能确切地表达尸冷过程,更适用于死亡时间的判定。

4. 根据尸冷推断死亡时间的方法

根据尸温下降速度推断死亡时间的方法较多,各学者根据各自的研究推导出不同的计算公式,由于所处环境状况及考虑的影响因素各不相同,计算方法也有较大差异。事实上,由于影响尸温的因素很多,采用单一的计算公式推断死亡时间所得的结果误差必定很大。本节将几种方法(计算公式)分述如下。

(1) Burman 公式(1932)：
$$PMI = (36.9 - T_r)/0.889$$

式中,PMI 为死亡时间(h)；T_r 为直肠温度(℃),当时多数用腋下温度计算,参数有所不同,现已不大合适。

(2) Moritz 公式(1954)：Moritz 曾提出两种简单的计算公式。

① $PMI = (37 - T_r) \times 3/2.5$。

如现场测得尸体直肠温度为 23.4 ℃,则死亡时间为
$$PMI = (37 - 23.4) \times 3/2.5 = 16.3(h)$$

② $PMI = 37 - T_r + 3$。

如尸体直肠温度为 23.4 ℃,则死亡时间为
$$PMI = 37 - 23.4 + 3 = 16.6(h)$$

上两式中数字"3"用于补偿尸冷初期平台期产生的尸冷延迟。以上公式计算简单,容易记忆,但所得出的数值误差较大。

(3) De Saram 公式(1955):

$$PMI/(t_2 - t_1) = (\lg\theta_0 - \lg\theta_1)/(\lg\theta_1 - \lg\theta_2)$$ （所有温度均以华氏温度表示）

式中,θ_0 为死亡时直肠温度;θ_1 为死后 t_1 时刻直肠温度;θ_2 为死后 t_2 时刻直肠温度;$t_2 - t_1$ 为两次测量直肠温度的时间差,一般为 1 h。

根据公式 $F = 9/5 \times T + 32$,将摄氏温度转换成华氏温度。如直肠温度 $\theta_0 = 99.7\ °F$,t_1 时刻测得 $\theta_1 = 82.8\ °F$,1 h 后(t_2 时刻)再测得 $\theta_2 = 78.4\ °F$,则

$$PMI = (\lg 99.7 - \lg 82.8)/(\lg 82.8 - \lg 78.4) = 3.4\ (h)$$

De Saram 认为由于尸冷初期平台期的存在,一般应在计算后的时间中加上 45 min,因此得出的死亡时间为约在 t_1 时刻前 4 h。

(4)《法医学》(1983)中根据尸温推算死亡时间的方法:此法考虑了四季气温变化的差异及尸温在不同阶段下降速度的快慢,同时也考虑了尸体肥胖和瘦弱对尸温下降速度的影响。以春秋时节为准,颜面、手足等裸露部位有冷却感,为死后 1~2 h 或以上,着衣部位皮肤有冷却感,为死后 4~5 h;死后最初 10 h,尸体直肠温度平均每小时下降 1 ℃,10 h 后,平均每小时下降 0.5~1 ℃;肥胖尸体在死后最初 10 h,尸体直肠温度每小时下降 0.75 ℃,瘦弱尸体每小时下降 1 ℃。夏季尸体直肠温度下降速度较春秋时节慢,冬季最快(表 1-1)。因此,该方法推断死亡时间,大体上已包含尸体所处环境和肥瘦状态对尸温下降速度的影响,也考虑了尸温下降的一般规律。

表 1-1　根据直肠温度下降速度推断死亡时间

死亡时间/h	1	2	3	4	5	6	7	8	9	10	11	12	13	14	15	16	环境温度/℃
直肠温度/℃	37.0	37.0	36.5	36.0	35.5	34.5	33.5	33.0	32.5	31.5	31.5	31.0	30.0	29.5	29.0	29.0	24
	37.0	37.0	36.5	35.5	34.5	33.5	33.0	32.0	31.5	30.5	30.0	29.5	28.5	28.0	27.5	27.0	21
	37.0	37.0	36.5	35.5	34.0	33.0	32.0	31.0	30.5	29.5	28.5	28.0	27.0	26.5	26.0	25.5	18
	37.0	36.5	35.5	34.0	33.5	32.5	31.5	30.5	29.5	28.5	27.5	26.5	25.5	25.0	24.5	24.0	16
	37.0	36.5	35.5	34.5	33.5	32.5	30.5	29.5	28.5	27.0	26.0	25.5	24.5	23.5	22.5	22.0	13
	37.0	36.5	35.0	33.5	32.0	30.0	28.0	26.5	25.5	24.0	22.5	21.5	20.0	19.0	18.0	17.0	5

我国南北地区温差大,黄河流域夏季一般为 2 个月,广州夏季长达 6 个月,哈尔滨夏季只有几周,即使以春秋两季相比,也不相同。春季在长江以南多雨、湿度大,秋季则干燥。尸温下降速度从气温角度来讲,春秋两季相似,但春秋两季湿度不同。再者,该方法只考虑了一般规律,未考虑死亡原因等因素对尸温的影响,也未考虑室内、室外、衣着、被盖等对尸温的影响。因此,按上述公式计算,差异必然很大。

(5) 1984 年我国公安部组织八省区市公安厅(局)尸温研究小组研究了 1~80 岁已知死亡时间的 581 例非自然死亡尸体直肠温度下降的规律,发现环境温度在 0~30 ℃时,尸温下降是有规律性和阶段性的,并建立了在三种不同外界条件下推断死亡时间的三元回归方程式(表 1-2)。

表 1-2　根据尸温下降速度推断死亡时间的部分计算公式

死亡时间/h	温度/℃	穿衣尸体于木质物上	有铺盖尸体于木质物上	穿衣尸体于非木质物上
1~8	10~20	$Y=28.1918-0.6475X_1-0.6179X_2-0.0278X_3$	$Y=31.0527-0.7017X_1-1.2838X_2-0.0528X_3$	$Y=26.1844-0.6120X_1-0.8960X_2-0.0188X_3$
	20~30	$Y=30.0849-0.7685X_1-0.8592X_2-0.0281X_3$	$Y=31.2257-0.6642X_1-1.3838X_2-0.1072X_3$	$Y=39.0435-0.0322X_1-0.9352X_2-1.0656X_3$
9~15	10~20	$Y=23.2971-0.3144X_1-1.1260X_2-0.0739X_3$	$Y=30.8952-0.5197X_1-3.8986X_2-0.0769X_3$	$Y=23.4548-0.3796X_1-1.2113X_2-0.0195X_3$
	20~30	$Y=31.7744-0.5712X_1-1.8586X_2-0.0783X_3$	$Y=22.9364-0.0438X_1-1.4907X_2-1.0325X_3$	$Y=34.6238-0.7228X_1-2.1521X_2-0.1067X_3$
16~24	10~20	$Y=29.6141-0.3143X_1-3.1512X_2-0.0728X_3$	$Y=37.0704-0.5085X_1-8.9982X_2-0.0167X_3$	$Y=27.9526-0.2805X_1-2.2805X_2-0.1260X_3$
	20~30	$Y=36.7936-0.5246X_1-3.3017X_2-0.2399X_3$	$Y=37.2688-0.3841X_1-4.2254X_2-0.5916X_3$	$Y=38.3317-0.6146X_1-3.4207X_2-0.1675X_3$

注:Y 为死亡时间推算值;X_1 为实测的尸体直肠温度;X_2 为实测的尸体直肠温度下降幅度;X_3 为实测的尸体直肠温度与环境温度之差。

按表 1-2 中公式计算所得死亡时间推算值与实际死亡时间,在组内考核,死后 15 h 内误差在 2 h 以内的占 77.78%~95.90%;误差在 3 h 以内的占 92.59%~100%。又另用 44 例组外材料验证,死后 24 h 内误差在 1 h 以内的占 54.54%;误差在 2 h 以内的占 88.63%;误差在 3 h 以内的占 100%。目前基层公检法部门多采用本法,如再结合其他尸体现象、胃内容物消化程度及外界条件,能做出更接近实际死亡时间的推断。

(6) 1991 年吉林市公安局王连智等建立了尸体冷却规律的数学方程,利用上海医用仪表总厂特制的智能型探针式测温仪,刺入肝脏测温。从刺入始,每隔 30 min 测一次。通过使用 20 只家兔的实验表明,死亡时间在 1~11 h 的平均误差均小于 30 min;12~15 h 的平均误差最大为 45 min;死后 5 h 内,各小时平均误差为 12.04 min,最大为 20 min,最小为 6.8 min。3 例人尸的平均误差均在 1 h 内。在死亡后的最初几小时,由于尸温下降缓慢,误差较大。

(7) 1993年中国医科大学马建中等在Marshall等的尸体直肠冷却数学模型基础上，研究建立了一种适用于环境温度在3~20 ℃时推断死亡时间的方法。在现场每隔1 h测一次直肠温度，共测得三个直肠温度值，然后借助参数A、B求出死亡时间。他们在尸体死后15 h内进行了168次计算，误差在1 h以内的占57.1%~77.7%，能较好地反映个体差异。

(8) 1994年杭州市公安局徐长苗等根据尸温下降规律近似于抛物线的特点，推导出计算死亡时间的公式：$Y=a_0+a_1X_1+a_2X_2+a_3X_3$。式中$Y$为死亡时间推算值，$X_1$为实测的尸体直肠温度，$X_2$为实测的尸体直肠温度下降幅度，$X_3$为实测的尸体直肠温度与环境温度之差，$a_0$、$a_1$、$a_2$及$a_3$为回归方程的参数。他们在环境温度为0~30 ℃时，按死后1~8 h、9~15 h、16~24 h三个不同阶段及尸体衣着和停放物的不同，分别计算出了a_0~a_3的参数值，得出了上述不同条件下的27个计算公式。实践中可根据具体要求，使用不同的方程式来推算死亡时间，再结合早期尸体现象、胃内容物消化情况等进行综合分析，可对尸体死亡时间做出更可靠的推断。

(9) 1990年Baccino等利用探针检测0~5 ℃、6~10 ℃、11~15 ℃和16~23 ℃条件下尸体鼓膜温度（外耳温度），发现外耳温度下降没有明显的平台期，外耳温度的下降速度与死亡时间呈线性关系。他们利用此制作相关软件以便于实际应用，并通过收集141例案件验证发现其具有较高的准确率。Baccino等在2007年继续进行研究，将死猪的猪头置于0~20 ℃的水或空气中，测其脑部或外耳温度，发现死后8 h死亡时间与脑部和外耳温度的下降有高度相关性且呈指数型相关，这对于后续水中尸体死亡时间的测定具有提示意义。

(10) 2001年Al-Lousi等利用微波温度记录仪测量117例裸露或穿衣尸体的肝、直肠、脑部温度，最终建立了三重指数模型用于推断死亡时间：$R_M=M_1e^{M_2t_m}+M_3e^{M_4t_m}+M_5e^{M_6t_m}$，$R_U=U_1e^{U_2t_u}+U_3e^{U_4t_u}+U_5e^{U_6t_u}$，$R_L=L_1e^{L_2t_l}+L_3e^{L_4t_l}+L_5e^{L_6t_l}$。这三个公式分别表示平均、上限和下限的计算方法，其中t表示死亡时间，t_m、t_u、t_l分别表示死亡时间的平均值、上限值、下限值；R表示温差比，为发现时尸温与环境温度之差和死亡时尸温与环境温度之差的比值，R_M表示R的平均值，R_U表示R的上限值，R_L表示R的下限值；M_1~M_6、U_1~U_6、L_1~L_6均为实验中的经验常数，可查表获得。将上述公式及系数录入计算机形成程序或制作成相关图表以供查询，具有很高的实际应用价值。

(11) 2008年阎立强等在假设尸体所处环境温度处于不变或变化极小而可以忽略不计的情况下，利用牛顿冷却定律，通过对尸体进行两次温度测量，得出尸温变化与室温温差的系数k，进而建立了死亡时间推断的数学公式，巧妙地消除了个体特质对尸温的影响。

(12) 2010年Kaliszan等在猪死后30 min开始连续测量眼球（玻璃体液）、眼眶周围软组织、直肠、肌肉的温度变化，他们发现，不同于直肠和肌肉，眼球（玻璃体液）和眼眶周围软组织的温度下降没有平台期。他们建立了相应的复指数方程，用于死亡时间推断，由于该测量位置温度变化没有平台期，对于死后数小时内的死亡时间推断具有特殊价值。

(13) 由于尸冷受多种因素影响，2012年杨宇雷等收集上海市157例已知死亡时间的案例,将影响尸冷的多种因素,包括死者个体情况(X_1)、环境温度(X_2)、衣着情况(X_3)、载体情况(X_4)、死亡原因(X_5)、环境通风情况(X_6)进行测量或进行归类、数字化评分等,并测量直肠温度(X_7),进行多元逐步回归分析后得出 $Y=25.993+0.04X_1+0.172X_2+0.88X_3+0.047X_4+0.373X_5+0.347X_6-0.766X_7$,复相关系数 $r=0.936$,决定系数 $r^2=0.876$。但由于样本量较少、样本来源地区单一、影响因素的归类和数字化评估等的限制与不足,该方程在实际应用中存在一定的误差和限制,若借助其他推断死亡时间的方法进行综合判断,能做出更接近真实死亡时间的推断。

此外,随着计算机技术的发展,有学者通过严格控制与案发现场相同的环境条件,测量死者直肠温度,建立尸冷曲线,并收集具体的死者信息、环境信息等,通过积累不同案件,建立尸冷曲线数据库,实际应用中,根据新发实际案例情况在数据库中查找相似情况案件的尸冷曲线模型,从而进行死亡时间估计。Mall 等通过有限元法建立三维人体模型,该模型包含了人体不同组织、不同组织热力学性质、体形、对流热传导、辐射热传导、超生反应产热等因素,通过利用 Marshall 和 Hoare 的经典尸冷实验进行校正和验证,建立了标准的有限元模型来模拟尸冷曲线,同时在实际应用中,通过案情调整标准模型的参数,从而模拟个案的尸冷曲线以进行死亡时间推断,具有较高的可信度。Smart 等检测 10 例尸体眼球温度变化,并与相应的有限元模型模拟曲线对比,发现具有很高的相关性,可协助早期死亡时间推断。Schenkl 等进一步将计算机断层扫描技术与有限元热传导模型整合,建立了 CT-有限元半自动化模型,从而可以进行尸体个体的精准模拟。

实际工作中,对需要推断死亡时间的尸体,可采用一种较为简易的方法,即死后早期在现场每隔 1 h 测量一次尸体直肠温度,连续数次测量的结果,能客观反映尸温下降的个体规律。在具体推测时,应注意尸温接近环境温度时下降速度改变的情况,还应排除一些特殊情况如热射病死亡、冻死、死后冷藏、异常气温条件、死后移尸及水中尸体等的影响。

我国幅员辽阔,南北地区温差、湿度差异均较大。尸温下降速度从气温角度来讲,春、秋季相似。但因春、秋季湿度又不同,春、秋季尸温下降速度也不一样。再者,死因、环境(如室内、室外、衣着、被盖等)等因素对尸温也有影响。比如在北方冬季的室内多有暖气,或由于尸体裹有较厚的被褥,尸温可经久不降。基于以上原因,根据尸温推断死亡时间难以形成一种适用于全国各地的统一方法,必须在各地摸索适用的方法并探讨其规律,充分考虑死因、死亡方式及周围环境等因素对个案的影响。

二、根据各种尸体现象综合推断死亡时间

人体死亡后所出现的各种尸体现象在时间上均具有一定的规律性,可用于死亡时间的推断。我国法医工作者根据尸斑、尸僵、尸冷、角膜混浊、腐败及其他晚期尸体现象,综合推断死亡时间,积累了许多经验(表 1-3),国内外也进行了许多研究,得出一些成果(图 1-2 至图 1-6)。

表 1-3　根据尸体现象推断死亡时间

尸体现象			尸温下降幅度或死亡时间
尸冷	10 h 内	瘦弱尸体	每小时 1 ℃（环境 16~18 ℃）
			每小时 0.4 ℃（环境 26~31 ℃）
			不降（环境 35 ℃）
			1 h 内完全冷却（冰雪条件下）
		肥胖尸体	每小时 0.75 ℃
	10 h 以后		每小时 0.5 ℃（无论肥胖还是瘦弱尸体）
尸斑	坠积期	开始出现	0.5~2 h
		出现，指压能褪色	2~4 h
		开始融合	3~12 h
	扩散期	固定，指压能褪色	12~24 h
	浸润期	指压不褪色	24 h 以后
尸僵	开始出现		1~3 h
	扩散，破坏后能重新发生		4~6 h
	延及全身，达到高峰		6~15 h
	开始缓解		24~48 h
	关节容易活动		2~3 天
	完全缓解		3~4 天
角膜改变	轻度混浊		6~12 h
	混浊加重，瞳孔可见，表面有小皱褶		18~24 h
	完全混浊，瞳孔看不见，内皮侧与晶状体粘连		2 天
	眼睑覆盖部分角膜肿胀，形成乳白色斑块，其余部分干燥，变棕黄色，羊皮纸样（动物实验）		3 天
	眼球腐败，轻度突出，角膜重度混浊		4 天
腐败	腹部出现尸绿		24~36 h
	形成腐败静脉网及腐败水疱		2~4 天
白骨化	地上尸体		>1 个月
	土中尸体	尚有肌腱及软骨等残存	3~4 年
		完全白骨化	>5 年
		骨骼变脆，仅剩无机盐	10~15 年

续表

尸体现象			尸温下降幅度或死亡时间
木乃伊	小儿		2周以上
	成人		3个月以上
尸蜡	婴儿		6~7周
	成人	部分尸蜡	2~3周
		皮下组织尸蜡	2~3个月
		深部组织尸蜡	4~5个月
		全身大部尸蜡	1~1.5年

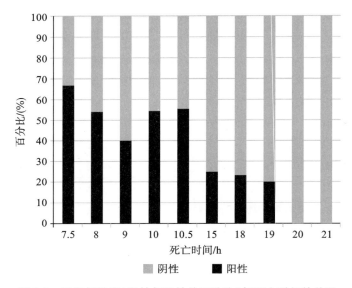

图1-2 尸僵抵抗度（阴性与阳性的百分比）与死亡时间的关系

在法医学实践中，常常遇到死亡时间较长的尸体案例，尸体已出现腐败，腐败过程的动态变化所表现出的是晚期尸体现象，也可用于推断死亡时间。一般情况下，死后24~36 h，尸体右下腹皮肤出现污绿色斑迹（尸绿）。死后2~4天，腐败血液沿着静脉丛形成树枝状污绿色的腐败静脉网。死后5~7天，由于细菌不断生长繁殖，产生大量腐败气体充满各种体腔和组织间隙致尸体体积增大、膨胀、眼球突出、舌伸出，皮肤呈污绿色，形成所谓的腐败巨人观，根据晚期尸体现象推断死亡时间的具体内容见表1-4。

第一章 传统法医学死亡时间推断方法

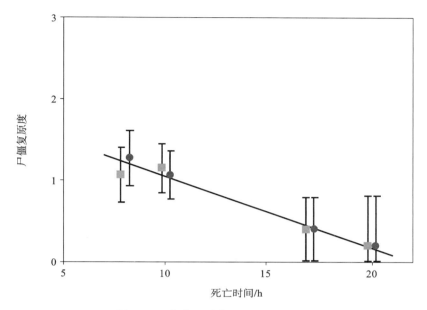

图 1-3 尸僵复原度与死亡时间的关系

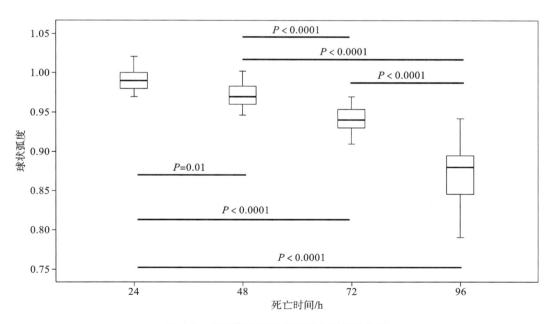

图 1-4 晶状体球状弧度与死亡时间的关系

图 1-5　晶状体球状完整度与死亡时间的关系
(a)24 h;(b)48 h;(c)72 h;(d)96 h

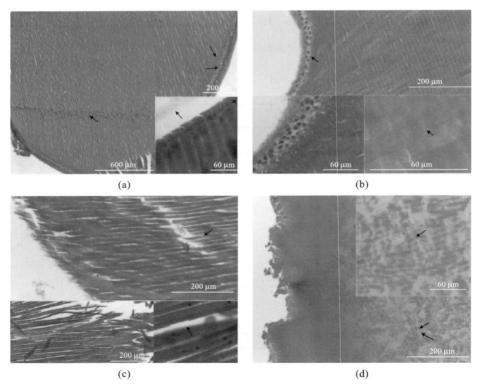

图 1-6　晶状体镜下组织结构随死亡时间的变化情况
(a)24 h;(b)48 h;(c)72 h;(d)96 h

表 1-4　根据晚期尸体现象推断死亡时间

晚期尸体现象	死亡时间
右下腹部呈污绿色,皮肤出现轻度腐败静脉网	2 天左右
尸体表面出现腐败水疱	2~4 天
眼睑覆盖部分角膜肿胀,形成乳白色斑块,其余部分干燥,变棕黄色,羊皮纸样(动物实验)	3 天
眼球腐败,轻度突出,角膜重度混浊	4 天
腐败充分发展	1 个月,或更长
皮下脂肪尸蜡化开始(水中)	最早(高温)2~3 周,一般 1~2 个月
皮下脂肪尸蜡化完成(水中)	最早(高温)2~3 周,一般 2~4 个月
面部表面某些肌肉尸蜡化	6 个月
深部肌肉尸蜡化	1 年以上
成人四肢尸蜡化	3~6 个月
全身尸蜡化(潮湿的土中)	约 4 年或更长
尸体干化(木乃伊)	最早 1 个月以内,一般 3 个月或以上

尸体腐败的速度和特点取决于内部、外部因素和条件,因此对腐败特征出现时间的有关叙述,在法医学文献中有很大差异。如尸绿的出现,有学者报道 20 h 后可出现,也有报道 5 昼夜后出现,但多数学者认为一般为 2~4 昼夜。其他腐败征象如腐败性气肿、软化等出现时间的叙述,也存在差别。我国各地以及高原低洼地温度、湿度差异极大,因此根据腐败的动态变化推断死亡时间应当特别慎重。以往主要依靠指压尸斑是否褪色来粗略估计死亡时间,现有学者尝试利用分光光度法来描述记录死后人体尸斑颜色变化,或通过在不同大小及持续时间的力作用下,量化分析尸斑褪色程度与死亡时间的关系,达到利用尸斑变化来更客观、精确地推断死亡时间的目的,但同其他尸体现象一样,尸斑颜色及其变化受多种因素影响,此方法的实际应用仍然有较大限制。除尸斑外,Zerbini 等通过断层扫描分析 23 例尸体死后血液坠积造成的器官密度变化,发现右心房前段与左心房后段之间的衰减系数差与死亡时间存在指数关系,可较精确地推断死后 12 h 内的死亡时间。

在法医学实践中,长期以来角膜混浊都被应用于推断早期死亡时间,其主要是通过肉眼观察角膜的混浊程度来推断死亡时间的。死后角膜形态学改变有一定的规律性,角膜混浊程度一般随死亡时间的延长而加重。但由于观察仅限于肉眼,影响因素较多,且对混浊程度的判断主要依靠主观经验,没有一个量化的客观标准,其可靠性和准确度不高。编者所在的课题组发现角膜胶原分子直径变化与死亡时间之间存在值得研究的关系,此课题的理论基础为角膜混浊是由角膜特殊结构的改变引起的。角膜基质占角膜厚度的 90%,基质干重的 80% 是胶原纤维,既往的研究表明角膜混浊的发生与角膜中蛋白多糖

（又称黏多糖）和水的含量有关，当蛋白多糖和水保持原量时，角膜清晰；死后由于蛋白多糖的水合作用受阻，水分增加，角膜开始混浊，混浊程度随水分增加而加重。1957年David Maurice首先提出胶原纤维的正常直径和空间排列在维系角膜透明中起关键作用。研究者用电子显微镜观察肿胀的和未肿胀的角膜，发现角膜混浊的发生与角膜一些区域内胶原纤维的密度急剧降低、另一些区域内胶原纤维的空间排列结构完全破坏直接相关。角膜中受到破坏的区域称为"lake"（湖），"lake"的形成被认为是角膜膨胀后含有过量的液体的结果，这些液体改变了进入角膜的光的折射率，在角膜混浊中扮演着散光中心的角色，水分的增加导致胶原纤维的直径发生了不同程度的增大。编者所在课题组在实验室首次通过透射电镜观察家兔死后72 h内角膜胶原纤维形态学的连续改变，并利用图像分析技术测量胶原纤维直径的变化，研究其与死亡时间的关系。实验选用与胶原纤维分子直径相关的面积、周长、等效直径、平均直径4个参数进行分析研究，观察发现死后家兔角膜24 h后也出现明显的"lake"，并发现随死亡时间延长，角膜胶原纤维分子直径逐渐增大，呈很好的正相关性。4个参数可作为推断死亡时间的有效指标，是利用角膜混浊来进行死亡时间推断的一种尝试性研究。后有不同学者利用数码相机原位采集家兔角膜图像，利用图像分析系统和技术对不同死亡时间的角膜颜色及纹理特征等进行描述记录，基于不同算法得出角膜图像特征改变与死亡时间的关联，此方法无须提取角膜，从而保护了死者遗容，有利于在法医学实际工作中的应用。

此外，死后角膜的其他形态学变化也被证明与死亡时间存在关联。李晓娜等用石蜡包埋切片染色的方法，结合图像分析软件发现兔死后72 h内，角膜基质层厚度和全角膜厚度均与死亡时间呈较好的线性关系，且角膜基质层厚度优于全角膜厚度，可作为推断死亡时间的指标。不同学者通过茜素红-曲利苯蓝联合染色观察角膜内皮细胞活性率，发现角膜内皮细胞与死亡时间存在较好的相关性，为推断死亡时间提供了一种可能。

三、死亡时间推断综合参数检验方法

死亡时间推断综合参数检测方法是以尸冷（直肠温度）测量为主要基础，结合了尸斑、尸僵、肌肉的兴奋性等参数，并以尸体存在状况为矫正值的一种多参数分析方法。其包括直肠温度列线图、矫正参数表和尸体现象检测表格三个部分，由德国杜伊斯堡-埃森大学法医学研究所所长Henssge教授在改良原有直肠温度列线图的基础上，添加了新的内容所创造。该方法的特点是综合目前所能获得的所有早期尸体现象，进行表格化和计算机智能化处理，能在案发现场通过计算检测尸体现象所对应的时间参数，人工或使用便携式计算机快速得出死亡时间结果，因此特别适用于公安刑侦案件，是目前世界上用于早期死亡时间推断的最佳方法，并已在世界上许多国家得到推广和应用。

1. 直肠温度列线图

直肠温度列线图是以直肠温度、环境温度、体重为重要参数，通过测量与死亡时间相关的尸冷变化来推断死亡时间的方法，以列线图或雨虹图表示（图1-7、图1-8）。其可单独或与其他检测表格联用以推断死亡时间。直肠温度列线图几乎被写入世界上所有的法医学教科书,是推断死亡时间较基本和较好的方法之一。

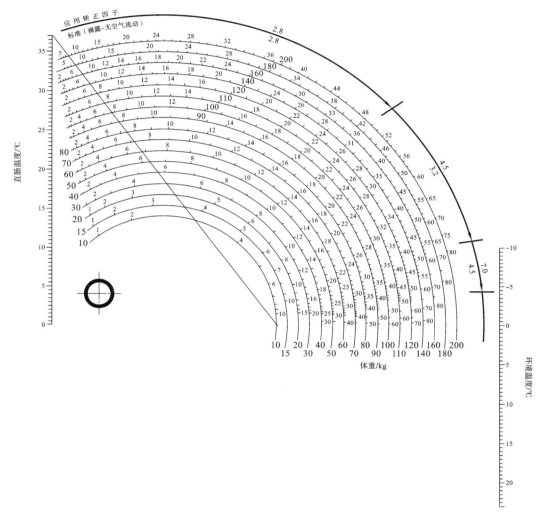

图 1-7　直肠温度列线图(一)

注:适用于直肠温度 0~37 ℃、环境温度 -10~23 ℃。

根据列线图计算死亡时间的步骤:①将所测的直肠温度与环境温度做一连线;②将连线与列线图内的一条固定直线的交汇点与带圈十字的中点相连,并做一伸延连线;③在弧线的体重部分读出死亡时间。该图置信度为 95%,推断死亡时间的波动范围为 -2.8~2.8 h。

例如,直肠温度为 31 ℃、环境温度为 18 ℃、体重为 80 kg 时,计算步骤如下:①在左侧直肠温度尺上找到 31,在右侧环境温度尺上找到 18,连接 31 与 18,得出线Ⅰ;②将线Ⅰ

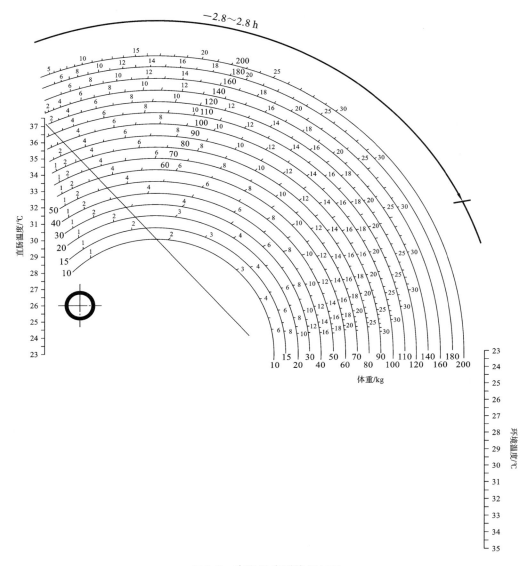

图 1-8　直肠温度列线图(二)

注:适用于直肠温度 23～37 ℃、环境温度 23～35 ℃。

与图中固定直线的交汇点与十字圈的中点做一连线,并向右延伸得线Ⅱ;③在体重 80 kg 的弧线与线Ⅱ交汇点处,找到数字 11(10～12 之间),即推断死亡时间为(11.0±2.8) h(图 1-9)。

2. 矫正参数表

尸冷受许多因素的影响,如在水中尸冷可以加速,或在着衣及盖被情况下延缓,因此要考虑矫正参数,通常以矫正尸体的体重体现矫正结果。矫正参数或矫正值是根据尸体

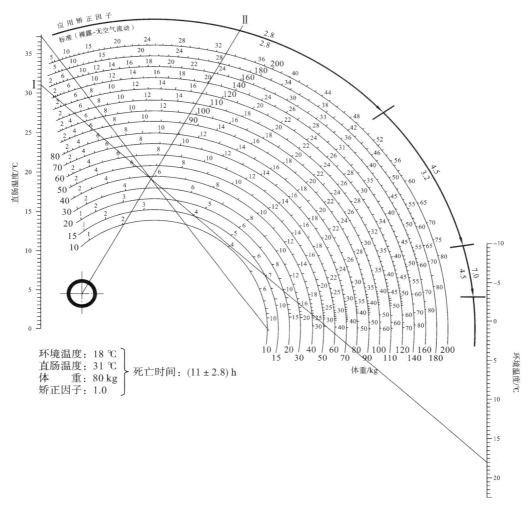

图 1-9 利用直肠温度列线图计算死亡时间示例

着装条件、空气流动情况、尸体所处状态（水中或干燥）等多个变异参数，经大量研究所得出的数据。矫正参数表将这些矫正参数归纳在一起（表 1-5、表 1-6），人们可以直接从表格中找到所要的矫正参数。例如，当尸体着装 3 层衣服时，从矫正参数表中读出的矫正参数为 1.3，原尸体体重 70 kg，则矫正后的尸体体重为 90 kg（70 kg×1.3），在上述列线图 90 kg 处读数，推断的死亡时间相应延长了 3.5 h。

表 1-5 矫正参数表 I（参考尸体体重：70 kg）

干衣着/被盖	暴露在空气中	矫正参数	全湿衣着/被盖或尸体表面湿	暴露在空气中	暴露在水中
		0.35（下限值）	裸尸		流水

续表

干衣着/被盖	暴露在空气中	矫正参数	全湿衣着/被盖或尸体表面湿	暴露在空气中	暴露在水中
		0.5	裸尸		止水
		0.7	裸尸	流动空气	
		0.7	1~2层薄衣	流动空气	
裸尸	流动空气	0.75			
1~2层薄衣	流动空气	0.9	2层至多层厚衣	流动空气	
裸尸	静止空气	1.0			
1~2层薄衣	静止空气	1.1	2层厚衣	静止空气	
2~3层薄衣	静止空气	1.2	多层厚衣	静止空气	
1~2层薄衣	流动/静止空气	1.2			
3~4层薄衣	流动/静止空气	1.3			
多层薄衣/厚衣	不受空气影响	1.4			
厚毛织衣类	不受空气影响	1.8			
厚毛织衣类加被盖	不受空气影响	2.4			
		2.8(上限值)			

表1-6 矫正参数表 Ⅱ

4	6	8	10	20	30	40	50	60	70	80	90	100	110	120	130	140	150
									1.3								
1.6	1.6	1.6	1.6	1.5					1.4					1.3	1.2	1.2	1.2
2.1	2.1	2.0	2.0	1.9	1.8				1.6				1.4	1.4	1.4	1.3	1.3
2.7	2.7	2.6	2.5	2.3	2.2	2.1	2.0		1.8			1.6	1.6	1.6	1.5	1.4	1.4
3.5	3.4	3.3	3.2	2.8	2.6	2.4	2.3		2.0		1.8	1.8	1.7	1.6	1.6	1.5	1.5
4.5	4.3	4.1	3.9	3.4	3.0	2.8	2.6	2.4	2.2	2.1	2.0	1.9	1.8	1.7	1.7	1.6	1.6
5.7	5.3	5.0	4.8	4.0	3.5	3.2	2.9	2.7	2.4	2.3	2.2	2.1	1.9	1.9	1.8	1.7	1.6
7.1	6.6	6.2	5.8	4.7	4.0	3.6	3.2	2.9	2.6	2.5	2.3	2.2	2.1	2.0	1.9	1.8	1.7
8.8	8.1	7.5	7.0	5.5	4.6	3.9	3.5	3.1	2.8	2.6	2.5	2.3	2.2	2.0	1.9	1.8	1.7

注:该表仅列体重(kg)和矫正参数。以70 kg体重、不同状态尸体所得的各矫正参数(表1-5)为参照标准。同一尸体体重下的4~8个矫正参数,有意义的则被列出。如重20 kg着厚毛织衣类衣服的尸体,根据表1-5中70 kg体重时同样着装状态获得的矫正值是1.8,再根据该表推算该20 kg尸体所获得的矫正参数为2.3,则矫正后的体重应为20×2.3=46(kg)。

值得注意的是,尽管综合参数检验方法被广泛用于早期死亡时间推断,但对其推断结果依然需要仔细考量,如Hubig等在一定条件下对84例突发死亡并已知死亡时间的尸体进行体温曲线记录发现,57.1%的案例推断出的死亡时间的95%置信区间与综合参数检验方法不符,他们通过实验数据计算出的标准差大大超过了综合参数检验方法中推导的95%置信区间的预设标准差,同时综合参数检验方法容易高估体重较重和体表面积较大的死者的死亡时间。由于婴儿本身的特殊性,Igari等对不同方法推断20例婴儿死亡时间进行了评判,发现综合参数检验方法具有很大的误差,相比之下,对上述矫正参数进行调整后或应用Ohno等的无限圆柱模型则大大缩小了误差,适用于对婴儿死亡时间的推断。

第二节 根据超生反应推断死亡时间

躯体整体死亡后,部分组织、细胞或某些器官尚能生存一段时间,这段时间称为超生期(supravital period)。在此时期(超生期)内,这些组织对物理性、化学性刺激仍可产生反应,称为超生反应(supravital reaction)。如骨骼肌受钝体敲击时可出现收缩,缩瞳药物可使瞳孔缩小。另有一些属自发性超生反应,如心肌的收缩(断头后)、肠蠕动、精子活动及白细胞游走等。由于人死亡后组织、细胞超生反应的存在,在死后一段时间内通过检测组织超生反应的存在及其程度,可用于推断早期死亡时间。目前研究较多、具有一定意义的是用骨骼肌超生反应推断早期死亡时间。

超生反应的基础是机体有生命状态时残存的能量代谢。个体死亡后,血液循环完全停止,组织、器官在普遍缺血的条件下,经历以下几个时期:①终期:以有氧代谢能量产生为特征。②幸存期(survival period):此期后生命终结,可出现自发性超生反应,如断头后由于心肌收缩而出现大血管喷血、头颅落地时面部表情肌的运动、肠蠕动、白细胞游走等。③复苏期(resuscitation period):此期结束后不再具有复苏能力。④超生期:组织、器官对外界刺激尚能做出一定反应。在上述时期内,组织、细胞尚具有一定的生命力。肌肉是超生反应最强的器官,究其原因,其一是肌肉组织在死后一定时间内,其细胞膜内外离子浓度差仍能维持一段时间,此为动作电位产生的基础;其二是肌肉组织在死后仍能依靠糖酵解的方式获得能量;其三是由肌球蛋白(myosin)组成的横桥(cross bridge)与肌动蛋白(actin)的结合呈可逆性,为肌丝的滑动提供了可能。此外,三磷酸腺苷(ATP)和能量原料的储备,也为死后肌肉收缩的产生提供了条件。由于上述综合原因,肌肉的超生反应性收缩成为可能。

一、根据机械性刺激后肌肉兴奋性推断死亡时间

关于机械性刺激与骨骼肌兴奋性的研究主要是在19世纪和20世纪上半叶开展的。早期研究中多采用针刺、手或金属钝器敲击骨骼肌,使其产生收缩。打击越重,肌肉收缩

越明显。所研究的肌肉包括颈肌、肱二头肌、三角肌及大腿部的肌肉。但这些研究缺乏有关肌肉受刺激后的明确反应数值,使结果无法对比和总结,因此,实用价值不大。具有一定实用性的是 Dotzauer 进行的研究。根据 Dotzauer 的研究结果,机械性刺激后肌肉的兴奋性可分为三期。

第一期:尸体在机械性刺激后,整个肌肉发生收缩,此期在死后 1.5~2.5 h。

第二期:尸体在机械性刺激后,肌肉出现典型而明显的局部隆起,可在死后 4~5 h 观察到。此期肌肉收缩速度慢,仅为 0.2 cm/s。

第三期:在死后 8~12 h 刺激尸体肌肉,肌肉出现局部微弱的收缩隆起,不明显,但可持续存在 24 h。

二、根据电刺激后肌肉兴奋性或刺激肌肉收缩的电流阈值变化推断死亡时间

自 1780 年德国学者 Galvani 发现了"动物电"(animal electricity)现象以来,许多学者开始了死后骨骼肌的电兴奋性(electrical excitability of skeletal muscle postmortem)的研究。19 世纪是研究这一现象的辉煌时期,主要是由生理学及病理学方面的专家完成的。19 世纪初,这些研究的主要目的是排除假死,只有那些电兴奋性丧失的尸体才可以埋葬。

可用于推断死亡时间的骨骼肌电兴奋性主要包括两类:一类是电刺激后肌肉的收缩性,另一类是死后可刺激肌肉收缩的电流阈值的变化。

1. 根据电刺激后肌肉收缩性推断死亡时间

电刺激肌肉收缩可通过两种方式,一种是直接刺激肌肉组织引起肌肉收缩,称为骨骼肌的直接电兴奋性(direct electrical excitability of skeletal muscle),另一种是刺激神经引起肌肉收缩,称为骨骼肌的间接电兴奋性(indirect electrical excitability of skeletal muscle)。通过对尸体的研究表明,骨骼肌的间接电兴奋性在死后数分钟至 1.5 h 即消失,而直接电兴奋性在死后数小时至 26 h 才消失。因此后者在推断早期死亡时间方面更有意义。

Rosenthal 曾提出眼轮匝肌的直接电兴奋性持续时间最长,该观点后来进一步得到了 Klein 等的证实。Popwassilow 和 Palm 根据肌肉收缩程度和收缩范围,将骨骼肌的直接电兴奋性分为三级(表 1-7)。他们还在 102 例尸体上进行了死后各部位骨骼肌直接电兴奋性的检测,结果如表 1-8 所示。

检测骨骼肌的直接电兴奋性操作简便,可在现场勘验时进行,方便迅速推断出死亡时间。但由于各学者的研究工作所使用的电刺激方式及肌肉收缩程度的分级标准各不相同,难以对比和应用。Madea 建议使用电流为 30 mA、矩形脉冲方波电刺激,刺激频率为 50 s^{-1};针刺电极间距 15~20 mm,插入眼睑深度 5~7 mm。当无法根据尸冷推断死亡时间时,此法更具有实际意义。此法不适用于冻死、眼睑有血肿或气肿的尸体。

表 1-7　Popwassilow 和 Palm 的分级标准及与死亡时间的关系

电极部位	分级		
	+++	++	+
眼轮匝肌	整个表情肌收缩	眼睑收缩	肌纤维抽搐
口轮匝肌	眼、口轮匝肌,颈肌及眼睑肌收缩	眼、口轮匝肌收缩	肌纤维抽搐
手肌	整个上肢肌收缩	手及前臂肌收缩	肌纤维抽搐
死亡时间/h	0～2.5	1～5	2～6

表 1-8　Popwassilow 和 Palm 在 102 例尸体中测得的肌肉兴奋时间

电极部位	参数	分级		
		+++	++	+
眼轮匝肌	时间/h	0～2.5	1～5	2～8
	平均值/h	1.25	2.25	4.25
	例数	64	79	75
口轮匝肌	时间/h	0～2.5	1～5	2～6
	平均值/h	1	1.75	3.75
	例数	56	67	56
手肌	时间/h	0～2.5	1～4	1～5.5
	平均值/h	0.75	1.25	3.25
	例数	53	55	51

2. 根据刺激肌肉收缩的电流阈值变化推断死亡时间

实验研究证明,随着死亡时间的延长,可引起肌肉收缩的电流阈值也在增加。1976年 Joachim 首先提出了死亡时间与刺激肌肉收缩的电流阈值之间存在明显的相关性。1980 年 Joachim 和 Feldmann 在 11 例尸体上进一步研究得出了通过刺激肌肉收缩的电流阈值变化推断死亡时间的计算公式。

$$t = (a^0 - a^*)/b$$

式中,t 为死亡时间(min);a^0 为首次测定时电流阈值对数;a^* 为死亡时的原始电流阈值对数;b 为回归斜率。Madea 在 20 例尸体上测得 $a^* = -1.748$,$b = 0.0129$。其死亡时间的 95% 置信区间为 -3.3～3.3 h。测定中以肌肉明显收缩作为阳性反应。一般检查手指肌肉,如小指屈肌、指总屈肌,因为这些肌肉运动容易观察。该方法可用于推断死后 10 h 之内的尸体死亡时间。

三、根据瞳孔对药物的反应推断死亡时间

据研究,死后早期瞳孔对药物仍具有敏感性,如 Klein A 和 Klein S 以 18 种不同的药物浓度,对 3000 多例尸体的瞳孔进行了研究,发现药物作用在给药后 5~30 min 出现,持续时间至少 1 h。其中瞳孔对乙酰胆碱、肾上腺素/去甲肾上腺素的反应时间较长,如对乙酰胆碱的反应甚至在死后 46 h 也可观察到。研究认为,瞳孔对药物具有超敏感性。Larpkrajang 等对 100 例尸体瞳孔对毛果芸香碱的反应进行了研究,发现最长在死后 15 h,瞳孔对毛果芸香碱依然有反应。他们通过在不同时间滴加 2% 毛果芸香碱溶液,10 min 后测量瞳孔直径改变,得出下述回归关系:$PMI(h) = 8.310 - 3.702 \times Diff \pm 0.735$,式中 Diff 是用药后瞳孔大小的差异,单位为 mm。Klein A 和 Klein S 同时还对虹膜的电刺激反应进行了研究,将电极刺入眼睛的前房,瞳孔收缩可出现于死亡后 11 h,瞳孔收缩和虹膜向电极移位可同时出现于死亡后 16 h,单纯虹膜向电极移位最迟可见于死亡后 56 h。死后瞳孔对药物的反应的时间规律,已被综合参数死亡时间推断法和电子计算机死亡时间推断程序采用。

四、超生反应及早期尸体现象检测表

早期尸体现象检测是为了使死亡时间推断更为提前而采取的方法,如对 5.5 h 以内的早期死亡时间进行推断。经过大量早期尸体现象检测,特别是肌肉的超生反应检测,归纳成对早期死亡时间推断极具价值的检测表。该表以 yes(是)和 no(否)两种回答方式代表一定的死亡时间范围,由尸斑、尸僵、肌肉的超生反应(电兴奋性、机械兴奋性、药物兴奋性)等主要参数,即共 20 项指标构成。其主要内容如下。

(1) 尸斑:尸斑开始,尸斑融合,最大尸斑形成,尸斑按压后是否消退等。

(2) 尸僵:尸僵开始,最大强度尸僵形成等。

(3) 肌肉的超生反应:根据死后早期肌肉受刺激后出现超生反应性收缩,且随死亡时间延长而收缩范围逐步减小这一现象,将肌肉的超生反应分为以下几种。

①电兴奋性:使用电刺激仪,给予一个标准的脉冲电流,刺激面部表情肌,根据收缩的范围分Ⅰ~Ⅵ共 6 个等级(图 1-10)。

②机械兴奋性:以机械性打击是否诱发骨骼肌产生自主肌根,观察肢体肌肉的反应,通常选择肱二头肌,其自主肌根在死后 8 h 仍可出现。

③药物兴奋性:以反复交替使用扩瞳和收瞳药物观察瞳孔对药物的反应。瞳孔对不同药物反应时间的长短,对应一定的死亡时间。

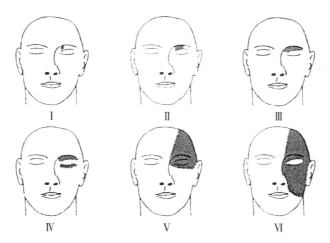

图 1-10 电刺激面部表情肌时不同等级的收缩范围

第三节 根据胃肠内容物或膀胱内尿量推断死亡时间

一、根据胃肠内容物推断死亡时间

食物在胃内停留的时间和食糜及食物残渣通过小肠的时间有一定的生理规律,根据这种规律性变化,可以推断死亡距最后一次进餐的时间,从而大致判定死亡时间。一般认为,胃内充满食物呈原始状态而没有消化时,为食后不久死亡;胃内容物大部分移向十二指肠,并有相当程度的消化时,为进食后 2~3 h 死亡;胃内空虚或仅有少量消化物,十二指肠内含有消化物或食物残渣时,为进食后 4~5 h 死亡;胃和十二指肠内均已空虚,认为在进食后 6 h 以上死亡。

但应该注意的是,食物在胃肠内的消化和排空受许多因素的影响,包括食物种类和性状、进食的量、进食习惯、胃肠功能状态和健康状况、个人的精神状态、药物和饮酒的影响等。一般来说,流体食物比固体食物排空快,小颗粒食物比大块食物排空快,碳水化合物比蛋白质排空快,蛋白质又比脂肪排空快。小儿爱吃零食,推断时要注意结合案情。因此,在根据胃肠内容物消化程度推断死亡时间时,应充分考虑这些影响因素。实践中发现单凭胃肠内容物消化和排空情况推断死亡时间,差异较大。

二、根据膀胱内尿量推断死亡时间

膀胱内尿量多少与饮水量、个体差异、生活习惯、疾病等有关。一般情况下,多数人在就寝前要排尿,若膀胱内尿量少,则提示就寝后 3 h 内死亡;若尿量较多,可以推测为凌晨死亡。但要注意,有时人在濒死期会发生尿失禁,排空膀胱。

第四节 根据组织学变化及酶组织化学变化推断死亡时间

一、根据组织学变化推断死亡时间

尸体各器官的组织学改变可作为推断死亡时间的参考。取死后不同时间尸体的肝、心肌、骨骼肌和甲状腺等组织做组织切片观察,用刚死亡尸体的同类组织作为对照。尸体所处环境为 18~20 ℃,空气相对湿度为 4%~60%,死亡原因为颅脑损伤,可发现上述组织在死后不同时间均有一定的规律性改变。

1. 肝的改变

死后 6 h,肝血管扩张、溶血;死后 12 h,血管基质轻度水肿,红细胞渗出;肝糖原减少或消失;死后 18 h,上述改变程度加重;死后 24 h,嗜银纤维变粗;死后 48 h,肝细胞胞质呈碱性。

细胞核仁组成区(nuclear organizer region,NOR)是一组核糖体的 DNA,它出现于核仁,是 DNA 的袢,主要功能是转录 rRNA,在蛋白质合成中起着重要作用。应用硝酸银染色可使 NOR 分化着色。实验研究中观察到,29~31 ℃下,豚鼠肝细胞 NOR 嗜银蛋白(AgNOR)形态的改变与死亡时间有一定的关系。死后 12 h 之内,肝细胞核中可见 3~5 个着色较清晰的 AgNOR 颗粒;死后 24 h,细胞核内 AgNOR 阳性颗粒颜色变淡,同时组织中有被银染均匀分布的腐败细菌;死后 36 h,AgNOR 颗粒模糊不清,伴腐败菌生长;死后 48 h,肝细胞核本身更加模糊,AgNOR 大部分消失,个别细胞核内隐约可见淡黄色的 AgNOR,此时,腐败菌数量明显增多;死后 60 h,肝细胞核基本消失,核内 AgNOR 阳性颗粒也消失,嗜银染色阳性细菌布满组织。

2. 心肌及骨骼肌的改变

死后 6 h,肌间质内的血管扩张,肌纤维横纹不清;死后 12 h,部分心肌纤维发生自溶,骨骼肌横纹消失;死后 18 h,骨骼肌发生自溶;死后 36 h,绝大多数心肌及骨骼肌自溶,核固缩;死后 48 h,肌纤维完全崩解;死后 96 h,肌纤维基本辨认不清,核完全消失,呈空泡状或固缩。

3. 甲状腺的改变

死后不久,甲状腺滤泡完好,上皮细胞形态正常,胶质充满滤泡,经过碘酸染色,上皮细胞胞质呈阳性反应;死后 18 h,滤泡中的胶质消失,上皮细胞明显脱落;死后 24 h,脱落的上皮细胞充满滤泡。

4. 牙髓质的改变

有研究在不同的死亡时间,对 26 例尸体的牙髓组织进行长达 6 个月的 HE 染色和 Masson 三色染色观察,发现牙髓的变化具有时间特点。死后 24 h,以纤细、波浪状胶原纤维为主的结缔组织中均匀分布大量形态完好的细胞核,有圆形、卵圆形和延伸形状,提示存在不同的细胞类型,如巨噬细胞、成纤维细胞;可见血管和淋巴管,血管内皮细胞完整,细胞外基质均匀分布,无空泡化。死后 1 个月,细胞核的形态依然良好,但是数量显著减少,基本分布在外周牙髓组织,组织内淋巴管及血管消失,细胞外基质部分区域出现空泡,胶原纤维密集呈波浪状。死后 3 个月,细胞核进一步减少,基本分布在外周牙髓组织,细胞核形态模糊,染色质形态不规则,细胞外基质分解、可见空泡,胶原纤维呈束状分布。死后 6 个月,组织完全分解,细胞核稀少,细胞外基质减少,胶原纤维比例上升。

5. 唇黏膜的改变

观察 31 例死亡时间在 24 h 内的尸体唇黏膜,早期(8 h 内)可见以皮肤浅表及棘细胞层为主的均质化和嗜酸性增强;棘细胞层细胞核固缩、破裂或出现空泡,并逐渐进展到皮肤全层;胞质空泡则在 8 h 后出现,主要集中在皮肤浅表及棘细胞层。8 h 后尤其在 16 h 后,可明显见到皮肤浅表层的碎裂、细胞气球样变、基底层的分离、上皮与结缔组织的分离。皮下组织中,胶原纤维断裂呈团块状,脂肪和肌肉组织破坏。8 h 后肌肉横纹消失、肌细胞间距增大,红细胞自溶,唾液腺出现自溶,并且 16 h 后自溶现象更加严重。

上述细胞组织形态学改变受多种因素的影响,实际上是细胞的自溶过程,而自溶的快慢又与环境温度、死亡过程和不同器官、组织、细胞的差异密切相关,同时还会受到死后腐败的作用,因此,根据组织形态学变化推断死亡时间要结合具体情况进行分析和应用。

二、根据组织超微结构变化推断死亡时间

根据组织超微结构变化推断死亡时间目前仅限于动物实验研究,因检材条件的限制而很难实际应用。

1988 年浙江医科大学蒋秀妍等将 3 只家兔离体心肌置于 37 ℃无菌容器中,发现 72 h 内不同时间心肌细胞线粒体及核的变化与死亡时间有密切关系,尤其是线粒体基质出现的絮状致密体更有价值。

1991 年内蒙古医学院李灵芝等将家兔离体心肌置于 37 ℃温盒中自溶,证明了 30 min 后核染色质靠近核膜;60 min 后线粒体嵴断裂、溶解,基质出现絮状致密体;240 min 后细胞核膜破裂,絮状致密体积增大,数量增多;480 min 后线粒体基质出现环

状体。

1991年华西医学院黄飞骏等用冷冻断裂技术在扫描电镜下观察了小白鼠肝细胞在24 h内不同时间段的超微结构变化,认为其具有规律性,可作为推断死亡时间的参考。

1991年山西医科大学姜树山等将10只大白鼠在21 ℃环境下处死,然后按立即、死后30 min和1～72 h分段取脑,电镜观察发现自溶变化具有一定的规律性,依此可推断死亡时间。

后有不同学者以大鼠、小鼠、猪、犬等为模型动物,在不同时间或温度下,对胰腺、肾、骨骼肌、甲状腺、椎间盘、关节软骨等的超微结构变化进行观察研究,也发现其具有时序性。Yoshino等观察死后人体骨骼的超微结构变化,发现其具有很长的时间跨度。Cingolani等在环境温度下研究了死后人体汗腺细胞的超微结构变化,3 h后,腺细胞内糖原减少、脂褐素颗粒增多、部分线粒体膨胀、内质网膨胀及分泌颗粒减少;6 h后,线粒体明显扩张、嵴稀疏,脂褐素颗粒增多,内质网膨胀和肌上皮细胞外侧部分细胞器变性;9 h后,线粒体嵴很难辨认,脂褐素颗粒增多,毛细血管和管腔的微绒毛稀薄,管腔细胞膜稀薄;12 h后,线粒体嵴消失、核固缩、核膜破裂,毛细血管微绒毛消失,内质网扩张到最大,内质网内有未成熟的分泌颗粒,同时还发现了肌上皮的改变(胞质空泡化、肌丝凝聚、细胞核改变),以及导管上皮细胞的细胞膜改变(细胞膜夹层减少、微绒毛扩张)。

三、根据酶组织化学变化推断死亡时间

生物体内存在多种酶。在活体组织中,细胞对各类酶有完善的屏障保护作用。死后,细胞屏障保护作用消失,胞质内的各种酶释放。死后某些组织、细胞内各种酶的活性也随死亡时间的延长而逐渐降低,因此,通过检测组织、细胞中酶活性的高低可推断死亡时间。常规显示酶活性的方法是组织化学和免疫组织化学技术。其主要原理是将未经固定液固定的组织经液氮或干冰速冻后,制成冷冻切片,将切片放入含有被检测酶反应所需要的底物及显色剂的反应液中(有些酶染色需要分步进行),在一定温度(一般为37 ℃)下,孵育一段时间后,在组织切片上便产生可见的酶反应产物,沉积于细胞中相应酶存在的部位,在显微镜下观察反应结果。反应产物越多,颜色越深,说明酶的活性越强。由于影响死后组织、细胞中酶活性的因素较多,特别是环境温度和尸体腐败,以及染色操作和结果判断难以标准化,且目前的研究结果多是定性或半定量,根据酶组织化学变化推断死亡时间的方法在法医学实践中的应用受到了限制。

1. 肝酶活性的改变

取死后6 h、12 h、18 h、24 h、36 h、48 h的鼠肝与人肝组织,观察下述各种酶的活性变化与死亡时间之间的关系:①丁二酸脱氢酶;②乙醇脱氢酶;③乳酸脱氢酶;④苹果酸脱氢酶;⑤α-甘油磷酸脱氢酶;⑥谷氨酸脱氢酶、辅脱氢酶Ⅰ;⑦辅脱氢酶Ⅱ;⑧葡萄糖-6-磷酸脱氢酶。按下列分级标准记录结果:4+表示活性很高;3+表示活性高;2+表示中等活性;1+表示活性低;±表示微活性;-表示无活性。

结果发现,死后鼠肝与人肝酶活性改变相同,随着死亡时间的延长,各种酶的活性逐渐下降。根据酶活性下降的速度,其可分为三类:①丁二酸脱氢酶、乳酸脱氢酶、葡萄糖-6-磷酸脱氢酶以及辅脱氢酶Ⅱ4种酶活性下降的速度是相同的,即死后6 h内,上述酶尚保持相当强的活性;12~18 h,活性较6 h时略低;36 h时更低;48 h时完全消失。②苹果酸脱氢酶与谷氨酸脱氢酶在死后6 h以内保持较高的酶活性,18 h时下降为中等活性;24 h以后,又继续下降;48 h时完全消失。③乙醇脱氢酶、辅脱氢酶Ⅰ以及α-甘油磷酸脱氢酶在刚死亡时可保持较高的酶活性,12 h时下降至中等水平,一直保持到18 h,以后很快下降,36 h时完全消失(表1-9)。这种方法最大的缺陷是缺少严格的定量标准。

表1-9 不同死亡时间肝酶活性的变化

酶	时间/h						
	0	6	12	18	24	36	48
丁二酸脱氢酶	4+	4+	3+	3+	2+	+	−
乳酸脱氢酶	4+	4+	3+	3+	2+	+	−
葡萄糖-6-磷酸脱氢酶	4+	4+	3+	3+	2+	+	−
辅脱氢酶Ⅱ	4+	4+	3+	3+	2+	+	−
苹果酸脱氢酶	4+	4+	3+	2+	2+	+	−
谷氨酸脱氢酶	4+	4+	3+	2+	2+	+	−
乙醇脱氢酶	4+	3+	2+	2+	+	−	−
α-甘油磷酸脱氢酶	4+	3+	2+	2+	+	−	−
辅脱氢酶Ⅰ	4+	3+	2+	2+	+	−	−

2. 心肌和骨骼肌酶活性的改变

尸体心肌和骨骼肌酶活性的改变,亦有一定的规律。取死后鼠与人心肌,观察丁二酸脱氢酸、苹果酸脱氢酶、乳酸脱氢酶、葡萄糖-6-磷酸脱氢酶、α-甘油磷酸脱氢酶与辅脱氢酶Ⅱ等的活性变化。取骨骼肌,除观察上述酶的活性外,还观察谷氨酸脱氢酶、乙醇脱氢酶及辅脱氢酶Ⅰ3种酶的活性。结果发现上述这些酶的活性,随死亡时间的延长而呈规律性改变,但个别肌细胞与肌群酶活性改变不完全相同。

结果表明,无论是心肌还是骨骼肌,酶活性的改变有一定的规律性。死后6 h,葡萄糖-6-磷酸脱氢酶活性明显下降,18 h时消失。死后24~36 h,α-甘油磷酸脱氢酶活性显著下降,48 h时仅存微弱活性。死后6~12 h,丁二酸脱氢酶与乳酸脱氢酶活性缓慢下降,48 h后下降明显。苹果酸脱氢酶及辅脱氢酶Ⅰ的活性分别于死后36 h及24 h才明显下降。

3. 脾酶活性的改变

脾中丁二酸脱氢酶、乳酸脱氢酶及酸性磷酸酶的活性改变,亦可作为推断死亡时间的参考。

刚死亡时,脾中乳酸脱氢酶、丁二酸脱氢酶的活性降低,而酸性磷酸酶的活性相当高;

死后 12 h,丁二酸脱氢酶及乳酸脱氢酶的活性降低,而酸性磷酸酶的活性增高;死后 24 h,三种酶的活性均下降;死后 36 h,丁二酸脱氢酶的活性微量,乳酸脱氢酶的活性仍保持中等水平,酸性磷酸酶的活性略增高;死后 48 h,丁二酸脱氢酶的活性几乎难以测出,其他两种酶的活性亦明显降低。

第五节 根据尸体昆虫数据推断死亡时间

近二十年来,应用昆虫学及其相关知识解决法医学实践中的有关问题,根据尸体昆虫数据分析推断死亡时间的研究,在国内外均有较大发展,并形成了一门新兴的法医学分支学科,即法医昆虫学(forensic entomology)。运用法医昆虫学研究的成果和技术方法推断死亡时间,大大提高了死亡时间推断的准确性,甚至对早期死亡时间的推断也不失为一种有效的方法。有学者指出死亡时间可以分为两个阶段,即昆虫到达尸体之前阶段(pre-colonization interval)和昆虫集落在尸体上并繁衍后代到尸体被检验的阶段(post-colonization interval),并提出了昆虫在尸体上的存活时间(period of insect activity,PIA)的概念。实际上,法医昆虫学推断的只是 PIA,而非真正的死亡时间,法医工作者不仅要研究昆虫在尸体上的演替,更要弄清昆虫到达尸体前的时间间隔和影响因素。

按照生物学分类方法,昆虫(insect)属于动物界节肢动物门昆虫纲,共有 34 个目,是世界上最庞大的动物类群,涉及约 100 万种,但人类识别的还不足 90 万种。在法医学实践中,与人体关系较为密切的昆虫主要是双翅目(diptera)和鞘翅目(coleoptera),前者包括蚊、蝇、虻、蛉、蠓和蚋,后者泛指甲虫。相比较而言,蝇类尤其是尸食性蝇类是研究和实际应用最多的昆虫。昆虫学在法医学实践中的应用涉及死亡时间推断、死因分析以及死亡地点推断等,其中研究最多、应用最广的为死亡时间推断。

对于法医昆虫学实验模型的选择,Szymon Matuszewski 进行了系统性的讨论,已有文献研究显示暴露在空气中的尸体模型以体重 20~30 kg 的家猪使用较多,而关于埋葬尸体的研究模型目前还没有统一的建议。不同目的的研究所需要的模型也不尽相同,所以进行系统综述后综合意见尤为重要,表 1-10 可以作为实验模型的选择指南。在大多数情况下,猪尸体是相对于人尸体的较好代替模型,而其他动物尸体可作为补充。此外,也有研究人员认为应该使用比目前推荐的 20~30 kg 更大的尸体。

表 1-10　不同研究目的法医昆虫学模型选择指南

研究类型	指导方针	
	尸体种类	尸体重量
实验研究	家猪、兔或啮齿类动物,视研究目的而定,进行人体模型比较实验	取决于研究目标

续表

研究类型		指导方针	
		尸体种类	尸体重量
本地昆虫演替研究，昆虫 PIA 研究	早期繁殖	家猪、兔	无限制
	早中期繁殖	家猪	≥20 kg 起始重量，优选 20～40 kg
	增殖全过程	家猪	≥40 kg 起始重量，优选 50～80 kg
法医学方法测试	概念验证研究	家猪、兔或啮齿类动物，取决于实验方法	取决于实验方法
	初步验证研究	家猪	10～40 kg 为幼儿类似物，50～80 kg 为成人类似物
	最终验证研究	人类遗体	最好是幼儿到成人全重量范围

一、利用昆虫推断死亡时间的原理

（一）概述

在自然界中，昆虫种类繁多，分布广泛。昆虫不仅取食尸体，而且在尸体上生长发育，同时帮助大量微生物进入尸体，是尸体分解的重要因素。此外，昆虫感觉灵敏，活动能力和繁殖能力极强。

昆虫具有各自的特异性生长周期。以蝇类为例，其生长周期分为卵、幼虫、蛹、成虫四个阶段，卵经孵化后变成蛆（幼虫），蛆长到一定程度变为蛹，最后蛹破壳变为成虫，此为蝇的一代生长周期。因昆虫属冷血动物，其生长、发育过程受环境影响而发生变化，但这种变化有较好的规律性。因此，可根据尸体上昆虫的生长、发育阶段来判断相应的时间，进而根据现场情况推断死亡时间。

由于昆虫的种类不同，其生活习性也略有差异，如在尸体上出现的时间差异性等。尸食性蝇类最为敏感，人体（动物）死亡后数十秒内即可到达，甲虫类相比要晚得多，更晚的还有粉虫等。这种不同种类昆虫在尸体上出现时间的早晚现象称为演替周期，演替周期的存在是死亡时间推断的基础。

蝇类和甲虫类是尸体腐败的两种重要参与因素，而这两者之中又以蝇类更为重要。由于蝇类在死亡发生后不久就在尸体上产卵，幼虫孵出后直接摄食尸体组织，并在尸体上或尸体周围完成胚后发育直至羽化为成虫，故蝇类幼虫的生长、发育时间与尸体实际死亡时间具有一定的平行关系。此外，甲虫类会因蝇类幼虫的出现或尸体干化等因素侵袭尸体，并产下捕食性或腐食性幼虫。甲虫类幼虫生长、发育时间虽然较实际死亡时间有一定的延迟,但周期较蝇类幼虫更长。根据这些昆虫的个体发育规律,能推断短至1天以内、长至1个月以上的死亡时间。

(二) 尸体腐败阶段

根据空气中尸体变化的规律,尸体腐败阶段可进一步分为如下几期。

1. 新鲜期

死后1~2天,尸体肿胀发生之前的时期。首先到达尸体的为丽蝇科和麻蝇科昆虫,如丽蝇及其相关种类(包括丝光绿蝇、大头金蝇、红头丽蝇和反吐丽蝇等)可在死后10 min内到达尸体并产卵,卵常被产在尸体的天然开口处如眼、鼻、耳、口、阴道、肛门等部位,也可以产在伤口处。其中丝光绿蝇多选择城市环境,伏蝇则多选择乡村环境。

2. 肿胀期

死后2~7天,尸体从轻度的肿胀到完全膨隆。此期带强烈腐败气味的液体可从尸体开口处流出,使得尸体下面的土壤呈碱性,节肢动物开始离开尸体下土壤。此期尸体上的昆虫主要是丽蝇科和麻蝇科昆虫,酪蝇科和尖尾蝇科昆虫也开始出现。

3. 腐败期

死后4~13天,尸体爆裂,大量腐败气体泄漏出来,尸体大部分软组织被蝇类幼虫所吞噬。腐败期后期大量腐食性和捕食性甲虫到达尸体,而大部分丽蝇科和麻蝇科幼虫则完成发育,离开尸体化蛹。

4. 后腐败期

死后10~23天,尸体只剩下毛发、皮肤、软骨和骨。双翅目昆虫不再是尸体上的主要昆虫,各种甲虫大量出现。

5. 残骸期

死后18~90天,尸体只剩下骨和毛发。残骸上的昆虫逐渐减少,其下土壤中可能出现大量螨类,可持续数月或数年。

6. 特殊情况

昆虫种类因埋葬的尸体深度不同而有较大差异,厚土层可阻止昆虫接近尸体,若出现昆虫则多由埋葬前在停尸处、棺木中以及土壤表面上产的卵孵化而来,包括双翅目蝇(如丽蝇属、家蝇属、蚤蝇科和黑蝇属)和鞘翅目甲虫(如隐翅虫属)。它们出现的顺序如下:①丽蝇属和家蝇属;②黑蝇属;③蚤蝇科;④鞘翅目。蚤蝇科昆虫侵入尸体约在死后1年,鞘翅目则在死后第2年多见。

水中尸体上昆虫种类也有所不同,因水温不同,尸体肿胀要在死后6~10天或更长时间才出现,尸体裸露在空气中的部分可有绿蝇产卵,肿胀后期尸体漂浮,可有葬甲、隐翅虫、阎甲等活动。

火场被烧焦炭化的尸体对蝇类无吸引作用,可延缓蝇类的入侵,但随着内脏器官的腐败,可有蝇类侵袭。

(三) 与尸体有关的重要昆虫的生物、生态学规律

在推断死亡时间的过程中,与尸体有关的重要昆虫的生物、生态学规律主要包括以下

方面。

1. 双翅目

双翅目成虫都有一对发达的前翅,后翅退化为平衡棒。双翅目昆虫是全变态昆虫,即它们的发育经历了卵、幼虫、蛹和成虫4个阶段,而幼虫又分为3个龄期。幼虫无头、无足、蛆状,前部较细,头部有一对口钩,后部较粗,有一对大的后气门。卵像微型稻米,卵经1～3天孵化出一龄幼虫;在乡村,大型灰色的麻蝇在到达尸体后直接产下一龄幼虫。一龄幼虫经0.5～2天蜕皮变为二龄幼虫,二龄幼虫蜕皮后变为三龄幼虫。各龄幼虫的区分主要看后气门。

幼虫发育完成后离开尸体,寻找合适的地方如土壤、衣服等处化蛹,一般幼虫可迁移3 m左右,在硬物的表面迁移距离更远。在尸体上发现幼虫时,一定要寻找蛹,以便确定幼虫在尸体上繁殖的代数。

2. 鞘翅目

鞘翅目昆虫泛指甲虫,体壁坚硬,前翅较厚,合起来盖住背部和折叠的后翅。鞘翅目昆虫为全变态昆虫,卵呈卵圆形或球形;幼虫头部发达,较坚硬,有三对胸足;蛹为裸蛹,触角、翅、足的芽体裸露。

最早到达尸体的甲虫为阎甲和隐翅虫,其幼虫和成虫都是捕食性的,即取食双翅目幼虫,真正取食尸体的昆虫主要为皮蠹科、蛛甲科、谷盗科及金龟科等昆虫。与双翅目昆虫相比,甲虫尚未得到应有的注意。Leclercp研究了4个坠落在沙漠的飞行员尸体,在干燥的沙漠里皮蠹代替了蝇类成为尸体分解者。在沙漠中,大量的皮蠹出现在死后24 h内的动物尸体上,其幼虫在3天后出现。Szymon Matuszewski等推测昆虫羽化时的大小可以用来修正昆虫的实际年龄,从而提高法医昆虫学中昆虫年龄估计的准确性。有关上颌隐翅虫(隐翅虫科)的实验中,根据羽化时成虫的长度和大小预估的K值是最准确的,提高了该种年龄估计的准确性。

(四) 尸体现场昆虫标本的采集、保存和饲养

尸体现场昆虫标本的采集、保存和饲养至关重要,是推断死亡时间的基础与前提。昆虫标本的采集包括尸体移走前和尸体移走后即刻标本的采集。应做好现场观察记录,包括现场的方位、昆虫的种类和大致数量等。记录应包括文字、照片、录像和草图等,应测定尸体现场环境温度和尸体温度。

将采集到的成虫标本分成两份,一份放入装有二甲苯和乙醇的毒瓶内毒死,然后转入75%乙醇瓶内保存;另一份装入干燥的瓶内,每个标本瓶在放入标本的同时必须放入标签,注明案件编号及采集地点、日期、时刻等,标本瓶外面贴包含同样内容的标签,双标签是昆虫研究的标准做法。瓶号和采集地点应登记在专用的表格中。

卵和大小不等的幼虫应分别采集,并各分为两份,一份置入保存液中,另一份置入放有潮湿纸巾的塑料杯中或直接置入饲养杯中进行饲养,开展饲养工作有助于准确计算死亡时间。

二、利用蝇类推断死亡时间

尸食性蝇类（saprophagous muscoid flies）是指寄生于尸体或腐败物质的蝇类，文献报道有 17 科、数百余种。根据国内的研究，与尸体关系密切的优势种类主要有丽蝇科、麻蝇科和蝇科等 14 种（表 1-11）。其中常见的尸食性蝇类为丝光绿蝇、巨尾阿丽蝇、大头金蝇、肥须亚麻蝇、南岭绿蝇以及急钩亚麻蝇 6 种。在相对密闭的条件（如门窗紧关的室内、相对密封的塑料袋、棺材、埋葬或包裹的尸体）下以及在丽蝇活动能力较弱的冬季，利用蚤蝇推断死亡时间要比丽蝇更准确。

表 1-11　国内尸食性蝇类中的优势种类

丽蝇科	麻蝇科	蝇科
1. 丝光绿蝇 2. 巨尾阿丽蝇 3. 南岭绿蝇 4. 大头金蝇 5. 紫绿蝇	6. 红尾拉麻蝇 7. 黑尾拉麻蝇 8. 红尾粪麻蝇 9. 棕尾别麻蝇 10. 白头亚麻蝇 11. 肥须亚麻蝇 12. 急钩亚麻蝇	13. 家蝇 14. 厩腐蝇

根据杭州地区的研究，丝光绿蝇、巨尾阿丽蝇、家蝇在不同温度下的发育历期分别见表 1-12 至表 1-14。

表 1-12　丝光绿蝇在不同温度下的发育历期

单位：天

发育阶段	18 ℃	21 ℃	24 ℃	27 ℃	30 ℃	33 ℃
卵	1.33	0.98	0.83	0.75	0.67	0.60
一龄	1.75	1.04	0.96	0.69	0.58	0.50
二龄	2.04	1.13	1.00	0.63	0.58	0.50
三龄	14.50	7.25	4.75	5.00	13.68	13.19
蛹	15.00	9.92	7.71	6.67	5.25	4.75
合计	34.62	20.32	15.25	13.74	20.76	19.54

表 1-13 巨尾阿丽蝇在不同温度下的发育历期

单位:天

发育阶段	12 ℃	15 ℃	18 ℃	21 ℃	24 ℃	27 ℃	30 ℃
卵	3.08	1.88	1.35	1.17	0.90	0.78	0.71
一龄	4.75	2.21	1.67	1.33	0.88	0.58	0.54
二龄	4.50	2.75	1.50	1.25	1.13	1.00	1.40
三龄	15.50	7.75	6.21	5.50	5.00	4.00	4.40
蛹	—	12.00	10.75	10.50	7.50	7.00	—
合计	27.83	26.59	21.48	19.75	15.41	13.36	7.05

表 1-14 家蝇在不同温度下的发育历期

单位:天

发育阶段	16 ℃	20 ℃	24 ℃	28 ℃
卵	1.96	1.00	0.67	0.40
一龄	2.90	1.50	1.00	0.50
二龄	3.10	1.50	1.20	1.40
三龄	10.00	7.00	5.80	4.10
蛹	23.00	10.00	7.00	5.00
合计	40.96	21.00	15.67	11.40

利用尸食性蝇类的生长发育特性推断死亡时间是目前针对腐败尸体的最有效的方法,即使在新鲜尸体上也不亚于其他方法,但应用较少。在采集蝇类时,据昆虫学证据,研究人员可在 2~10 m 的范围搜索生理年龄最大的幼虫,但这些幼虫可能已经开始从尸体上散开,以便埋葬和化蛹。Lewis 的实验建议,调查人员和研究人员应考虑将 360°搜索半径扩大到距尸体 20~25 m 的地方。

利用蝇类推断死亡时间目前有以下几种方法。

1. 称重推断法

称重推断法的基本原理是根据蝇类生长发育不同时间内重量的变化来推断死亡时间。1995 年,美国 Wells 和 Lamotte 利用副螺旋丽蝇(*Cochliomyia macellaria*)在 28 ℃ 环境中孵育,不同时间段取材,干燥(50 ℃环境中 48 h)后称量,得到其幼虫发育天数与其重量的关系(表 1-15)。称重推断法的优点在于操作简单,易推广,但其缺陷是只适用于幼虫阶段,且需要系统全面的基础研究数据。目前该法在实践中应用不多。

表 1-15 副螺旋丽蝇幼虫发育天数与其重量的关系

发育天数	一只干重/mg
0.75	0.020

续表

发育天数	一只干重/mg
1.00	0.055
1.25	0.062
1.50	0.224
1.75	0.521
2.00	0.558
2.50	3.397
3.00	19.420
3.50	19.520
4.00	20.780

2. 体长推断法

体长推断法的原理是根据蝇类在生长发育过程中的体长变化来推断死亡时间。马玉堃等(1996)研究发现,用于体长测量的蝇蛆保存在85%～95%的乙醇中效果最佳。不同环境温度下蝇类的最大体长及所需的发育时间有种类的区别。对一种蝇类来说,在一定的温度下有一定的规律性。体长推断法研究较多,规律性较强,与蝇类的发育历期相结合,比较适用于精确推断死亡时间。其缺点是鉴别种类难度较大,需要有专家的参与。Colin Moffatt 的研究提出,根据体长推断死亡时间时,通常以体长较大的个体为目标,并认为它们属于年龄较大的个体群。因此,案件分析时在该案件中的种群长度变化率会比实际情况大。为了减少这些误差,理想情况下应该从现场采集一个数目大的、有代表性的样本,以便量化整个种群中年龄最大的个体群的平均值和标准差。三种蝇类幼虫在不同温度下发育天数与体长的关系分别见表1-16至表1-18。

表1-16 巨尾阿丽蝇幼虫在不同温度下发育天数和体长的关系

单位:mm

发育天数	12 ℃		16 ℃		20 ℃		24 ℃		28 ℃	
	Ⅰ	Ⅱ	Ⅰ	Ⅱ	Ⅰ	Ⅱ	Ⅰ	Ⅱ	Ⅰ	Ⅱ
12		A	2.5±0.3	A	2.6±0.3	A	3.1±0.2	A	3.2±0.5	A
24	2.5±0.5	A	3.1±0.4	A	3.5±0.4	A	4.8±0.5	B	5.6±1.6	C
36		A	4.6±1.0	A	5.2±0.7	B~C	6.5±1.6	C	10.3±1.4	E
48	3.2±0.7	A	4.4±1.1	B	7.3±1.1	C	11.4±1.2	E~F	12.9±1.2	G
60		A	6.3±0.6	C	11.7±1.0	D~E	12.1±1.2	G	13.9±1.3	G
72	4.6±0.8	A	6.4±1.1	C	13.3±1.7	F~G	13.7±1.5	G	14.5±0.8	G
84		B	9.5±0.4	D	15.1±1.8	G	13.9±1.7	G	15.9±1.2	G

续表

发育天数	12 ℃ I	12 ℃ II	16 ℃ I	16 ℃ II	20 ℃ I	20 ℃ II	24 ℃ I	24 ℃ II	28 ℃ I	28 ℃ II
96	5.6±1.2	B	11.7±0.7	E	15.1±2.2	G	14.1±1.8	G	14.7±1.6	H
108		C	13.0±1.0	F	14.8±1.9	G	14.8±1.5	H	15.3±1.7	H
120	8.4±1.9	C	15.1±1.2	G	14.7±1.6	G	13.1±0.6	H	15.4±1.2	H
132		C	15.2±0.6	G	14.8±1.9	H	12.9±1.4	H	14.8±2.0	H
144	11.6±2.5	D	14.6±1.4	G	14.2±2.1	H				
156		D	15.3±1.5	G	13.5±1.6	H				
168	13.1±2.2	D	14.7±0.9	G						
180		E	14.5±1.1	G						
192	14.8±2.0	E	14.0±1.1	H						
204		F	14.0±1.1	H						
216	15.5±1.9	F	13.2±1.1	H						
228		G	12.5±1.3	H						
240	15.9±1.7	G	14.4±1.2	H						
264	15.3±2.2	G	14.3±0.6							
288	13.9±1.6	G	14.6±1.2							
312	13.9±2.0	G								
336	14.4±1.7	H								
360	13.6±1.4	H								
384	13.3±0.9	H								
408	13.0±0.6									

注：I 为体长值（mm）（$\overline{X}\pm SD$）；II 为所处发育期；A 为一龄期；B 为二龄早期；C 为二龄后期；D 为被内三龄期；E 为开环期；F 为淡闭环期；G 为深闭环期；H 为预蛹期。

表 1-17　丝光绿蝇幼虫在不同温度下发育天数与体长的关系

单位：mm

发育天数	18 ℃	21 ℃	24 ℃	27 ℃	30 ℃	33 ℃
0	1.19±0.1	1.19±0.1	1.19±0.1	1.19±0.1	1.19±0.1	1.19±0.1
1	1.90±0.1	2.78±0.1	2.28±0.2	3.03±0.1	6.18±0.2	3.83±0.1
1.5	2.12±0.1	3.38±0.1	3.73±0.2	5.91±0.3	9.36±0.5	6.72±0.3
2	2.63±0.1	5.40±0.3	6.68±0.3	10.5±0.4	13.4±0.4	11.8±0.4
3	3.80±0.1	8.35±0.8	12.9±0.8	14.9±0.4	14.6±0.6	14.0±0.4

续表

发育天数	18 ℃	21 ℃	24 ℃	27 ℃	30 ℃	33 ℃
4	5.64±0.4	13.1±0.5	15.8±0.8	13.5±0.6	14.2±0.7	13.9±0.9
5	7.80±0.3	15.4±0.6	14.6±0.7	13.4±0.6	13.7±0.7	13.7±0.7
6	10.6±0.5	13.9±0.7	14.2±0.8	13.0±0.9	13.6±0.8	13.6±0.8
7	13.2±0.7	13.8±0.7	13.8±0.6	7.46±0.2	13.5±0.5	13.6±0.4
8	15.3±0.4	13.6±0.7	7.94±0.4		13.5±0.7	13.5±0.4
9	15.0±0.6	13.5±0.7			13.5±0.8	13.4±0.7
10	14.8±0.7	12.3±0.4			13.4±0.5	13.4±0.7
11	14.0±0.7	7.50±0.4			13.2±0.6	13.3±0.6
12	13.9±0.6				13.2±0.9	13.2±0.4
13	13.8±0.4				12.9±0.4	13.2±0.5
14	13.8±0.7				12.8±0.4	12.9±0.4
15	13.8±0.7				7.67±0.4	7.60±0.4
17	13.7±0.6					
19	13.5±0.8					
20	7.52±0.4					

表 1-18　家蝇幼虫在不同温度下发育天数与体长的关系

单位：mm

发育天数	16 ℃	20 ℃	24 ℃	28 ℃
1	1.98±0.21	2.16±0.21	2.18±0.29	4.80±0.48
2	2.37±0.28	4.44±0.34	5.88±0.43	8.82±0.88
3	2.65±0.56	7.82±0.66	10.44±0.45	10.49±0.63
4	3.66±0.66	10.49±0.64	10.96±1.10	10.85±0.56
5	5.44±0.31	11.62±0.70	10.94±0.98	
6	5.33±1.44	11.32±0.76	10.77±0.56	
7	6.56±1.79		11.20±0.56	
8	7.95±1.97			
9	10.07±0.97			
10	10.70±0.51			
11	7.18±2.30			
12	8.28±3.00			

发育天数	16 ℃	20 ℃	24 ℃	28 ℃
14	8.66±1.38			
15	5.84±0.13			
17	5.98±0.25			

汤治洲(1994)根据实验观察结果,采用最小二乘法原理,得出了根据蛆、蛹长度推断死亡时间的回归方程:

$$t=(1.452-0.0353T)I-0.585$$

式中,T 为气温(℃),I 为蛆、蛹长度(mm),t 为推断的死亡时间(天数)。

该方程计算和操作简单,比较适用于无须精确推断死亡时间时,且易推广,但其缺点是没有系统全面的基础研究数据和推导过程,故其准确性难以评价。

3. 活体培养推断法

活体培养推断法是将现场或尸体上的蝇幼虫收集后,在实验室培养至成虫,根据蝇的种类及其生活周期特性,可较准确地推断幼虫在尸体上的时间,从而推断死亡时间。意大利学者Introna等(1989)利用孵育箱在室内、室外对丝光绿蝇进行培育,结果显示室内培育与室外培育无显著差异,表明用人工方法育制蝇蛆的生活周期可准确推断死亡时间。这种方法最大的优点在于推断的精确性和针对性,可推断出用称重推断法和体长推断法无法或不易推断出的死亡时间。但活体培养需要有专门的条件和知识,需要专家的参与,因此难以普及推广。

4. 几丁质片层计数法

几丁质片层(chitin layer)是昆虫表皮的片层状结构,其由酰氨基葡萄糖多聚体的几丁质和蛋白质构成,透射电镜下呈横条形或波浪形的几丁质片叠加形态,且具有时间积累性的特点,所以被用于测定昆虫日龄。根据研究观察,巨尾阿丽蝇一龄幼虫的几丁质片层最大为8层,二龄幼虫最大为11层,三龄幼虫几丁质片层数如表1-19所示。但这种方法目前还处于实验研究阶段,且需要专门的设备,需要专家的参与,因此也难以普及推广。

表1-19 巨尾阿丽蝇三龄幼虫表皮几丁质片层累积速度

温度/℃	时间/h	片层数	累积速度/h^{-1}	平均累积速度/h^{-1}
15	84	2		
	120	14	0.33	0.47
	156	39	0.69	
	192	65	0.72	
	228	69	0.11	

续表

温度/℃	时间/h	片层数	累积速度/h^{-1}	平均累积速度/h^{-1}
20	48	3		
	84	35	0.89	0.69
	120	56	0.58	
	156	77	0.58	
25	48	26		
	84	74	1.33	0.92
	120	92	0.50	
30	84	54		
	120	65	0.31	0.25
	156	76	0.31	
	192	81	0.14	

5. 基因表达对昆虫年龄的估计

Tarone的研究发现，在以上几种对虫龄的研究基础上，加入更多修正信息有可能提高虫龄估计的精确度，从而提高死亡时间估计的准确性。尽管基因型和环境变化的影响巨大，但增加基因表达数据从而更精确地预测苍蝇的发育是有效的。在双盲研究中，研究者通过对9个基因座进行评估修正，可以更精准地预测虫龄；然而，这组基因是根据可用的序列数据筛选出来的，可能并不是修正信息最丰富的标记基因组，还需要研究者深入探讨从而识别出更具修正价值的蝇类基因，以提高虫龄估计值的精确度，从而利用昆虫学数据更准确地推断死亡时间。

6. 昆虫幼虫滞育期的判断

昆虫的生长由遗传特性决定，受环境条件影响而发生改变，尤其受光周期、温度、湿度和食物等条件的综合影响。当遇到不良环境条件时，昆虫会积极地停止发育以克服恶劣环境的影响，等待环境条件改善后继续发育并繁衍后代。这种提前准备好的发育停止就是昆虫的滞育。昆虫滞育主要在高纬度地区寒冷的冬季或热带、亚热带地区干旱、炎热的季节发生。在法医昆虫学中，由于根据形态学特征无法判断滞育状态，因此在昆虫滞育条件下死亡时间的估算可能有偏差。Fremdt Heike等证实了通过寻找分子标志可以识别昆虫幼虫的滞育。他们对滞育和非滞育昆虫幼虫的19个基因进行了表达分析，发现热休克蛋白基因hsp23、hsp24和hsp70在滞育昆虫幼虫中的表达相比在非滞育昆虫幼虫中均有所上调。他们分析发现，编码前脂肪体蛋白基因表达的高变异是昆虫滞育的进一步证明。基因表达分析有可能作为一种合适的诊断工具应用于法医昆虫学的滞育状态判定。

三、嗜尸性蝇类的鉴别

嗜尸性蝇类的种类繁多,形态学检验复杂,种属鉴别需要专业和系统的昆虫分类学知识,且现场幼态样本缺乏明显的物种水平上的区分特征,部分种属的区分仍是难题。实际检案中,勘察人员经常将蛹、卵带回实验室饲养成蝇,待其羽化后再进行种属鉴别,这需要较长时间,常贻误案情,从而限制了其在实际应用中的发展。以下介绍几种除特征观察外区分种属的方法。

1. 昆虫分子系统学方法

昆虫分子系统学为利用分子生物学方法,检测昆虫在分子水平上的多样性和演化规律的一门学科,为法医昆虫学种属鉴定带来了方便。mtDNA 在胞内含量丰富,不易降解,严格遵循母系遗传,与核 DNA 相比有较高的碱基变化区,在同种内遵循极为保守的遗传规律,非常适合嗜尸性蝇类的种属鉴别。mtDNA 作为研究物种进化的重要分子标志,其中的细胞色素 c 氧化酶亚基 I 基因被证实能对很多常见的嗜尸性蝇类昆虫进行高效区分,可用作首选种属鉴别序列。

2. 角质层肌肉附着部位鉴别

蝇类幼虫通过体壁的伸缩性收缩移动,这是由附着在角质层上的一组复杂肌肉介导的,在众多的纵向肌肉下存在数量有限的横向肌肉群,Senta Niederegger 等尝试了一种光镜下鉴别的方法,少数横断肌在角质层的附着部位处可以被染色,从而在光镜下进行可视化分析。在去除纵向和横向肌肉并染色角质层后,附着部位变成了横向对称的节段性黑点簇。位于第二节、第三节和第四节(2A、3A、3B、4A、4B)的五个集群的组合模式显示出足够的差异,有助于可靠地分离外部非常相似的幼虫以及欧洲常见的几种嗜尸性蝇类。用这种新方法,即使在保存不良、变色和破碎的幼虫中也能进行物种鉴定,为蝇类的种属鉴别提供了思路。

四、根据昆虫在尸体上的演替规律推断死亡时间

根据 Lecler(1969)的研究结果,地面上的尸体可受到昆虫侵袭,总体上早期以双翅目蝇类为主,中期、晚期以鞘翅目及其他科类昆虫为主,如甲虫、恙虫、蜘蛛等,在死后 1 年以上不再有蝇类侵袭发生。国内周红章等(1997)的观察结果表明,尸食性昆虫侵袭尸体的过程可分为侵入期、分解期和残余期。一般侵入期 8~25 天,以蝇类为主;分解期 42 天,以甲虫类为主;残余期昆虫明显减少,无蝇类出现。甲虫类最早在尸体上(第 7 天)出现,其优势种类有尖腐阎甲(*Saprinus cuspidatus*)、大隐翅虫(*Creophilus maxillosus*)、双带皮蠹(*Dermestes coarctatus*)、介真阎甲(*Merkhister jekeli*)以及短角露尾甲(*Omosita colon*)等。马玉堃(1996)将室外尸体分为新鲜、肿胀、腐烂、干化、残骸五个变化阶段,总的演替规律如下:双翅目蝇类出现于新鲜期和腐烂早中期;鞘翅目步甲和阎甲类集中出现

于肿胀期至腐烂期；超过4周时，昆虫学方法则不那么准确，由于尸体分解释放的液体改变了土壤环境，从而影响了土壤生物如阿米巴等，因此可以用来估算死亡时间。

1. 昆虫数据分析的程序及注意事项

首先，判断尸体腐败的大致阶段，也就是尸体腐败分解的大致分期情况。实际上，尸体的不同部位可处于不同的腐败阶段。根据当地气候特征分析可能出现的昆虫及其演替规律，对照检查采集的标本有无遗漏。

其次，测量幼虫。测量方法是将伸展的幼虫放在盘内以毫米尺测量其长度或者处死后测量。依据其长度变化，可估计其在某一环境中的成熟程度，从而估计幼虫生长的龄期。在分析幼虫过程中，根据最老的幼虫估计死亡时间。

再次，根据昆虫幼虫至成虫的培养时间推断死亡时间，尤以蝇蛆和蝇蛹的生长情况意义较大。统计足够多的昆虫标本，得到合理的发育时间，这个时间是昆虫最初活动到标本采集的时间，考虑到昆虫活动是死后即刻发生或者是延迟发生（如气温的影响等）的，因此，昆虫发育时间往往要比死亡时间短。Mohr进行的成虫的活动性研究表明，蝇类的产卵规律与种类、性别和卵母细胞发育有关。卵母细胞发育程度在死后第3天有显著性差异。尸体的移动可影响昆虫的演替，反过来，若昆虫类群所指示的时间与尸体腐败的时间不一致，则提示尸体可能被移动过。此外，某些药物或毒物可明显影响昆虫的发育，如一定量的可卡因可使苍蝇幼虫生长发育速度明显加快，而阿米替林则可延长亚麻蝇从蛹孵化为成虫的时间。

值得注意的是，我国各地气温和环境条件不同，昆虫种类特别是发育规律也不尽相同，如在多雨季节，若尸体浸泡在水中，可大大延缓苍蝇产卵及发育，因此在推断死亡时间时各地应根据不同的环境条件考虑到这些因素。

2. 根据昆虫数据现场推断死亡时间的方法

根据昆虫发育数据，在现场可初步推断死亡时间。

在夏季，人死后10 min左右苍蝇到达尸体，1 h左右产卵，10～20 h尸体上出现蝇蛆（在30 ℃时，8～14 h卵孵化成蛆）。以后蝇蛆平均每天生长0.2～0.3 cm，4～5天成熟，体长达1.2 cm，6天后潜入泥土中成蛹，14天时蛹破壳为蝇。春秋季节，蛆平均每天生长0.1 cm，约2周成蛹，4周蛹变为蝇。故在尸体上见到蛹壳，夏季时死亡时间在2周左右，春秋季时则为4周左右。

蛹壳颜色和脆性的变化也有一定的时间规律性。这与蛹发育时期醌化蛋白的含量有关。醌化蛋白含量增高，蛹壳颜色加深。通常1～2天的新鲜蛹壳呈红褐色，蛹壳较软，约10天呈黑褐色，15～20天呈灰黑色并塌陷变碎。30天以上的蛹壳裂成碎片。蛹壳如在室外被风吹雨打，变化时间还可缩短。蛹壳的成分研究为死亡时间推断开辟了新方向，Frere观察到蛹壳脂类含量随时间发生变化，并对死亡时间推断有提示作用。郑娜等应用micro-FTIR技术检测大头金蝇蛹壳风化过程中脂质的降解特征，为法医学死亡时间推断提供了新思路。Paula的研究通过蛹的化学成分直链烷烃、支链烷烃和烯烃等证实了不同世代蛹的化学成分特性。Jennifer分析发现各蝇种羽化后年龄组间的烃类分布差异显著

（$P<0.001$），以及各成虫羽化后具有独特的烃类化合物分布特征，这有助于提高最小 PIA 估测的精确度。Zhu 证实了蝇蛹烃类化合物风化对 PIA 具有很高的可预测性。蝇蛹烃的风化作用是有规律的，而且在野外是高度可预测的。风化速度与烃的类型有显著相关性，2-甲基烷烃的风化速度较慢，而烯烃的风化速度较快；对于单甲基烷烃，其风化速度与碳链长度和支链位置呈显著正相关。

汤治州等用最小二乘法原理对根据尸体上蛆长推断死亡时间的配对数据进行了处理，得出了一个根据蛆长推断死亡时间的回归方程，不仅增加了使用的灵活性，同时也增加了推断结果的可靠性。该推断方程如下所示。

$$死亡时间 = (1.452 - 0.0353T)I - 0.585$$

式中，T 为蛆生长期间的平均气温，单位为 ℃；I 为蛆长，单位为 mm；死亡时间的单位为天。该方程的标准差为 0.56 天，相关系数 0.97。

他们分别在春、夏、秋季，对一百余条成熟粪蛆的变蛹情况进行了观察，用该方程总结了蛹生长状态所相当的蛆长（表 1-20），扩大了推断方程的应用范围，可用于推断变蛹后的死亡时间。

表 1-20　蛹生长状态所相当的蛆长

蛹生长状态	蛆长/mm
仍活动，但活动频度下降	12～12.5
不活动，体长缩短至 9～10 mm，仍为白色	12.5～13
已转为红褐色	13～13.5
褐色	14～16
黑褐色，剖开躯体，内呈白糊状	16～20
黑色，剖开外壳，蝇已成形，头呈灰白色，体液清亮	20～23
蝇破壳	≥23

五、影响蝇类生长周期的因素

1. 环境温度

一般来说，环境温度越高，蝇类发育越快，故实践中准确掌握环境温度的变化十分重要。但是，不同类型的蝇均有最佳生长温度，而非简单的越高越好，研究表明，大头金蝇和肥须亚麻蝇在 33 ℃ 环境中发育最快；而巨尾阿丽蝇和丝光绿蝇却在 27 ℃ 时发育最佳，超过 30 ℃ 则停止发育。北方总体气温偏低，同样在六七月份，其卵孵化时间及蛆成蛹时间较南方推迟 2～3 天。故在夏季，南方约 2 周出现成蝇，北方则要 2～3 周；春、秋季南方 4 周出现成蝇，北方要 5～6 周（邓玉国等，1998）。平纹金蝇在长江三角洲的种群在 16～34 ℃ 下可以完成其生命周期，在 16 ℃、19 ℃、22 ℃、25 ℃、28 ℃、31 ℃ 和 34 ℃ 下，从卵到成虫的平均发育时间分别为(811.0±3.8)h、(544.8±2.0)h、(379.8±1.8)h、(306.7±2.4)h、(250.0±2.8)h、(203.2±2.1)h 和(185.3±1.6)h,据此归纳了其线性关系式(Zhang 等,2019)。Chen 等通过比较实际工作条件(变温条件)和实验条件(恒温环境)的研究发现,在整个发育周期中,丽蝇在变温条件下的发育速度要慢于在恒温条件下的发育速度,且绝大多数发育持续时间在变温和恒温条件下有显著差异,提示在实际工作条件下运用实验室模型时应当通过修正因子进行校订。

国外的研究中,Tarone 在 2011 年的实验证明,来自加利福尼亚、密歇根和西弗吉尼亚三地的丝光绿蝇在两种温度(20 ℃和 33.5 ℃)下的最短发育时间、蛹的大小和温度有显著差异。加州蛹在 20 ℃时是最大和发育最快的,但在 33.5 ℃时,尽管它们尺寸最大却是发育最慢的。天气温暖时最有可能发生蝇类定殖,特别是被困在温度高于环境温度的密闭空间(如房间或汽车)内的蝇类可能会受到刺激,在附近的遗骸上定居(George 等,2013)。Matuszewski 提出了温度对昆虫在尸体上出现之前时间(pre-appearance interval,PAI)的影响,几种蝇类的 PAI 与温度呈指数相关。他从昆虫采样频率、采样技术、温度数据以及采样尺寸等方面分析了各因素对 PAI 模型质量的影响,结果表明,昆虫低频采样明显恶化了 PAI 的温度模型;采样技术对 PAI 模型的影响较小;气象温度数据虽然质量较差,但回溯修正明显改善了计算模型。Lecheta 等在南美研究发现 *Sarconesia chlorogaster* 从卵到成虫的发育间隔为 14.2~95.2 天,温度可以决定发育时间。在 18~33 ℃条件下,绿蝇 *Lucilia cuprina* 在 24 ℃时发育最为理想,较高的温度会加速其生长,但会损害其在生命周期后期的发育;较低的温度会延长幼虫的发育时间,也会损害其发育和存活(Kotzé Zanthé 等,2015)。

2. 湿度

湿度对蝇类的影响不如温度直接,一般认为 70%左右的相对湿度环境适合蝇类的发育。

3. 日周期

尸食性蝇类有较强的日周期特性。有研究(杨玉璞等,1998)发现,成虫在日落后趋于停息状态,也不产卵。这种昼出夜伏的习性对法医学实践中推断死亡时间具有很重要的价值。阴雨季节及背阴状态对蝇类发育总体影响不大,但可使卵的孵化有数小时的推迟。

4. 现场和尸体状况

昆虫出现在尸体上需一定的条件,现场环境也值得注意。许多因素可影响昆虫的出现,如尸体置于密闭较好的环境中,昆虫无法接触尸体;尸体由包裹物包裹,昆虫不易进入。Card Allison 发现轻量衣物对利用蝇类发育情况推断死亡时间没有实际影响。虽然衣服确实为定殖昆虫提供了新的产卵区域,并引起了未穿衣服和穿衣服的尸体之间不同的局部分解模式,但并没有导致蝇类更早出现。此外,对于烧焦尸体,昆虫一般多日后才会接触。野外尸体上有昆虫侵袭现象,只能说明尸体的野外停留时间,而并不一定是死亡时间。

5. 取食尸体部位(昆虫生长基质)

在猪脑组织、肝组织、肌肉组织,以及含 40%脂肪的肌肉混合食物饲养中,取食肝组织的丝光绿蝇幼虫发育历期较长,体长和体重较小;取食含 40% 脂肪的肌肉混合食物的幼虫及蛹的体长和体重均较小,死亡率亦较高(王尧,2013)。将丝光绿蝇(Lucilia sericata)幼虫以牛肝、脑、心、肺、肾、肠或肉末饲养,结果表明,不同食物培养的幼虫蛹期有显著差异。以心脏饲养的幼虫比用其他组织饲养的幼虫要小,组织类型对雄性成年蝇的大小有显著影响(El-Moaty,2013)。Niederegger 证实了 Vicina 和 Vomitoria 两种丽蝇在加工过的基质如牛肉、猪肉、火鸡肉和混合肉末熟食上的生长速度比在未加工的基质(如新鲜的猪肝、火鸡、牛肉)上快得多。在肝、腹部脂肪、肌肉和脑组织的基质中,同一年龄白化金蝇幼虫的大小和发育速度存在差异(Beuter L,2013)。将黑水虻在家禽饲料、肝、粪肥、厨余垃圾、果蔬和鱼类 6 种培养基中培养发现,喂食粪肥的幼虫体长较小、体重较轻、发育时间较长。在厨房垃圾中培养的幼虫更长、更重,以鱼类饲养的幼虫死亡率几乎为 100%(Nguyen TTX,2013)。牛组织(肝、肌肉、舌头和胃)和鸡心等不同食物饲养对白化金蝇、大头金蝇和腐败金蝇幼虫发育速度有直接影响。蛋白质和脂肪含量高的组织(肌肉和心脏)使幼虫体重增加较多。与其他组织相比,用牛肝培养的所有种类的金蝇的生长都慢了 48 h(Thyssen PJ,2014)。这些结果对法医昆虫学有重要意义,因为最开始的定殖通常发生在伤口或颅骨区域,故幼虫在尸体上进食的位置将是犯罪现场的一个重要观察点,在死亡时间推断中非常重要。

6. 组织中药物对昆虫生长的影响(法医昆虫毒理学)

随着现代微量分析技术在尸食性昆虫体内毒物的分析、检测上的应用,逐渐形成了法医昆虫毒理学(forensic entomotoxicology)这一新兴分支学科。近年来的研究表明,尸体中存在某些毒物会影响尸食性蝇类的生长发育,如忽略毒物对蝇类生长发育的影响,死亡时间的推断就会产生偏差。Goff 等的研究结果显示,海洛因会加快棕尾别麻蝇的生长,延长其蛹期。Bourel 等研究发现,盐酸吗啡减慢了丝光绿蝇和红头丽蝇的生长。田洁等研究了盐酸吗啡对大头金蝇生长发育的影响,发现幼虫孵化后 28 h,盐酸吗啡加快了幼虫的生长速度,同时增长了幼虫的最大体长,但对其发育历期没有显著影响。赵文爱等研究了盐酸吗啡对丝光绿蝇生长发育的影响,发现一定剂量的盐酸吗啡可明显促进丝光绿蝇的发育,缩短其发育历期,减少小时积温数,同时盐酸吗啡还可影响幼虫的体长及蛹重,使此两项指标超出正常范围。但 Bourel 等的研究结果却刚好相反,他们发现吗啡延长了丝光绿蝇的发育历期,使死亡时间的推断值与真实值相差约 24 h,考虑可能因昆虫的地域性或药品的浓度差异导致。罗浩等发现镉浓度在 200 mg/kg 及以下时可略微促进幼虫体长的增长,但在 500 mg/kg 及以上时可极显著地抑制体长的增长并延长幼虫的发育历期。Verma 发现在乙醇和大麻存在下红蝇显示出更快的生长速度。因此,需要逐步建立并统一相关标准,以完善类似研究。

六、不同地区法医昆虫学的研究成果

应用嗜尸性蝇类推断死亡时间是法医学的重要手段,世界范围和全国范围内没有统一的嗜尸性蝇类生长发育和群落演替规律可循，所以每个地区都有必要开展独立研究，并建立当地嗜尸性蝇类生长发育和群落演替数据库，与此同时开展全国各地区嗜尸性蝇类种属的分子鉴定研究，建立分子鉴定数据库。但以上各项也必须统一进行，建立国家标准以保证研究结果的科学性和实用性。

此外，对于近缘种的判定还需要更多遗传标志的开发和联合应用。在国内，陈禄仕等对贵阳市郊嗜尸性蝇类群落组成、殷京珍等对郑州市郊秋季尸食性麻蝇、唐瑞等对重庆地区尸食性蝇类、Yin等对深圳地区夏季室内外环境嗜尸性蝇类群落演替、杨利军等对长三角地区昆虫在尸体上的演替进行了分析。在国外，Tan等对马来西亚重要肉蝇的DNA特征和分类进行了研究；Iancu等对罗马尼亚冷季和暖季尸检昆虫进行了分析和动态追踪；Shin对在韩国首尔东北部及其郊区法医尸检中采集的昆虫标本进行了分类鉴定；Barnes调查了英格兰中部地区的嗜尸性蝇类的夜间产卵情况；Archer对比分析了维多利亚州（澳大利亚）昆虫演替数据与以往平均环境温度模型。

第六节　根据尸体所在现场情况推断死亡时间

一、利用植物生长规律推断死亡时间

利用植物生长规律推断死亡时间可依据以下三种情况。

1. 尸体周围折断的植物

植物折断、拔起后用来遮盖隐蔽尸体，被拔或折断后的植物就会停止生长，停顿于那一时间的生长期中，保留其当时的情况，如发芽程度、叶子大小等。

2. 尸体下面被压的植物

被压的植物因无光合作用，颜色会变黄、变白，植物叶绿素的变化规律同样可以作为推断死亡时间的依据。

3. 树根的生长情况

树根与树干一样，也有年轮，当挖土掩埋尸体时，如破坏了树根分生组织区域，该区域就不会再有木质细胞生成，留下永久的损伤，计算损伤后出现的年轮，即可推断掩埋时间。当根系生长穿入尸体时，则可计算穿透进入尸体的树根年轮。另外，根据树根生长的长度，也可推断掩埋时间。用树根的生长情况推断死亡时间，往往只能推断死后最短时间，并且其精确度是以年为单位的。

利用植物生长规律推断死亡时间时，要注意现场环境、土质、植被、朝向等因素。该方法对死亡时间较久者意义较为重大。当然，应结合其他能提示死亡时间的因素进行综合分析，才能较准确地推断死亡时间。

二、根据现场遗留物推断死亡时间

推断死亡时间时也可以参照现场的一些情况进行综合判断。现场的一些遗留物,如报刊、摔坏的手表、印有日期的食品包装袋、电脑和手机等设备中的电子信息等,都可以为死亡时间划定一个界限。

(张海东,余亚蕾,田琦硕)

第二章　根据死后体液的化学变化推断死亡时间

　　根据死后各种体液（如血液、脑脊液、玻璃体液及其他体液）中化学物质浓度的变化，可以推断死亡时间。法医学者对死后体液中电解质、肌酐、尿素氮、氨基酸、酶、蛋白质、糖、pH 与血氧饱和度等随着时间的变化规律进行了研究，但由于体液中化学物质浓度的个体差异性、环境气候等多方面因素对死后体液中化学物质浓度变化的影响，且不同的学者采用的测定方法不同，结果之间存在较大差异，对其评价亦不完全一致。多数学者认为，死后 24 h 以内测定的数据，可作为推断死亡时间的参考数据，24 h 以后测定的数据则无参考价值。其中，相较于血液等体液，学者们对于根据玻璃体液成分推断死亡时间的研究更为深入。

第一节　血液、脑脊液等体液变化与死亡时间推断

一、血液

1. 乳酸

正常活体的血浆和红细胞中有少量的乳酸，正常值为 1 mmol/L。死后 1 h，乳酸浓度即可增加至 20 mmol/L；死后 12～24 h，乳酸浓度为生前浓度的 50～70 倍。

2. 非蛋白氮

尸体血液中，非蛋白氮浓度随死亡时间的延长而增高。若死者生前没有非蛋白氮储留，尸体血液中非蛋白氮浓度低于 500 mg/L，可以推断死亡时间短于 12 h。

3. 氨基酸态氮

尸体血液中蛋白质受到酶的破坏，可产生游离氨基酸态氮。随死亡时间的延长，其浓度增高，直至酶耗尽为止。死后 10 h 内，氨基酸态氮浓度低于 100 mg/L；死后 48 h，其浓度可超过 300 mg/L。

4. 中分子物质

中分子物质是分子量在 300～5000 之间的一类混合物，是蛋白质及核酸分解代谢的中产物——肽类及寡聚核苷酸。应用紫外吸收法测定家兔死前及死后 1 h、3 h、5 h 血浆中的中分子物质，结果分别为 244 U/dL、354 U/dL、436 U/dL、520 U/dL，提示中分子物质浓度随死亡时间的延长而增高。

5. 尿酸

尸体血液中尿酸浓度随死亡时间的延长而增高。死后 6 h,血清中尿酸平均浓度为 55 mg/L;死后 8 h,可升高至 62 mg/L。

6. 胆红素

尸体血液中胆红素浓度随死亡时间的延长而升高,但升高幅度较小。死后 2 h,升高 2 mg/L;死后 20 h,升高 7 mg/L。

7. 补体 C_3

补体 C_3 很不稳定,易发生转化,随死亡时间延长,C_3 逐渐减少,C_3 转化物逐渐增多,即 C_3 转化率增高。补体 C_3 的转化与尸体温度相关,有人研究当肛温在 30 ℃ 时,死后 4 h,C_3 转化率为 0.0327;死后 7 h,C_3 转化率为 0.0721,故提出将 C_3 转化率与尸体肛温做二元回归分析来进行死亡时间推断。

8. 蛋白质

有学者曾期望通过尸体血清蛋白谱的改变来推断死亡时间,发现尸体血清中的总蛋白质浓度较生前明显下降,其中 α1 球蛋白浓度未见明显变化,β 球蛋白浓度增高,γ 球蛋白浓度稍有下降,但该研究结果是非特异性的,且仅记录了死后 7 天内的变化,其变化结果与死亡时间的关系尚不够严格。

9. 酸性磷酸酶

尸体血液中酸性磷酸酶的浓度显著增高,死后 20 h 的浓度可超过生前浓度的 20 倍。

10. 碱性磷酸酶

尸体血液中碱性磷酸酶的浓度随死亡时间延长而增高。死后 8 h,其为生前浓度的 2 倍;死后 18 h,其为生前浓度的 3 倍。

11. 淀粉酶

死后第 2 天尸体血液中淀粉酶浓度明显升高,甚至比生前浓度高 3~4 倍。

12. 转氨酶

尸体臂部血管中的血清天冬氨酸转氨酶活性随死亡时间延长而不断增高,死后 60 h 以内,两者呈线性关系。

13. 乳酸脱氢酶

尸体血液中乳酸脱氢酶的浓度随死亡时间的延长而进行性地增高。与转氨酶相同,在死后 60 h 以内,其浓度与死亡时间呈线性关系。

14. 钠

死后血清钠离子浓度立即下降,但个体差异较大。按大量观察材料分析,血清钠离子浓度平均每小时下降 0.9 mmol/L。

15. 钾

死后细胞内钾向细胞外转移而致血钾浓度增高,死后 1~2 h 血钾浓度可达 18 mmol/L,且随着死亡时间的延长还可继续稳定上升。Querido 等研究发现,大鼠死后 0~108 h,红细胞中钾的消失量与死亡时间呈线性关系,他们采用火焰光度法测定大鼠死后血浆钾、钠离子浓度,发现死后 0～96 h,血浆钠钾比值与死亡时间呈双对数负相关。

波波夫等(1965—1968)对颅脑损伤死亡者的血液进行研究,测得血液中钾离子浓度与死亡时间的关系如表 2-1 所示。

表 2-1　人尸体血液中钾离子浓度与死亡时间的关系

死亡时间/h	钾离子浓度/(mmol/L)	死亡时间/h	钾离子浓度/(mmol/L)
1.5	7.23	5.0	15.2
2.0	11.1	10.0	16.0
3.0	13.0	15.0	22.0
4.0	14.9	20.0	29.8

用该方法推断死亡时间在 1.5～4 h 时的绝对误差为 45 min,4～20 h 时的绝对误差为 1.3 h。由于死后钾从细胞内迅速释放,有些学者对其在早期死亡时间推断上的价值表示怀疑,故其应用受到限制。

16. 氯

死后由于氯离子向细胞内转移而致血氯浓度下降,平均每小时下降 0.25～1 mmol/L,可降到 80～90 mmol/L。也有报道认为下降速度为每小时 0.95 mmol/L。有人测定发现,大鼠死后 0～96 h,血氯浓度与死亡时间呈双对数高度负相关。

17. 磷

死后 1 h,尸体血清中无机磷浓度开始升高。死后 18 h 可达 20 mmol/L。有学者证实,尸体血清中有机磷浓度也升高。

18. 钙

死后早期血钙浓度较为稳定,但因测定方法不同,死后血钙浓度差异较大。

19. 镁

活体组织中镁离子浓度高于血浆中镁离子浓度。死后发生溶血前,镁离子已经从红细胞向外转移,引起明显的假性镁离子浓度升高,可达 2.4～5.0 mmol/L。发生溶血后,血浆镁离子浓度迅速增高,可达 20～30 mmol/L。

20. pH

死后血液酸度增高,与死亡时间成正比。死后 12 h 内,平均 pH 为 6.73;12～24 h 为 6.43。pH 因血液来源部位不同而有一定的差异,如上肢血的 pH 比左心室血高,左心室血的 pH 比右心室血高。

编者所在课题组针对不同温度下尸体心血 pH 变化规律,拟合建立死后 pH 变化与死亡时间的三维曲面方程,得到不同温度下的 6 条曲线方程(10 ℃、15 ℃、20 ℃、25 ℃、30 ℃和 35 ℃),其 r^2 最高为 0.982,最低为 0.974,说明每条曲线方程均能很好地反映该温度下死后 pH 变化。以此为基础,可以应用差值函数的方法拟合出三维空间内 pH 随死亡时间变化的曲面方程。从曲面方程及曲面图可知:该方程由曲线方程拟合而成,可视为在 10～35 ℃范围内各温度点所有曲线方程的集合,也可视为上述温度范围内随死亡时间变化过程中所有 pH 的集合,其所包含的死亡时间信息量远大于曲线方程;该曲面 pH 变化在低温时趋缓,高温时剧烈,整个图形为不规则扭曲、渐变曲面,其上各点与死亡时间、温度及 pH 一一对应,此变化趋势可避免同一 pH 或同一温度下,存在不同死亡时间的情况,对死亡时间推断至关重要;理论上,该曲面方程依从于 pH、温度和死亡时间得出,其死亡时间的最终推断值由上述变化值共同决定,因而在法医学实践中,只要能够得到现场的 pH 和温度,即可利用该曲面方程求出温度变化条件下的死亡时间。以往因血液成分复杂,死后化学产物变动较大,故较少使用血液中化学指标进行死亡时间推断。但血液同时具有采样容易、样本量充足、检测项目广泛等优点,故可选择有一定研究基础的 pH 进行研究。在理想条件下,上述曲面方程可视为在 $-\infty \sim +\infty$ 温度范围内进行死亡时间推断,但一般情况下只需要推断 $0 \sim 40\ ℃$ 的死亡时间。上述研究结果显示,10 ℃ 条件下,虽然 pH 在死后 64 h 仍然有统计学意义,但 35 ℃ 时其可测区间仅为 0～14 h,因而实际应用受到限制,但各实验温度条件下 pH 变化趋势稳定,所得各温度条件下的曲线方程拟合度高(r^2 为 0.974～0.982),仍可以达到利用拟合曲面方程的目的。但由于高温条件下的数据相对较少,虽然保证了高拟合度,但推断的准确性可能存在一定偏差,仍需要更多实验数据才能使推断更为准确。采用曲面方程求解死亡时间,意在探讨消除环境温度对死亡时间推断的影响,该研究采用离体血液检测的方式,以便准确控制实验温度,提高拟合曲面方程的精确度。该研究数学分析的结果亦说明,在外界环境温度变化条件下,家兔死后右心血液 pH 的变化规律近似符合三元曲面方程。

21. 总体生化成分变化

不同于先前学者针对某一种或几种血液生化成分进行研究,Zhang 等通过 ATR-FTIR 技术对不同死亡时间的兔血浆中的总体生化成分变化进行了检测,通过 PCA 发现,不同死亡时间的兔血浆中成分具有明显的差异,尤其是蛋白质、脂质和核酸成分。基于光谱数据,通过部分最小二乘法模型进行死亡时间推断,可对 48 h 内的死亡时间进行较可靠的推断。

二、脑脊液

1. 乳酸

死后 10 h 内,尸体脑脊液中的乳酸浓度明显而有规律地升高。10 h 后升高速度开始减慢,且变化幅度较大,失去规律性。

2. 非蛋白氮

尸体脑脊液中的非蛋白氮浓度随死亡时间的延长而增高。死后 30 h 内呈等差级数增高,以后增高速度减慢。若小脑延髓池内的非蛋白氮浓度大于 800 mg/L,则不能作为推断死亡时间的依据。

3. 氨基酸态氮

尸体脑脊液中氨基酸态氮由于酶分解蛋白质作用而浓度增高,在死后 20 h 内,呈等差级数增高。

4. 氨

尸体脑脊液中氨的浓度可随死亡时间的延长而呈线性增高。死亡后,浓度即刻低于 10 mg/L,死后 60 h,上升到 80 mg/L 以上。

5. 尿酸和黄嘌呤

死后 6 h,尸体脑脊液中的尿酸浓度由 17 mg/L 增至 26 mg/L。黄嘌呤和次黄嘌呤的浓度与死亡时间有关。死后最初浓度在 250～1500 mg/L 之间,以后可增高至生前浓度的 100 倍。

6. 钾

死后 20 h 内的尸体脑脊液中钾离子浓度随死亡时间延长而有规律地增高,两者之间线性关系明显。但死后 20 h 以后,变异较大,失去规律性。

Mason 等(1951)首次揭示了脑池液中钾离子浓度与死亡时间(PMI)的回归方程:$[K^+](mmol/L) = 48.56 + 61.451 PMI(h)$,标准差为 ± 19.4 mmol/L。

Naumann(1958)和 Murray 等(1958)研究发现脑脊液中钾离子浓度的上升受尸体温度下降的影响,而钠、镁、钙离子浓度与死亡时间无明显关系。Urban 等(1985—1987)研究发现在死后 20 h 内,随死亡时间的延长,尸体脑脊液中钠离子浓度呈指数下降,钾离子浓度呈指数上升,均不受温度的影响,钙、镁离子浓度无明显变化。近年来,Swain 等收集死亡时间在 4.75～78.5 h 之间的 70 个研究案例和 30 个验证案例,研究表明尸体脑脊液中钾离子浓度(c_{K^+})与死亡时间(PMI)存在下述直线回归关系,$PMI(h) = 8.49 + 0.82 c_{K^+}$(mmol/L),与先前学者的研究不同的是,他们指出尸体脑脊液中钠离子浓度与死亡时间同样存在关系,但目前上述结果在法医学上的应用有待进一步研究。

7. 单胺代谢物

尸体脑脊液中单胺代谢物特别是二羟基苯乙酸(DOPAC)在死亡时间的推断上有意义,死后 30 h 内,随着死亡时间的延长,DOPAC 的浓度平行增高,而且与死亡时间呈正相关。

8. 葡萄糖

Swain 等收集死亡时间在 4.75～78.5 h 之间的 70 个研究案例以及 30 个验证案例,发现尸体脑脊液中葡萄糖的浓度与死亡时间存在明显关系,且 $PMI(h) = 25.51 + (-0.23) \times c_{glu}$(mmol/L)。

9. 白蛋白

对 100 例尸体的脑脊液白蛋白进行溴甲酚绿染色,Parmar 等研究发现死后 2～72 h,白蛋白呈线性减少,$PMI(h) = (-956.1) \times$ 白蛋白浓度(mmol/L) $+ 87.107$,误差为 1～4 h。

三、膝关节囊滑膜液

滑膜液存在于独立封闭的关节囊中,因此被较好地隔离保护,受腐败等因素影响较小,成为法医工作者研究死亡时间的较好检材之一。收集死亡时间明确的尸体,对其膝关节囊滑膜液化学物质浓度等进行分析,以探究滑膜液内生化成分变化与死亡时间的关系。

1. 钠

滑膜液中钠离子浓度与死亡时间存在负相关关系,但不同学者对此负相关关系的认识不同,有的指出为线性,而有的指出为非线性。

2. 钾

滑膜液中钾离子浓度与死亡时间存在正相关关系,Siddamsetty等通过收集半干旱气候下210例死亡时间明确的案例,得出回归方程为PMI(h)=4.751×钾离子浓度(mmol/L)－27.92,并指出利用钠、钾离子浓度能较准确地推断71%死亡时间在72 h以内的案例,而对于死亡时间超过72 h的案例则存在较大误差。此外,其他学者也对滑膜液中钾离子浓度与死亡时间的关系进行了拟合,如Madea等得出PMI(h)=6.2475×钾离子浓度(mmol/L)－45.9375,Sahoo等得出PMI(h)=0.1136×钾离子浓度(mmol/L)+2.94,Sheikh等得出PMI(h)=2.20×钾离子浓度(mmol/L)+5.28,Tumram等得出PMI(h)=2.8319×钾离子浓度(mmol/L)－15.4164,尽管不同学者得出的拟合方程不尽相同,但均为线性。

3. 葡萄糖

与钾类似,滑膜液中葡萄糖的浓度与死亡时间(PMI)存在线性负相关关系,Madea等得出PMI(h)=146－100×葡萄糖浓度(mmol/L),Tumram等得出PMI(h)=(－0.5468)×葡萄糖浓度(mmol/L)+19.8136,Siddamsetty等得出PMI(h)=47.856+(－0.382)×葡萄糖浓度(mmol/L)。

第二节 根据玻璃体液死后变化推断死亡时间

随着体液内化学物质变化在死亡时间推断研究中的广泛应用,目前发现血液中的死后物质变化虽然在死亡时间推断研究中成果较多,但结果差异较大,故在检案应用中存在很多不确定性。近年来有关脑脊液、心包液、玻璃体液(vitreous humor,VH)等的研究取得了一定进展,经前期实验研究证实最有价值的为VH。与血液和脑脊液相比,VH受外界影响较小,不易遭到污染或发生腐败,除非是眼部的直接损伤,其他损伤一般不易波及玻璃体。因此,VH是用于尸体化学检验的良好检材。

以往一次性取尽VH的方法,存在不易控制、容易造成组织挫碎等缺点,目前多采用双眼交替多次微量取样的方法。VH成分的死后变化与死亡时间的关系成为国内外法医学研究的热点且研究重点主要集中在如何探索更为精确的检测指标,优化取样方法、成分选择以及死亡时间推测方程的建立与评估等方面。既往研究发现,自1963年Sturner首次建立了VH中[K^+]与死亡时间的回归方程(Sturner公式)后,国内外学者对VH各种成分的死后变化进行了大量研究,筛选出与死亡时间存在关联的物质并建立了用于推断死亡时间的回归方程。

一、VH 取样方法研究

人眼 VH 含量有限,成年人 2~3 mL,儿童更少。受检验方法和样本需求量的限制,以往研究所采取的是单次采样法。近 40 年来,随着微量分析技术的发展,检测结果更加精确,检测样本趋于微量。关于尸体化学研究所采用的取样操作、取出样本量等说法不一,迄今未形成统一认识。

VH 取样方法的争议主要包括取出量、双眼物质含量及其死后变化是否一致等。活体眼科生化研究认为,玻璃体各部分物质含量不均等,即存在"浓度梯度"。Coe 认为应一次取出所有 VH 以避免死后浓度梯度重建而影响样本中物质含量。近年有学者则认为 VH 可以微量或部分取样,部分学者认为双眼 VH 物质含量不等同和(或)死后变化不同步,应以双眼均值作为研究结果。因取样方法是影响 VH 研究结果的主要因素之一,编者所在课题组曾通过动物实验进行了微量取样方法的专项研究,在一定程度上解决了包括玻璃体内浓度梯度和双眼浓度差对样本的实际影响、微量取样与一次取样的异同、微量取样与一次取样研究结果的比较分析、是否可以间隔一定时间进行多次微量取样等在内的科学问题。

1. 浓度差争议研究

与 VH 研究有关的浓度差争议包括玻璃体内浓度梯度和双眼浓度差。

(1) 玻璃体内浓度梯度:玻璃体位于眼球后部的玻璃体腔内,占眼球体积的大部分,是支持视网膜、脉络膜、巩膜和晶状体的主要物质,可缓和眼球运动时所受的冲击,保护视网膜免受温度改变的影响。玻璃体参与周围结构与血液间的代谢交换,对视网膜和晶状体的代谢有一定影响,并对眼压调节起一定作用。玻璃体体积约 4 mL,99% 为水分,由三部分组成:蛋白架结构(胶原)、透明质酸和眼内液。后两者合称为 VH。玻璃体眼内液的成分来自血液和房水,也来自视网膜、晶状体等周围组织,这些物质成分或被周围组织利用,或扩散返回血液和房水。正常眼存在着血-玻璃体屏障,玻璃体接受脉络膜及视网膜循环而来的物质,也从后房水接受物质。化学物质的浓度在血浆、房水及玻璃体内不同,某些离子(钾、镁、钙)浓度在房水、前玻璃体和后玻璃体中也有差异。

一般认为晶状体前囊内泵的主动转运作用使前玻璃体内的钾离子浓度升高。Pau 研究认为玻璃体内钾离子浓度为 180~190 mg/L,靠近视网膜的玻璃体层的钾离子浓度为 1000 mg/L。因此,玻璃体内可能同时存在钾离子浓度梯度和近视网膜区域的钾离子浓度升高两种现象。死后钾离子可能主要从视网膜向 VH 弥散,因此视网膜前区钾离子浓度可能较高。

Coe 认为取样方法不当会造成钾离子分散,建议采集样本时使用 20G(gauge,7 号)针头和小针管,轻柔地由外眦入针,使针头位于眼球中央部,并缓慢抽取;一次取出所有 VH 后留取外观清亮、无色的样本用于后续检测分析。一次取出所有 VH 是为了避免玻璃体内浓度梯度对样本的影响。由于玻璃体特有的组织结构和血-玻璃体屏障的作用,物质在玻璃体中呈一定浓度梯度。玻璃体内,胶原构成纤维网状支架,带负电荷的透明质酸充填其中,两者共同构成玻璃体凝胶。胶原纤维和透明质酸的含量在玻璃体的不同部位有所不同,这决定了玻璃体结构上的不均质性。此外,血-玻璃体屏障、分子筛效应,以及玻璃体凝胶的理化特性,使物质的扩散和流动有限,不足以迅速混合,因此玻璃体各部位成分含量不等。然而,Pounder等研究发现,对同一眼睛2次分别取样1 mL,先后两个样本的钾、钠、氯、钙离子浓度几乎一致。这对浓度梯度论提出了质疑。对活体动物眼的研究显示,离子在前、后玻璃体内的浓度差较小。分析认为,死后主动运输、分泌等造成浓度梯度的生命活动停止,有可能进一步减弱了浓度梯度的影响。故样本的显著差异是否完全来自浓度梯度值得商榷。用20G针头和小针管自外眦进针,针头位于中央时缓慢抽取是为了避免挫碎视网膜和(或)其他组织,细小的组织碎屑会扰乱生化性状。理论上讲,为了降低组织挫碎概率,应尽可能使用细针头。虽然不同大小的针头可能对样本有一定影响,但目前尚未见文献报道。操作时应从外侧眼眦结膜处进针,或外眦3~4 mm处进针,透过瞳孔观察针头位于玻璃体中央,缓慢抽取,成人可抽出2~3 mL VH。有人在外侧角膜与结膜结合处进针取样,根据眼睛解剖结构分析此方法可能欠妥,因这种方法可能穿过睫状体、晶状体等组织,造成组织挫碎的可能性极大,并有可能将后房水引入玻璃体中。死亡后眼球处于解剖位置,从外眦入针可以保证最少的组织破碎和较高的方法统一性,操作也较方便。实际上,即使是规范、轻柔的操作,除了VH外,仍可掺杂部分玻璃体凝胶,因此获得的样本是黏稠的。Coe认为样本应离心取上清液,这样一方面可使样本符合检测仪器要求,另一方面也可进一步去除杂质,保持样本原有的物质含量。对样本初步外观进行筛选时应留取外观清亮、无色的样本,舍弃混浊或褐色的样本。Coe认为利用VH推断死亡时间仅适用于死后早期、腐败发生前或尸体腐败轻微的情形;如果已严重腐败,则不宜使用这种方法。适宜的样本是清亮、无色的,如果混浊和(或)色褐,提示操作不当,样本中含有其他组织碎屑或者机体发生了严重的腐败。

Tagliaro等对48只人眼VH重复取样5次,每次取样50 μL,研究发现其钠、钾、钙离子和铵根离子浓度的变异系数为1.39%~7.77%,平均为3.89%±1.83SD,认为重复微量取样不影响VH组分含量,且优于一次取样。

基于编者所在课题组的研究,对于尸体化学研究应优先着眼于VH取样的样本代表性,而非浓度梯度的死后变化。当研究明确某种取样时间、方式并不会影响VH样本的物质含量时,讨论样本中物质含量的死后变化才有意义。

动物实验中分别采集死后12 h双眼VH 50 μL,重复取样15次,并检测钙、氯、钾、钠离子和无机磷等物质含量。如果浓度梯度存在实际影响,则先后取出的样本物质含量将有差异;否则,浓度梯度无实际影响。

此外,Coe认为腐败可影响取样的样本代表性,他对2组样本于死后120 h重复微量取样,观察一定程度组织腐败对重复取样的耐受性。实验证实,浓度梯度并未影响样本物质含量,重复微量取样中各次取样的5种物质含量未见差异。使用Coe提倡的取样方法,取材时针头位于玻璃体中心可进一步降低浓度梯度对样本的实际影响。

（2）双眼浓度差研究：双眼浓度差的争议来自实验观察，它直接影响、决定了死亡时间推断的研究结果。早期法医学者普遍认为双眼 VH 中化学物质浓度一致，在此基础上，1963 年 Sturner 分别把双眼作为研究样本取样，并形成了著名的钾推断公式。然而，有研究认为双眼存在一定程度的浓度差。

Balasooriya 等研究发现，18.6% 的实验对象中双眼钾离子浓度差值超出双眼均值的 10%，50.8% 的实验对象中双眼钾离子浓度差值超出均值的 4%，59 例研究样本中只有 6 例双眼无浓度差，Na^+ 和尿素的浓度变化与钾离子相似。因此可以认为双眼物质含量差异显著，不能用于死亡时间推断。Madea 等研究发现双眼有较小浓度差：双眼钾离子浓度差在均值的 10% 以内，钠、氯、镁离子浓度的差异程度更小，并与死因无关；双眼尿素浓度基本一致。他们通过回归分析认为，单眼钾离子浓度改变趋势与双眼浓度均值改变无异，即两种方法所获得的回归方程类同。认为双眼存在浓度差的学者普遍强调某些物质，如双眼钾离子浓度不同是一种客观现象，但均未予以机制解释。基于这种认识，有人提出应取双眼浓度均值用于个体的 VH 化学成分含量研究。

此外，部分学者研究发现双眼 VH 物质含量无差异。Tagliaro 和 Bocaz-Beneventi 等研究发现无论是微量取样还是重复微量取样，双眼物质含量均无差别。近年来对 VH 内次黄嘌呤等物质含量的检测结果也无显著差异。基于这一认识，双眼不同时间取样成为研究方法之一。Adjutantis 和 Coutselinis 采取了双眼间隔 3~4 h 取样并获得物质含量变化情况，进而根据死亡时间推导方程和一般正常值推断死亡时间的研究方法。

1998 年 Pounder 等发表双眼浓度差专项研究结果，总体 200 例标本双眼钠离子浓度为 112~173 mmol/L（均值 148 mmol/L，标准差 8.9 mmol/L），双眼间差异 0~8 mmol/L（均值的 0~5.1%），平均 1.5 mmol/L（1%），只有 1 例超出仪器的精确范围（−3~3 mmol/L）。双眼氯离子浓度为 73~124 mmol/L（均值 109 mmol/L，标准差 7.8 mmol/L），双眼间差异 0~9 mmol/L（均值的 0~8.8%），平均 1.7 mmol/L（1.5%），5 例超出仪器的精确范围（−3~3 mmol/L）。使用这种方法检测，双眼间的钠离子、氯离子浓度差异在可接受范围内。他们认为先前报道的更大差异，可能来自样本预处理。与此相反，无腐败标本双眼钾离子浓度差异为 0~2.34 mmol/L（均值的 0~21.8%），平均 0.37 mmol/L（3.3%），双眼钾离子浓度的显著差异及无规律性，降低了其用于推断死亡时间的价值。

编者所在课题组前期动物实验结果支持双眼浓度无差异这一结论。无论是重复微量取样还是微量取样，双眼钙离子、钾离子、钠离子、氯离子和无机磷浓度均无差异；至死后 120 h 双眼物质含量仍保持一致，即双眼组分变化一致。重复微量取样组在左右眼、重复取材、时间分组的两两间及三者间无交互作用。同时，部分结果与 Pounder 等的研究结果存在不一致的情况，Pounder 等发现仅钠离子浓度存在双眼差异而钾离子、氯离子和钙离子浓度无差异，并且一次取样组浓度波动幅度大，而两个微量取样组变异明显较小。据此分析，取样方法可能影响了物质含量。

分析认为虽然双眼位置相对隔离,但是结构、物质组成和血液供应等相同,作为共同血液循环系统下的同种体液,VH应具有相同的成分及含量;死后环境及影响因素相同,死后变化也应一致。虽然有学者认为不同部位的相同组织,甚至相同部位的同种组织死后分解代谢等可能不同,但仍需进一步实验证实。我们注意到双眼物质含量并非完全一样,这可能是由检测仪器误差、取样误差、污染、单眼的损伤和(或)疾病等所致。因此应避免污染,剔除损伤和(或)疾病眼样本,并提倡采用适当的统计学方法消除误差影响。

双眼VH浓度差研究对尸体化学研究意义重大。在取样方法上,广泛采用Coe取样法是为了消除玻璃体内浓度梯度的影响。编者所在课题组观察认为重复微量取样对样本物质含量无影响,这使得微量取样代替传统一次取样成为可能。在研究方法上,双眼浓度一致确立了单眼样本的研究价值,也将使双眼交替和双眼对照实验成为可能。最后,双眼及眼内浓度一致,结合重复微量取样的方法,可极大地增多个体VH重复微量取样次数,为尸体VH化学研究设计等提供帮助。虽然本研究仅观察了5种无机成分,但结合文献分析,该方法同样适用于VH中其他组分。这项VH浓度差的基础研究,将为VH法医学研究提供基础依据。

2. 微量取样与一次取样比较

(1) 变异程度:VH可以重复微量取样,左右眼的物质含量及死后变化一致。为进一步观察微量取样、重复微量取样与传统一次取样的异同,设置一组为左眼一次取样,右眼重复微量取样15次,另一组为双眼先微量取样50 μL,再次取出所有剩余VH。检测5种无机物含量,并进行统计学分析,结果发现微量取样与一次取样在总体均数、左右眼配对和先后取样方面差异均无统计学意义,即两种取样方法获得的样本无差异。研究同时发现,一次取样样本的变异程度较大,这印证了Coe的取样方法不当可能造成VH钾离子分散的观点。一次取样较大的变异程度也体现在双眼浓度差加大,结果与前期报道相吻合。一次取样研究报道的物质含量变异程度和双眼间差异较大,而微量取样研究报道的差异往往较小。分析认为,取样方法不同是造成差异的原因。物质在VH、血液和组织中含量不同,取样操作不当引起的组织挫碎或污染改变了样本的组分含量,也影响了样本的代表性。Coe的取样方法的缺点之一是尽量取出所有VH,这一点不好控制,实际操作时容易抽出邻近组织(如视网膜),造成组分含量的人为改变。Tagliaro等分析发现微量取样对眼球内壁组织的作用较小,操作引起的损伤和组分改变也较小,取得的样本更具代表性。因此微量取样所采集的样本具有良好的代表性,并且稳定性和重复性更好,也容易控制,更适合用于VH的法医学研究与应用。

(2) 微量取样:关于微量取样操作方法的文献较少,编者所在课题组设计微量取样方法时参考了Coe方法的基本步骤,为了方便多次取材、减少进针次数,以及保持针头位置和尽量减少污染等,采用了留置针固定后定量(微量)移液的取材方法。具体操作如下:剪开外眦约0.5 cm,用20G留置针自外眦、角膜缘外约2 mm处缓慢进针,透过瞳孔观察针头位于中央时止,胶布固定针头于外眦外侧,抽出针芯,用1 mL注射器缓慢抽吸、移液管移液50 μL。去离子水1:4稀释,加入离心管并编号,于-25 ℃冻存。为控制实验条件,选择健康家兔为实验对象，动物尸体置 4～7 ℃恒温箱，同一组人员进行实验操作，检材处置相同，同日检测以减小仪器日间差对测量结果的影响，检测 3 次取均值等。

Pounder 等对同一眼先后 2 次采集 VH 并进行分析，发现尽管存在取样时间间隔，但结果未显示严重的电解质差异。2001 年 Tagliaro 等取 50 μL VH 进行死亡时间推断研究，认为重复 4 次取样的浓度无差异，据称该研究的推断精确度高于以往研究。进行微量取样研究的还有 Rognum 等、Poulsen 等和 Bocaz-Beneventi 等，他们进行的一些研究获得了较小的 95% 死亡时间预测区间，结合编者所在课题组对微量取样的实验，分析认为微量取样的结果变异较小。

微量取样的研究也否定了双眼 VH 中物质浓度不一致的观点。双眼 VH 中物质浓度不一致的报道可能与取样方法造成的变异有关。编者所在课题组研究发现总体上多次取样 VH 中物质浓度无差异，左、右眼分组的 VH 中物质浓度无差异，并且取样次数、死亡时间、双眼三因素间以及两两因素间无相互作用，即个体 VH 总体上呈一致性。因此，只要取样方法得当，在 VH 总量内可以重复多次、双眼交替取样。按正常成人单眼 VH 2～3 mL 计，重复微量取样的空间较大，这为 VH 法医学研究提供了取样方法上的帮助。

此外，法医工作者在实验取样操作过程中发现，随着 VH 取出量的增加，角膜逐渐凹陷，提示前房内的液体向后流出，因此实际采集的样本可能是 VH 和房水的混合物，即眼内液。这是由眼内液的交通决定的，实际上任何方法采集的所谓 VH 都是眼内液；与一次取样相同，即使是极其轻柔的操作，微量取样所采集的 VH 中也含有胶原等其他物质，这也是由玻璃体的组织结构决定的。

因此，一次取样与微量取样 VH 的钙、氯、钾、钠离子和无机磷等物质含量总体均数无差异，但两种取样方法样本的变异程度和双眼浓度差不同，取样操作是造成差异的原因。两者比较，微量取样样本的变异程度较小，双眼浓度差较小，所获得的样本总体均数弥散程度较小。因此，取样方法对采集的样本有影响；微量取样操作对样本的影响较小，其稳定性和重复性较好，更适合用于 VH 法医学研究。

3. 间隔多次微量取样研究

VH 总体一致、双眼变化一致，可以重复微量取样，那么是否可以间隔多次微量取样以期对同一个体进行连续观察？间隔取样是否会影响物质含量进而影响结果？为研究上述问题，编者所在课题组进行了动物实验并于不同时间点提取 VH，检测钙、钾、钠、氯离子和无机磷等物质含量，进行统计分析。

（1）间隔多次微量取样。

研究比较同一死亡时间、同一实验动物左眼（间隔多次微量取样、实验组）与右眼（一次取样、对照组）的物质含量。结果发现，死后 24 h、48 h、72 h、96 h 时，实验组与对照组的钙、氯、钾、钠离子和无机磷浓度差异无统计学意义；部分动物死后 120 h 时，两组间钙、氯、钠离子和无机磷浓度差异无统计学意义，而钾有差异，分析认为虽然死后 120 h 时连续多次微量取样无差异，但间隔多次微量取样仍有可能造成某些组分（如钾）含量改变。

间隔多次微量取样可能通过以下因素产生影响：①留置针。实验采用了临床使用的留置针以减少进针次数,虽然不含检测组分,理论上不引起强烈组织反应,但不排除引起某些组分改变的可能。如的确引起组织反应,也应发生在死后较早期的超生反应阶段,即死后 1~2 天,然而,本实验结果并不支持这一推断。因此留置针直接引起的改变可能较轻微。②间隔多次取样。已知重复多次取样对样本无显著影响,然而间隔多次取样可造成 VH 体积的不断减小,可影响组分含量或死后变化,即所谓排水效应:Schourup 和 Dotzauer 以及 Naeve 认为间隔多次取样会扰乱浓度梯度,产生排水效应,影响样本的代表性,并随时间延长和取样次数增多而更加显著。本实验分析认为这个因素的影响真实存在,出现时间也似乎支持这一假设。③腐败等其他未知因素。如果某种(或某些)原因造成了组分含量的改变,那么所造成的变化是持续的,即某组分含量持续偏高或偏低。然而本实验结果并未出现组分含量持续偏高或偏低的现象,因此可能有未知因素参与其中。Coe 等认为抽取 VH 时,严重腐败的眼内容物极易挫碎而扰乱样本物质含量,因此主张取样在腐败发生前进行。为避免上述现象对样本的影响,应适当减少取样次数,缩短间隔时间。

(2) 间隔多次微量取样与一次取样死亡时间变化趋势的比较。

VH 的研究领域十分广泛,其与死亡时间的关系是重要的研究之一。在取样方法对死亡时间产生何种影响的研究中,编者所在课题组前期采用动物实验观察分析了间隔多次微量取样和一次取样两种取样方法所获得的样本是否在死亡时间变化趋势上有差异;与一次取样方法相比,间隔多次微量取样是否对死亡时间研究结果有显著影响。结论认为两种方法所获得的样本来自同一总体,交替取样未对样本物质含量的死后变化造成显著影响。

编者所在课题组的研究结果与其他学者的观察结论基本一致,即钙离子浓度与死亡时间无相关性,钾离子浓度随死亡时间延长呈增高趋势,钠离子浓度随死亡时间延长呈降低趋势。但不同研究中同种物质浓度与死亡时间的关系,在相关系数、相关时间和变化速度等方面存在一定差异,可能与环境温度、取样方法、样本处理、研究对象以及检测方法等不同有关。本研究的争议之一是离子浓度的死后变化方式。与绝大多数研究一致,观察发现钾、钠离子浓度的死后变化可以用线性回归和(或)对数回归(两者近似)来描述。比较分析两组钾、钠离子浓度与死亡时间的回归方程可发现,两组在截距和斜率上均无差异,两组钾、钠离子浓度随死亡时间的变化趋势一致。综上,可推测,适当时段内,间隔多次微量取样可获得与传统取样方法基本一致的样本,可以代替传统方法进行死亡时间推断研究。

(3) 间隔多次微量取样的意义。

VH 研究在法医尸体化学研究中意义重大,目前在死亡时间推断研究中普遍采用单次取材、大样本量回归分析的研究方法,但这种方法样本需求量较大。此外,人体检材十分难得,这使得系统的人体研究更加困难。

间隔多次微量取样的突出特点是样本需求量大幅度减少,首先,该方法可为样本控制理论提供帮助,有学者认为 VH 组分含量及死后变化与环境因素、年龄、濒死期、死因及生前代谢等情况有关,提出样本组成控制以提高研究精确度,间隔多次微量取样为小样本量系统研究提供了方法上的帮助。其次,该方法为VH研究开辟了新视角,通过同一个体的间隔多次微量取样,可对个体死后变化进行连续观察,同时也使个体间的对比研究成为可能。再次,大幅降低的样本量也有助于实现均衡原则,提高研究条件。最后,由于人体检测的可贵性,它将为VH与死亡时间关系的人体研究提供方法上的帮助。在此,需强调多次微量取样尤其是间隔多次微量取样可能改变VH物质含量的死后变化,因此应注意控制间隔时间和取样次数。

二、VH检测分析方法研究

目前,由于VH内含多种物质,越来越多的检测技术与方法相继出现。随着相关检测技术的不断发展,不同技术存在各自的应用范围及优缺点;而且不同实验室的校准、处理方法以及使用的仪器不同都可能使同一样本检测出不同结果,从而影响其实际应用。因此,为了进一步利用VH进行死亡时间的推断和相关技术的合理应用及改进,以下结合国内外相关文献,对用于死亡时间推断的VH检测技术方法进行简要介绍。

1. 毛细管电泳法

Tagliaro等认为,毛细管电泳(capillary electrophoresis,CE)法是检测VH内钾离子浓度可靠、简单、快捷的方法,且可增高检测数据的准确性和重现性。经毛细管电泳法检测钾离子的结果与火焰光度法的结果呈强相关性。此两种方法均没有对样本进行特殊的预处理,并且只需极少量的VH样本。毛细管电泳法可用于复杂样本(如死后样本)的检测,与传统的检测方法(如火焰光度法、离子选择法等)相比,毛细管电泳法不仅能用于检测VH内钾离子浓度,还可以检测血氨以及钠、钡离子等的浓度。Bocaz-Beneventi等也证实毛细管电泳法可用于快速检测细胞外液中的无机离子成分。

2. 全自动生化分析技术

Mihailovic等应用全自动生化分析系统中的酶催化法检验发现,VH中乳酸与死亡时间具有良好的线性相关性,认为可以通过VH中乳酸的浓度较为精确地推断死亡时间。霍菁菁通过对家兔死后不同时间VH内钾离子浓度进行测定发现,其与死亡时间呈明显线性关系。她还比较了不同温度下钾离子浓度与死亡时间的关系,认为温度越高,离子浓度上升速度越快。全自动生化分析仪能通过内置多种检测技术对多种物质实行自动化检测,但不适用于特殊物质研究。若能进一步确定多个常规参数并联合使用,则有望成为推断死亡时间的高效、简便、可行的方法。

3. 低压离子色谱法

周斌等采用自主研发的低压离子色谱仪对VH中钾离子浓度进行检测,结果显示,VH内钾离子色谱峰与浓度标准曲线的相关系数大于0.99,色谱法精密度良好,符合色谱分析要求,经低压离子色谱仪分析得到的VH内钾离子浓度精确、可靠。但该方法目前仍未得到广泛的应用。

4. 顺序喷射分析法

顺序喷射分析(sequential injection analysis, SIA)法是在可获得大量样本,且后期可以快速、准确查看检测结果的自动化快速分析基础上设立的自动化技术。这种自动化技术极具吸引力,因为其成本低、快速、可靠且通用,与常规方法相比,其样品预处理简单,仅需要过滤和稀释。其计算机控制的性质保证了操作的灵活性并能建立不同的分析策略而且没有重复。此外,该系统的核心具有多位选择性,允许所有类型的设备或解决方案的聚类,这使得系统内各项操作成为可能。重要的是,SIA法允许执行系统内所有操作,不会出现与操作者相关的错误,并具有更快的测定速度,如在测定黄嘌呤时通常每小时可比高效液相色谱(high performance liquid chromatography, HPLC)法多测定约3次。此外,SIA法由于具有不连续的性质,提供了独立开发不同测定方法的可能性,因此适合用于多重测定。Passos等尝试将开发的SIA系统首次应用于检测VH内钾离子和次黄嘌呤浓度,为了评估SIA系统所获得结果的准确性,所有检测样本也用火焰光度法进行了钾离子浓度检测,该研究证实,SIA系统提供了可靠的结果,在今后的法医学研究中可以作为一个较好的替代检测法。

5. 纳米传感技术

近年来,一些学者利用纳米材料尺寸小、接触面积大、响应迅速等特点制备了一种传感检测体系,因其所采用材料的特性,故将这种技术称为纳米传感技术。该技术主要通过一些生物、化学物质特异性识别被检物质,使信号元件做出响应,从而对某一物质进行检测,具有简单、灵敏、高效的特点,并给传统的检测领域带来了全新思路,其中食品、医疗、环境等检测领域研究了大量稀有金属量子点。

三、VH 成分死后变化

VH的化学组成因动物种类不同而异,总的来说可分为非扩散成分(可溶性蛋白、酶和脂类)、非电离的可扩散成分(糖、尿素、氨基酸),以及电离成分(钠、钙、镁、钾,以及氯化物、乳酸、维生素C等)。死后由于能量代谢停止,细胞膜主动性转运停止和选择性膜通透性丧失,进而引发顺浓度梯度的离子扩散。机体的不同组织,甚至不同解剖位置的相同组织,因能量储备和糖酵解率不同而具有不同的超生活力。发生在不同种类的组织细胞以及不同死亡时间的自溶过程均有极大差异,据此可得出自溶过程与死亡时间有关的结论。部分关于自溶与死亡时间的研究显示,除了组织学上的差异,取样的位置、温度和某些生前因素(尤其是影响死后pH的因素)等,均可引起自溶相关参数的改变,并且自溶性随死亡时间变化。

人死后超生反应期间及以后,VH各组分即开始趋于平衡浓度的过程。达到平衡前的浓度改变过程也就是研究死亡时间的阶段,与血液、脑脊液相比,VH达到平衡耗时最长,约为120 h。以往的研究认为,玻璃体内部成分的变化与死亡时间的关系相对稳定,尤其是VH中钾离子浓度与死亡时间呈显著正相关。死亡时VH中钾离子浓度为

3.4 mmol/L,死后每小时约升高 0.17 mmol/L。VH 中钾离子浓度与死亡时间的关系见表 2-2。

表 2-2　VH 中钾离子浓度与死亡时间的关系

死亡时间/h	钾离子浓度/(mmol/L)
1～6	5.3156
6～12	6.2375
12～24	9.8941
24～36	11.1696
36～48	13.4192
48～60	15.1125
60～87	20.5600

应用该方法推算死亡时间,死后 12 h 内误差为 1.1 h。

Sturner(1963)测定 54 例尸体的 VH 中钾离子浓度在死后 100 h 的变化,首次建立了 VH 中钾离子浓度($[K^+]$,mmol/L)与死亡时间(PMI,h)的回归方程,被称为 Sturner 公式:

$$[K^+]=5.476+0.14PMI \text{ 或 } PMI=7.14[K^+]-39.1$$

95％置信限为±9.5 h。

由于眼球 VH 受死后变化和外界因素影响较小,其各种成分的变化相对稳定。因此,VH 适用于死亡时间的推断。许多研究均表明,VH 中钾离子浓度与死亡时间有一定的正相关性,并建立了相应的计算公式。大多数公式的基本表达式为$[K^+]=A+B \cdot PMI$。其中 A 为死亡时 VH 中钾离子浓度(直线截距),B 为死亡时 VH 中钾离子浓度升高速度(直线斜率)。然而,由于各学者研究时环境温度、检测方法、死后观察时间以及所选用的尸体例数、死亡原因和年龄等诸多因素存在差异,所获得的结果相差较大。加之 VH 中钾离子浓度与死亡时间的关系并非明显的线性关系,因此,这些结果在实践中的应用受到一定的限制。现将有关公式列于表 2-3 中,供参考。

表 2-3　VH 中钾离子浓度与死亡时间的回归方程

研究者	观察时间/h	例数	95％置信限/h	计算公式
Sturner WQ(1963)	108	54	±9.5	$[K^+]=5.476+0.14PMI$
Adelson L(1963)	24	209	±10	$[K^+]=5.36+0.17PMI$
Hansson LMA(1966)	310	203	±40	$[K^+]=8+0.17PMI$
Adjutantis G & Coutselinis A(1972)	12	120	±3.3	$[K^+]=3.4+0.55PMI$

续表

研究者	观察时间/h	例数	95%置信限/h	计算公式
Coe IJ(1973)	100	160	±12	$[K^+]=4.99+0.332PMI$ (PMI<6 h) $[K^+]=6.19+0.1625PMI$ (PMI≥6 h)
Stephens RJ & Richards RG(1987)	35	1472	±20	$[K^+]=6.342+0.238PMI$
Madea B (1989)	130	170	±22	$[K^+]=5.88+0.188PMI$

注:$[K^+]$单位为mmol/L;PMI为死亡时间,单位为h。

王顺和等(1986)对死后不同时间的106例17~97岁的尸体VH中钾离子浓度进行了分组测定。死亡时间最短者40 min,最长者87 h。当死亡时间在1 h之内时,VH中钾离子浓度为4.5~5 mmol/L,而死后1~6 h期间,钾离子浓度趋于稳定,之后随着死亡时间的延长,钾离子浓度呈线性上升,平均每小时升高0.198 mmol/L(表2-4)。

表2-4　106例尸体VH中钾离子浓度与死亡时间

死亡时间/h	例数	VH中钾离子浓度/(mmol/L)	平均增长速度/(mmol/(L·h))
1~6	32	5.3156	—
6~12	12	6.2375	0.1537
12~24	17	9.8941	0.2544
24~36	23	11.1696	0.1951
36~48	13	13.4192	0.1929
48~60	4	15.1125	0.1814
60~87	5	20.5600	0.1882

早在20世纪40年代,法医学界就开始了检测VH中组分推断死亡时间的研究。近四十年来该类研究受到了各国学者的广泛重视,研究领域日益拓宽,检测指标不断增加,目前已涉及二十余种成分,并建立了各类推导回归方程。研究大致可分为离子成分、核苷代谢物及其他成分研究三类。

1. 离子成分

在死后VH离子成分研究中备受青睐的是钾离子。动物VH中钾离子浓度略高于血清,李剑波等检测中国健康成人VH中钾离子浓度为4.81~5.29 mmol/L,平均5.05 mmol/L。该结果与国内眼科学相关文献出入较大,而与国外法医学者Coe(4.99 mmol/L)、Sturner(5.476 mmol/L)、Adelson(5.36 mmol/L)等的报道较接近。分析认为,除去人种差异、检测方法等影响因素外,造成差异的原因还与正常人眼VH难以采集有关,国内学者报道的所谓钾离子浓度正常值多是由死后变化方程推导得出的,而李剑波等的结果由直接检测而来。活体眼内液的钾离子浓度存在梯度，VH 中钾离子来自晶状体，流向视网膜组织。动物研究发现，犬和兔眼的后房水钾离子浓度最高，猫的前玻璃体钾离子浓度最高；前玻璃体钾离子浓度高于后玻璃体，这是晶状体前囊内泵主动运输的结果，泵增加了钾离子的摄取，再经晶状体后囊弥散到玻璃体。后玻璃体钾离子浓度高于透析血浆，这提示钾离子自玻璃体流向视网膜的过程似乎是单纯的弥散过程。死后玻璃体-视网膜界面梯度将发生逆转，达到平衡前仍可能是眼球中心的浓度最低。动物实验显示，37 ℃时死后的超生代谢可持续 15 min。也就是说，短暂的超生反应后，钾离子主要自视网膜、小部分自晶状体向玻璃体弥散。

死后组织细胞自溶、VH 内离子弥散可共同导致 VH 中钾离子浓度升高，并且浓度与死亡时间相关。1963 年 Sturner 发表了令人振奋的研究结果，54 例尸体死后 100 h 内，VH 中钾离子浓度与死亡时间存在如下线性关系：[K$^+$](mmol/L)＝5.476＋0.14PMI(h)，或 PMI(h)＝7.14[K$^+$](mmol/L)－39.1，95％置信限为±9.5 h。这极大地推动了后续研究，见表 2-3。

然而有关人体的研究结果不能相互印证，推断方程的截距、95％置信区间等出入较大，并引发了种种争议。由于混杂因素众多，这些差异的原因分析十分困难。编者所在课题组在前期动物实验中通过控制死亡方式、死后环境、取样方法和检测条件等可能的影响因素，单一观察钾、钠、镁离子和铵根离子浓度死后变化，得到的回归方程见表 2-5。

表 2-5　钾、钠、镁离子和铵根离子与 PMI 的回归方程

成分	回归方程		
钾离子	$Y_1=0.240X_1+10.179$	$r^2=0.9649$	$P<0.0001$
钠离子	$Y_2=137.760-0.311X_2$	$r^2=0.9864$	$P<0.0001$
镁离子	$Y_3=13.274X_3+599.060$	$r^2=0.9566$	$P<0.0001$
铵根离子	$Y_4=0.0001X_4^2-0.0032X_4+1.2475$	$r^2=0.9303$	$P<0.0001$

注：Y 为离子浓度(mmol/L)，X 为 PMI(h)。

上述实验研究中没有观察死亡时 VH 有关物质浓度，由回归方程截距所获得的钾离子浓度 10.179 mmol/L、钠离子浓度 137.760 mmol/L，与文献报道的活体家兔钾离子浓度 5.1～10.2 mmol/L、钠离子浓度 133.9～152.2 mmol/L 基本相符。有人以回归方程截距为生前正常值数值，证实这个方法有一定依据。与其他动物观察一致，实验证实钾离子浓度在死后 96 h 内呈线性增高，与死亡时间高度相关，在严格控制动物处死方式、温度等条件下，线性回归相关性很高。

VH 中钠离子浓度死后变化未达成统一认识。活体 VH 中钠离子由睫状体和后房进入玻璃体基底部，前玻璃体中浓度最高，后部较低。有研究显示血清钠离子浓度和脊髓液钠离子浓度死后线性下降，但 Coe 认为 VH 中钠离子浓度与血清近似，并在死后一定时间内基本稳定。甚至有人认为 VH 中钠离子浓度与死亡时间、性别、年龄、死因、环境温度等诸多因素均无显著相关性。Bray 认为钠离子浓度随死亡时间的变化规律因与温度关联

小而具有特殊的研究价值。龚志强等观察认为钠离子浓度随死亡时间延长而升高,96 h 内回归方程为 $Y=21.065X^2-299.09X+2026.1$($Y$ 为钠离子浓度($\mu g/g$),X 为死亡时间(h)),$r^2=0.5457$,且在 24 h 内与死亡时间显著相关,$r^2=0.9401$。

VH 中镁离子浓度为 917 mmol/L 左右,低于脉络膜的 939 mmol/L 和视网膜的 1099 mmol/L,高于晶状体的 277 mmol/L、睫状体的 740 mmol/L 和房水的 15.5 mmol/L,以及角膜、巩膜、虹膜等其他眼组织和血浆中镁离子浓度。人活体 VH 中镁离子浓度近似或略低于血浆,并与年龄有关,婴儿较高,成年后逐渐下降,死后缓慢增高,Coe 认为其变化不稳定而不可用于死亡时间推断。编者所在课题组前期实验观察发现 VH 中镁离子浓度随死亡时间延长而规律性降低。Balabanova 观察发现羊 VH 中镁离子浓度变化与死亡时间高度相关而具有推断价值。Nowak 认为窒息死亡病例的 VH 中镁离子浓度与死亡时间显著相关,另一项苯巴比妥中毒死亡的有关研究也显示,72 h(3 天)内 VH 中镁离子浓度可用于死亡时间推断。龚志强等利用家兔模型观察发现,96 h 内镁离子浓度与死亡时间相关性不高($Y=0.0077X^2+1.0672X+11.131$,$r^2=0.6598$,$Y$ 单位 mg/L),48 h 内较好($Y=0.00738X^2+0.6997X+11.45$,$r^2=0.9119$)。除取样、检测方法外,其他原因不明。

VH 中铵根离子研究少见。编者所在课题组研究发现 96 h 内 VH 中铵根离子浓度与死亡时间显著相关,其表现与钾离子相当,具有较高的研究价值。铵根离子出现有赖于腐败的发生。观察脑脊液发现死亡后 4~24 h 期间铵根离子浓度呈直线升高,可用于死亡时间推断。Henry 开展的一项综述性研究发现 VH 的成分中,铵根离子是较具研究价值的成分之一。Bocaz-Beneventi 等却认为铵根离子浓度随死亡时间延长而增高但相关性较低,并且不能单独用于死亡时间推断。编者所在课题组实验条件控制较好可能是与既往研究差异较大的主要原因。铵根离子浓度影响因素众多,如研究对象、检测方法、样本组成以及尸体环境温度等。van den Oever 观察认为外伤和死亡迅速的病例 VH 中铵根离子浓度随死亡时间延长而规律性增高,可用于死亡时间推断;而慢性病死亡样本的铵根离子浓度表现异常,环境温度可引起铵根离子浓度发生异常变化而难以推断;采集样本的存放温度等也可引起铵根离子浓度改变。

VH 中钙离子与镁离子的情况类似,结论相互抵触。正常中国人 VH 中钙离子浓度为 0.62~0.89 mmol/L,显著低于血清钙离子浓度。有文献报道,死后 VH 中钙离子浓度随死亡时间延长而极缓慢上升;截然相反的结论来自龚志强等的研究,即钙离子浓度随死亡时间延长而下降;而 Henssge 等对人体的研究显示死后 120 h 内 VH 中钙离子浓度基本稳定。氯和磷的研究鲜有报道,尚无法确定其变化趋势。中国人 VH 中氯化物浓度为 120.7 mmol/L,高于血清,低于房水。Coe 认为 VH 中氯化物浓度的变化与钙类似,死亡早期仅有轻度下降,而 Henssge 等的研究发现 VH 中氯化物浓度在死后 120 h 内基本稳定。人 VH 中无机磷浓度为 0.776 mmol/L,低于血清,高于房水,前玻璃体中浓度较高。国外文献报道血清和脑脊液中无机磷浓度在死后升高。编者所在课题组及龚志强等的动物研究显示 VH 中磷(无机磷和有机磷)浓度在死后增高,但与死亡时间相关性较低。死后120 h内VH中钾、镁离子浓度随死亡时间延长而升高,且与死亡时间有强相关性。其中钾离子浓度变化的统计结果与龚志强等的报道相似,镁离子浓度的结果却与许小明和Balabanova的报道结果不同,此差异的产生可能是由取材方法及检测方法的不同导致。如何判断某回归方程在死亡时间推断中的应用价值一直是一个值得商榷的问题,大部分研究仅从方程的确定系数来选择指标。VH中钾、镁离子浓度在死亡后120 h内与死亡时间均有良好相关性,联合使用两指标建立的二元方程相关性更高。但预测的偏离率结果显示,随着死亡时间延长,钾、镁离子浓度升高,根据离子浓度推测死亡时间的准确性下降。龚志强和许小明等研究认为,铁、锶、钡离子浓度与死亡时间呈一定相关性。Bocaz-Beneventi等研究发现钡被用作毛细血管电泳检测的内标而非研究指标。分析认为,上述元素浓度极低,正常值、个体差异、地域、种族差异、影响因素及死后变化等尚不确定,是否具有研究价值尚值得商榷。

2. 核苷代谢物

目前缺乏正常人眼VH中核苷代谢物浓度的研究。与VH中钾的研究类似,有学者通过死亡时间回归方程计算0 h时次黄嘌呤(hypoxanthine,Hx)的浓度,并推断其处于活体正常值范围。Rognum研究分析19例死后1.5 h的人体样本认为,正常人VH中Hx浓度为$7.6\ \mu mol/L$。但是由于其浓度在死后增长迅速,这一推断的数值可能高于活体浓度而不能代表正常值,且各项研究差异显著,未能形成统一认识。

较全面的研究来自1989年Gardiner等的动物实验。该实验研究死后0~192 h 110例鸡VH中次黄核苷、次黄嘌呤、黄嘌呤、尿酸、尿嘧啶、尿苷和胸腺嘧啶7种核苷类物质的浓度,数据显示,次黄嘌呤、黄嘌呤、尿酸、尿嘧啶和胸腺嘧啶浓度随死亡时间延长而增高,次黄核苷浓度升高到一定水平后下降,尿苷浓度则似乎与死亡时间无关。除尿苷外,储存温度升高可加快其余6种物质的浓度增高速度。这项实验还包括小样本量猪的VH研究,结果显示死亡时已可检出次黄嘌呤、黄嘌呤和尿苷;24 h时又检出了次黄核苷、鸟苷和鸟嘌呤,除尿苷浓度稳定,与死亡时间无关外,上述物质的浓度随死亡时间延长而增高。该实验还发现胸腺嘧啶更晚出现、双眼间核苷类物质的浓度无差异等。上述结果为核苷类物质的死后研究提供了全面、重要的基础依据。核苷代谢物用于死亡时间推断的研究起步较晚,但已取得了令人振奋的进展,目前研究最多的是次黄嘌呤。早在1978年,Saugstad等观察了VH中次黄嘌呤的浓度变化,认为其在死后0~48 h的变化与死亡时间无关,而在0~192 h区间显著相关。1991年Rognum进行了著名的不同温度下的研究:分别于5 ℃、10 ℃、15 ℃和25 ℃温度下,检测87例尸体的VH中钾离子和次黄嘌呤浓度。结果显示次黄嘌呤浓度与死亡时间呈正相关并与环境温度显著相关;上述温度条件下,次黄嘌呤分别以$4.2\ \mu mol/(L\cdot h)$、$5.1\ \mu mol/(L\cdot h)$、$6.2\ \mu mol/(L\cdot h)$和$8.8\ \mu mol/(L\cdot h)$,钾离子分别以$0.17\ mmol/(L\cdot h)$、$0.20\ mmol/(L\cdot h)$、$0.25\ mmol/(L\cdot h)$和$0.30\ mmol/(L\cdot h)$的速度增加。编者认为用次黄嘌呤浓度变化推断死亡时间比钾离子好,甚至优于脑温度推断。编者的相关结果与Gardiner等的动物实验吻合,推断准确度较高。

Madea 等持有相反意见,认为钾离子浓度与死亡时间的相关性优于次黄嘌呤。他们还认为与钾离子相似,双眼的次黄嘌呤浓度存在差异,因而提倡以均值作为个体的研究样本。这项 1994 年的研究控制了样本的死因、濒死期和年龄等影响因素,但是缺乏尸体环境温度和样本储存温度的记录,尚不确定温度的影响。James 等同时观察了钾离子和次黄嘌呤浓度与死亡时间的关系,结果显示两者有相关性($r=0.54$),推断公式分别为 PMI(h)=4.32[K^+](mmol/L)-18.35 和 PMI(h)=0.31[Hx](μmol/L)+0.05。次黄嘌呤对提高推断准确度作用不大,除了温度、年龄和生前状况等影响因素未予控制外,该研究还有 2 处显著不足,一是样本于-2 ℃保存,这个温度不能有效停止 VH 中的生化反应。二是样本中仅 45 例符合清澈、无色的外观要求,而不符合要求的样本高达 55 例。因此上述因素可能影响或共同影响了实际物质浓度,进而影响了死亡时间推断的准确度。

2002 年,Munoz 等研究分析了缢死尸体的次黄嘌呤和钾离子浓度,发现死因对 VH 中某些成分的死后变化存在影响。研究显示,缢死组 VH 中这两种成分浓度增高速度比非缢死组快,差异有统计学意义;使用缢死组的死亡时间回归方程推算缢死案例死亡时间的准确度较高;次黄嘌呤在双眼、两性以及不同乙醇浓度间差异无统计学意义;去除尿素浓度<30 mg/dL 的样本,可进一步提高死亡时间推断的准确度。该研究一处明显的不足是取样后样本储存于 4 ℃,这不能停止生化反应,可能导致物质浓度继续改变而不能代表采样时的样本。另一处不足是研究的死亡时间较短,为 28.91 h,其中大部分为尸冷时间。有学者不主张尸冷期间或死亡时间短于 12 h 时,使用检测 VH 成分的方法推断死亡时间。该研究的遗憾是没有描述尸体环境温度。

综上,我们发现各项研究之间存在显著差别(表 2-6)。一方面,这些差别可以从研究样本的死因构成、温度以及死亡时间区间的差异得到部分解释。另一方面,如上讨论的各研究自身的不足,可能进一步扩大了差异。此外,各研究均未设置核苷代谢物内参,不能排除代谢障碍案例,这也可能是一个影响因素。总体研究所显示的巨大差异阻碍了实际应用,也对后续研究提出了更高要求。

表 2-6　VH 中次黄嘌呤浓度与死亡时间的关系

研究者	死因	样本量	温度/℃	死亡时间/h	回归方程	推断方程
Rognum 等	心肌梗死、事故、其他	33*	5	<120	[Hx]=4.2PMI+7.6	—
		16*	10	<120	[Hx]=5.1PMI+7.6	—
		16*	15	<120	[Hx]=6.2PMI+7.6	—
		23*	25	<120	[Hx]=8.8PMI+7.6	—
Madea 等	猝死、创伤	92	—	约 100	[Hx]=1.29PMI+3.68	—
James 等	随机	100	—	约 80	[Hx]=3.2PMI-0.15	PMI=0.31[Hx]+0.05

续表

研究者	死因	样本量	温度/℃	死亡时间/h	回归方程	推断方程
Munoz 等	缢死	176#	—	28.9	[Hx]=3.01PMI+26.45	PMI=0.17[Hx]+0.17

注：* 每眼 2 次、每例 4 次取样；# 有 30 例双眼各取样 1 次。[Hx]单位为 μmol/L；PMI 单位为 h。

3. 其他成分

其他成分的相关法医学研究文献较少，说法不一。

(1) 乳酸：一般认为乳酸来自视网膜酸性代谢，部分来自后房-晶状体代谢和扩散。VH 中乳酸浓度为 7.8 mmol/L，高于晶状体和房水。在前房水、后房水及玻璃体中乳酸浓度依次增高，玻璃体中又以后段浓度较高。Coe 认为正常乳酸浓度为 9~18 mmol/L，死亡 20 h 后上升至 24.1~29.2 mmol/L。其浓度与濒死期有关，猝死案例的浓度较低。De Latter 等研究了 271 例随机样本，认为 VH 中乳酸浓度与死亡时间呈对数正相关。

(2) 葡萄糖：VH 中的葡萄糖主要来自睫状体，自后房水进入，浓度低于血清。中国人群 VH 中葡萄糖浓度为 3.35 mmol/L，为血清浓度的 65%~75%。Coe 认为其在死后下降，但下降速度不稳定而不可用于死亡时间推断。De Latter 等的研究显示 VH 中葡萄糖的总体浓度在死后下降，与死亡时间相关性差，但与乳酸浓度呈对数正相关。

(3) 尿素、肌酐：健康中国人 VH 中尿素、肌酐浓度分别为 4.03 mmol/L 和 43.27 μmol/L，与血液正常值基本一致。死后两者的浓度基本稳定，不能直接用于死亡时间推断。由于 VH 中尿素、肌酐浓度可反映生前肾功能，有人将其设置为确认代谢紊乱病例的内参，用于辅助其他死亡时间推断研究。

(4) 蛋白质、氨基酸：VH 含有多种蛋白质，可溶性蛋白质浓度与血浆近似，随年龄增长，个体差异较大。VH 中有 21 种氨基酸，它们来自房水和视网膜。除谷氨酸外，浓度均低于血清和房水，并呈浓度梯度：玻璃体前段高于后段。有研究认为脑脊液中氨基酸浓度随死亡时间延长而呈线性升高，2001 年鲍玉洲等研究建立了中国人眼 17 种氨基酸浓度正常范围，但目前缺乏死后研究。

(5) 酶、脂质和渗透压：VH 含多种酶，李剑波等的研究显示碱性磷酸酶、磷酸肌酸激酶、α-羟丁酸脱氢酶、谷草转氨酶等的正常值波动范围大，而谷丙转氨酶、γ-谷氨酰转肽酶等浓度甚低，结果部分与国外文献报道一致。王伟平、龙仁等研究认为死后 54 h 内，胆碱酯酶、谷草转氨酶、羟丁酸脱氢酶和乳酸脱氢酶浓度具有死亡时间推断价值。中国人 VH 中总胆固醇、甘油三酯浓度甚低，且个体差异大，故尚未见其与死亡时间相关性的研究。尚不能确定人眼渗透压正常值。生前饮酒可引起 VH 渗透压改变，Madea 认为这也可影响电解质代谢。20 世纪 70 年代有学者研究了 VH 渗透压的死后改变，发现其与死亡时间的关系尚不确定。2004 年李兴彪等通过实验研究了急性胰腺炎患者 VH 中淀粉酶水平死后变化，认为死后 30~36 h 淀粉酶水平随死亡时间延长而增高，随后下降，在 72 h 内具有相关性。

(6) 丙酮酸、抗坏血酸和透明质酸盐:VH 中丙酮酸浓度在死后急剧下降,死后 10 h 内自 2~3 mg/dL 降至 0.1~0.2 mg/dL;VH 中抗坏血酸可能来自后房,浓度低于房水、高于血浆。正常人 VH 中抗坏血酸浓度差异很大,并随死亡时间延长而缓慢下降;透明质酸盐浓度与年龄有关,成人为 19.2 mg/dL,前玻璃体中浓度较低。

(7) 消光度:国内龚志强等通过动物实验发现死后 72 h 内消光度与死亡时间呈正相关,相关系数为 0.98327,回归方程为 PMI(h)=453.30×消光度+0.75。

(汪岚,郑娜,张有友)

第三章　DNA 检测技术推断死亡时间

DNA 是细胞内重要的遗传物质,机体细胞核内的 DNA 平均含量在同一物种的细胞内是恒定的,并于死后发生降解,且随着死亡时间的延长而逐渐减少。由于正常人体染色体数目是恒定的,细胞核 DNA 的含量也相对恒定,且不同组织细胞核中 DNA 平均含量基本一致。机体死亡后,组织细胞对自身酶的屏障保护功能消失,细胞内的溶酶体膜破裂,释放出各种水解酶,使细胞成分水解,细胞形态结构因自溶而崩解,该过程中细胞核可出现核浓缩、核碎裂、核溶解,在脱氧核糖核酸酶的作用下,核染色质双螺旋结构的 DNA 崩解为小碎片,由于核膜破裂,DNA 碎片分散于胞质中,最后染色质中残余蛋白质被溶蛋白酶溶解,核便完全消失,故机体死后一段时间,细胞核 DNA 会发生分解、减少直至消失,即细胞内的 DNA 含量随死亡时间的延长而呈逐渐下降的趋势。基于上述原理,20 世纪 70 年代开始,国内外法医工作者对死后 DNA 含量变化与死亡时间之间的关系进行了大量研究,证实死后细胞核 DNA 含量与死亡时间呈负相关。

19 世纪 70 年代,梅列科夫利用细胞荧光光度计研究血液中小淋巴细胞发现,DNA 含量在死后第 2 昼夜为第 1 昼夜的 80%,第 3 昼夜降到 70%,第 4 昼夜降到 63%;用嗜焦宁组化方法研究死后脑、肝组织细胞核 DNA 的含量,发现 12 h 后降低,18 h 后明显下降,48 h 后 DNA 消失。齐凤英等(1989)用流式细胞仪对大鼠死后不同时间的心、肝、肾组织细胞核 DNA 含量进行定量分析,发现各大鼠的心、肝、肾组织细胞核 DNA 含量随死亡时间延长而有规律地下降,并呈现相似的下降趋势。与死亡时细胞核 DNA 含量(100%)相比,0~6 h 无明显变化,6~12 h 下降最显著(8.2%),12~30 h 继续明显下降,30 h 以后下降趋于缓慢,上述变化规律可能对早期死亡时间(6~48 h)的推断提供了客观依据。

计算机数字图像分析技术具有对目标定位、相对定量、绝对定量的功能,可对目标长度、周长(面积、直径)进行测量,对任意两点间距及灰度进行测量,具有图像分析、统计、计数、按选定阈值进行划分、显示分布特性曲线、可重复性好、客观性强等特点。编者所在课题组采用该技术研究发现,死亡早期,脑细胞核 DNA 积分光密度(IOD)随死亡时间延长而呈下降趋势,而平均灰度呈上升趋势,说明 DNA 含量随着死亡时间延长而降低;异形指数呈上升趋势,说明细胞核的异形度随时间延长而增加;与齐凤英等的图像分析结果比较,脑细胞核 DNA 的降解速度在 6 h(93.48%)和 24 h(75.82%)内分别快 99.50% 和 81.30%。这提示脑细胞核 DNA 降解速度快,可作为早期死亡时间推断的新观测指标,还可用于建立与死亡时间的线性关系。

为确定各脏器细胞之间的变化是否有差异,编者所在课题组研究了肾和脑组织细胞核 DNA 的 IOD,用 SAS 进行两样本均数的比较,t 检验结果表明:肾和脑组织细胞核 DNA 的 IOD 存在显著差异,表明上述两脏器中 DNA 降解速度不同,即同一个体不同组织细胞内 DNA 的降解有先后顺序。产生差异的原因可能在于不同细胞内降解 DNA 酶的含量不同,以及细胞膜结构的稳定程度不同。在 DNA 降解过程中,存在着一些"平台"现象,其产生原因究竟是内在因素还是外界因素,尚需进一步观察研究。编者赞同 Cina 的观点,即对细胞核 DNA 降解规律的研究,有可能作为更精确推断死亡时间的辅助手段。

第一节 利用 DNA 推断死亡时间研究概况

目前研究细胞核 DNA 的死后变化主要侧重于检测细胞核 DNA 的两个方面:一是研究死后细胞核 DNA 的含量变化,二是检测死后细胞核 DNA 降解片段的情况。

一、检测细胞核 DNA 含量的常用方法

对完整细胞核 DNA 含量进行原位定量测定所采用的分析技术主要有三大类:①DNA组织化学测定技术(deoxyribonucleic acid histochemical technique),是指通过 Feulgen 反应对细胞核 DNA 进行染色并测定,以确定其含量。其中以显微分光光度计和扫描显微分光光度计为代表,以单细胞悬液制备的涂片或组织印片为检测样品。②流式细胞术(flow cytometry,FCM),是指组织细胞经过 PI 或 DAPI 等特殊染色后,用流式细胞仪测定组织细胞内 DNA 含量的一种技术。以单细胞悬液为测定样品,其特点是测定速度快、样品分析量大,并可多参数同时测定。③计算机数字图像分析(computer digital image analysis,CDIA)技术,配备有高速电子扫描装置以及光学切割系统,微机控制,不但测量精确度高、速度快,而且具备数据统计处理及输出自动化等优点,近年来已经成为研究重点。

二、死后细胞核 DNA 的含量变化情况

1971 年 Alder 和 Beckhove 首次用生化方法结合细胞分光光度计,测定了牛死后心肌组织细胞核 DNA 的含量变化,发现在不同条件下 DNA 含量变化的速度不同:在 4 ℃条件下 72 h 内或者用 Carnoy 固定液固定后心肌 DNA 含量变化不显著,低温可以防止 DNA 降解。1973 年 Kiliovska 发现猪死后 72 h 内,肌肉细胞核 DNA 含量随死亡时间的延长而有规律地下降。1978 年 Meretskov 用细胞荧光计研究发现,人死后 6 h 内肝、心、骨骼肌、胰腺细胞核 DNA 含量基本保持不变,以后逐渐下降,至 36~48 h DNA 基本消失。1979 年 Avtandilov 发现雄性大鼠死后 3 天内肝、心肌、骨骼肌细胞核 DNA 含量有规律地下降。1979 年 Barbara 等发现大鼠死后 96 h 内肝、脾、肾组织匀浆的 DNA 紫外吸收值有波动,前 6 h 呈线性下降,此后变化不显著,48~72 h 略有上升,死后 96 h 时下降至死

亡时的 0.44～0.84。

20 世纪 80 年代以来，陆续有研究者用不同的方法测定死后组织 DNA 含量，均提示 DNA 含量呈现逐渐下降的趋势，并与死亡时间有显著的相关性，但相关报道均显示在死后 6 h 内 DNA 含量基本保持不变。1989 年齐凤英等用嗜焦宁组化方法和流式细胞术验证了上述报道。1994 年涂彬等用显微分光光度计进行研究，发现肝组织细胞 DNA 在不同的温度条件下，降解速度有较大的差别，在 10 ℃条件下死后 216 h 仍可检出 DNA；在 20 ℃条件下，至 48 h 仍可检出 DNA；而在 30 ℃条件下 24 h 后就无法检出 DNA。1994 年 Cina 又使用流式细胞仪研究了人体脾组织的 DNA 含量随死亡时间的变化情况，并得出了 DNA 含量变化与死亡时间的关系。1998 年 Mund 对 Cina 的研究进行了验证，基本认同了他的研究结果，但提出了脾组织因自溶快而不是检测 DNA 降解最适合的组织。

1998 年编者所在课题组首次利用计算机数字图像分析系统，对大鼠死后 24 h 内脑、肝组织细胞 DNA 含量变化与死亡时间的关系进行了研究，并得出了回归方程。他们还在此基础上进一步研究了 48 h 内大鼠脑、肝、脾、肺、肾、心等组织细胞核 DNA 含量变化与死亡时间的关系，选择了异形指数（ID）、平均光密度（AOD）、积分光密度（IOD）、等效直径（MD）、面积（A）、密度变化数（LDC）、平均灰度（AG）等指标，得出了 48 h 内的回归方程，发现不同器官内 DNA 含量变化与死亡时间的相关性有很大差别：脑、肾组织细胞核 DNA 含量变化分别在死后 28 h 和 30 h 内与死亡时间的相关性最强；肝、脾则分别在死后 26 h 和 29 h 内相关性最好；心脏在死后 24 h 内相关性比较弱。在脑、肾、肝 3 种脏器中 AOD 是较好的测量参数（图 3-1）；而在肺中 ID、IOD 和 AG 的测量效果较好；脾的 AG、AOD、IOD 等多种参数与死亡时间的相关性均较好（图 3-2）。此后，编者所在课题组开始收集人体标本进行实验，分别推导出不同脏器细胞核 DNA 降解程度与死亡时间（T）的回归方程，相关结果如下所示。

(1) 肝：
平均灰度（AG）　　　　　$AG = 0.0111T^2 + 0.6268T + 152.24$
积分光密度（IOD）　　　　$IOD = 0.0015T^2 - 0.1499T + 19.286$

(2) 脾：
异形指数（ID）　　　　　　$T = 11.334ID - 33.339$
平均灰度（AG）　　　　　　$AG = 1.359T + 82.485$
平均光密度（AOD）　　　　$AOD = -0.0052T + 0.4618$
积分光密度（IOD）　　　　$IOD = -0.1389T + 13.89$

(3) 脑：
平均灰度（AG）　　　　　　$T = -87.767 + 0.783AG$
平均光密度（AOD）　　　　$T = 63.725 - 106.237AOD$
积分光密度（IOD）　　　　$T = 84.434 - 4.103IOD$

考虑到温度对 DNA 降解速度的影响，编者所在课题组将收集的人体标本分为两份，分别置于 4 ℃和室温状态下，测定不同温度下 DNA 降解程度，并根据这些资料推导计算

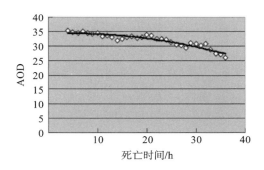

图 3-1　人体肝组织细胞核 DNA 的 AOD 随死亡时间的变化趋势

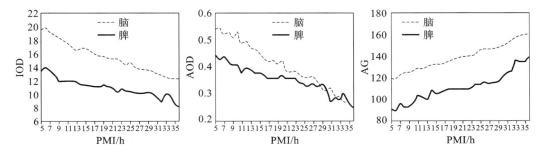

图 3-2　人体脑、脾组织细胞核 DNA 的 IOD、AOD、AG 与死亡时间的关系

死亡时间的回归方程。编者所在课题组曾进行多个脏器细胞核 DNA 降解程度的死亡时间多参数方程方面的研究，并在不同温度下对方程进行校验，最终将得到的方程集成于计算机软件程序，以便于推广和应用。

DNA 降解受较多因素影响，温度是其中一个重要因素。编者所在课题组研究结果显示，ID、LDC、IOD、AOD 及 AG 在不同温度下的测量值差异具有统计学意义（$P<0.05$），其中 LDC、AOD 和 AG 具有显著差异（$P<0.01$）。对于温度对 DNA 降解速度的影响，涂彬等应用显微分光光度计的方法进行了研究，认为温度越高，降解越快。分析认为，溶酶体酶的激活程度在一定温度范围内与温度呈正相关，另外在尸体腐败过程中，不同温度下细菌繁殖速度不一样，细菌繁殖速度在一定的温度范围内与环境温度成正比。此外，A、MD 在不同温度下的测量值差异无统计学意义，表明 A、MD 对温度的敏感性较差，可以考虑在温度无法控制的实际工作中，用此两个指标推测死亡时间；而 LDC、AOD、AG 的测量值差异具有统计学意义，是对温度特别敏感的参数，表明如果把温度作为一个参数因变量，并寻找到校正因子，这几个参数将是研究 DNA 降解规律并准确推断死亡时间的较敏感、准确的指标。

三、检测死后细胞核 DNA 降解片段推断死亡时间的研究

测定 DNA 降解片段的方法有很多,如测定 DNA 双链断裂的中性蔗糖沉降技术、中性滤膜洗脱技术、脉冲电场凝胶电泳,测定单一 DNA 氧化产物的高效液相色谱(HPLC)、荧光原位杂交(FISH)、高效毛细管电泳及彗星电泳等,其中彗星电泳(或称彗星试验、单细胞凝胶电泳)因操作简便、快速、灵敏度高等得到了广泛应用。

彗星电泳起源于 1978 年 Rydberg 和 Johanson 报道的无电泳的单细胞凝胶分析。他们在载玻片上包埋单个细胞,放在温和的碱性条件下使细胞溶解并允许部分 DNA 解旋,用吖啶橙染色后测定绿色荧光(显示双链 DNA)和红色荧光(显示单链 DNA)的比值,就可量化 DNA 的损伤程度,后来该技术被进一步发展为微凝胶电泳分析技术。Singh 等于 1984 年进一步发展了此技术,使细胞在碱性条件下电泳,这大大提高了分析的灵敏度,不仅可以检出双链断裂,还可以检出单链断裂及碱性易变位点,因此被广泛采用。细胞经裂解及 DNA 解旋后,在电泳过程中,断裂的 DNA 碎片携带负电荷而向正极移动,未断裂的 DNA 在原位不动。经溴化乙锭染色后,核在原位形成一个明亮的头部,DNA 碎片形成尾部,呈彗星状。DNA 损伤越严重,碎片越多,尾部 DNA 则越多,尾部长度越长,因此,测量彗星尾部形状或荧光强度就可知 DNA 的损伤程度,从而推断 DNA 片段的降解情况。Johnson 和 Ferris 等于 2002 年报道了利用彗星电泳检测死后细胞核 DNA 降解情况,发现在死后 56 h 内降解的 DNA 片段随死亡时间延长逐渐增多,彗星尾的长度与死亡时间具有较强的相关性,各脏器细胞核 DNA 降解情况相似,提示 DNA 在降解过程中各个大小片段的形成和分离也存在一定的规律。

有文献表明同一物种不同个体细胞 DNA 含量基本相同。死亡后机体由于缺血、缺氧,细胞膜结构发生破坏,多种酶被释放、激活,细胞核 DNA 逐渐降解并离开细胞核。在自溶的过程中,细胞核 DNA 的含量变化以及 DNA 的离散程度亦会随死亡时间延长而改变。Cina 通过对脾细胞的观察得出结论:随着死亡时间延长,含有降解 DNA 的细胞越来越多,而含有完整 DNA 的细胞越来越少。Nunzio 等亦通过流式细胞术证实,死亡时间为 24~60 h,DNA 分子有一个进行性加速的降解过程。齐凤英等也用流式细胞术证实,大鼠心、肝、肾组织细胞核 DNA 含量随死亡时间延长而呈下降趋势。这些研究都说明 DNA 降解与死亡时间的关系已引起研究者的注意,并在死亡时间推断研究方面占有一席之地。

图像分析技术与流式细胞术一样可以测量 DNA 含量的变化,且具有操作简便、成本低廉的优点,一旦技术成形,将有一定的推广价值。图像分析技术的参数较多,通过对各种参数的深入研究,筛选出不同时间段有变化规律的指标,并通过盲测,最终使计算机具备自动识别的功能。以上结果表明随死亡时间延长,细胞核 DNA 含量呈规律性降低,提示研究细胞核 DNA 含量的死后变化对于死亡时间推断研究具有重要的意义,不仅可以拓展死亡时间研究的思路,也可以发展成为一种新的、实用性的死亡时间推断方法。作为 DNA 含量测定的一种常规方法,与流式细胞术相比,图像分析技术的精确度相对偏低,但

形态学测量功能更强大,近年来随着计算机技术的迅速发展和图像处理检测系统的精密化,图像分析技术的几何定量分析及形态学测量功能不断强大,部分图像分析仪器的灰度定量和测量精确度可以达到 4096 个灰度级,与流式细胞仪的灰度量化等级相同。

编者所在课题组运用图像分析技术对人肝细胞核 DNA 进行了研究,对不同死亡时间的肝细胞核 DNA 含量进行了图像分析。在前期动物实验的基础上,编者认为肝、脾是利用图像分析系统进行检验较好的脏器,其中脾内细胞种类较少,利于分析。Nunzio 等用流式细胞仪观察了肝、脾、外周血细胞核 DNA 含量在死后 72 h 内的变化,认为肝细胞核 DNA 含量在 72 h 内的变化与死亡时间相关性较好,适合用于推断死亡时间。在脾细胞涂片中脾细胞与淋巴细胞在形态和大小上往往难以分辨,相对而言,在肝细胞涂片中肝细胞与肝组织中其他细胞成分较易区分,故编者所在课题组选取肝作为实验对象,结果显示肝细胞核 DNA 含量变化在死后 36 h 内与死亡时间有良好的相关性。

为得到较好的实验结果,编者所在课题组对实验过程进行了严格的设定,具体措施如下:①本实验所选人体检材死亡原因一致,且死前个体均健康,无肝病,减小了由于疾病及不同死亡原因可能导致的对细胞核 DNA 降解的影响。每份检材取材温度波动也仅在 5 ℃之内,取材过程中对检材注意保湿,减小了环境温度和湿度等环境因素对细胞核 DNA 降解的影响。②取材时尽量由一个人操作,避免了不同取材方法对实验结果的干扰。取材后集中进行染色、选图及分析,对染色的步骤、时间,选图标准及图像分析系统相关参数设定统一的标准,严格按照图像分析系统给定的操作方法进行操作,减少了人为因素的干扰,保证了实验过程的完整性、统一性和可重复性。③加大实验数据量。以往相关实验每张涂片平均选择 40 个细胞进行测量,而本实验是每张涂片选 100 个细胞,这样每个参数、每个时间点的均数由 1800 个细胞核 DNA 测量值得来。增大数据量,从统计学方面减小了在选择细胞时的主观性和偶然性,能更好地代表该时间点细胞核 DNA 降解的客观情况。本实验通过对死后肝细胞核 DNA 含量改变的检测,得出相关灰度参数随死亡时间变化的回归方程,结果显示 AG、IOD 和 AOD 等参数在人死后 36 h 内与死亡时间有较好的相关性,说明肝细胞核 DNA 含量随死亡时间延长呈规律性降低,且 IOD 的相关性最好,可成为人体早期死亡时间推断研究较好的指标。图像分析技术在细胞核 DNA 检测方面具有操作简便、设备比较普及、检测速度较快等优点,因而可以认为在增加样本量的基础上,该技术最终可以成为一种能够真正运用于法医学实践、较为客观的死亡时间推断方法。

编者所在课题组选择了 5 个技术指标,其中三种参数,即 ID、AOD 和 IOD 的变化,统计学处理显示较有意义。经统计学处理,本实验得出肝细胞核 DNA 降解的线性回归方程,由于 Feulgen 染色是一种只对 DNA 着色的特殊染色法,因此反映光密度的指标如 IOD、AOD 都可以反映出 DNA 的变化,这是用图像分析技术研究 DNA 含量的基础。ID 是几何学参数,用于本实验作为观测指标是基于着色的 DNA 成团状,当残存的完整 DNA 分子减少,DNA 分子间内聚力下降、结构变松散时,DNA"团"的体积膨大。因此,此项指标可反映出 DNA 变性后,体积变大的情况,即 ID 与细胞内 DNA 所占面积的变化呈负相关。研究表明，DNA 的降解速度在不同的时间存在不一致现象。如 IOD 指标，在死亡最初的 3 h 内，其变化较小，几乎呈"平台"现象，而后出现较有规律的下降，并在 24 h 时下降至 80% 左右。

目前，通过检测死后机体 DNA 含量的变化情况来辅助推断死亡时间已经成为法医学死亡时间研究的热点，检测 DNA 含量的手段也日趋多样化，国内外文献已有大量报道。本章主要对比较有代表性的五种 DNA 检测方法，即细胞分光光度法、组织化学技术、流式细胞术、计算机数字图像分析技术、单细胞凝胶电泳技术，进行了重点介绍。

第二节　细胞分光光度法检测 DNA 含量推断死亡时间

一、分光光度计的原理

分光光度计是利用物质对光的选择性吸收现象，进行物质的定性和定量分析的光电式分析仪器，也是一种光谱仪器。根据电磁辐射原理，不同物质对光有不同的选择吸收性，也即具有不同的吸收光谱。通过对吸收光谱的分析可方便地判断物质的内部结构和化学组成。

1859 年，两位德国科学家 Robert Wilhelm Bunsen 和 Gustav Robert Kirchhoff 发现了自然电位摄谱仪原理，他们发现元素都有自己的特征谱线。物质被光线照射后，可能产生某种光谱，通过分光镜揭示出的一系列暗线，称为吸收光谱。配合这项工作的仪器就是分光光度计。20 世纪 40 年代瑞典生化学家 T. C. Caspersson 根据各种物质对一定波长光的吸收，研究出了紫外分光光度计，来检测蛋白质、DNA 和 RNA 等物质在细胞中的存在。

1. 分光光度法与分光光度计

分光光度法是利用物质所特有的吸收光谱来鉴别物质或测定其含量的分析检测技术。分光光度计是一种测量不同波长的光的强度的仪器。采用一个可以产生多个波长的光源，通过系列分光装置，从而产生特定波长的光源，光源透过待测样品后，部分光源被吸收，对于一个特定的波长，吸收程度与试样中该成分的浓度成正比，因此测量光谱可以进行定性分析，而且根据与已知浓度标样的比较，还能进行定量分析。

2. 分光光度计的分类

分光光度计可分为原子吸收分光光度计、荧光分光光度计、可见分光光度计、红外分光光度计、紫外分光光度计、紫外可见分光光度计。红外分光光度计测定波长范围为大于 760 nm 的红外区。可见分光光度计测定波长范围为 400～760 nm 的可见光区。紫外分光光度计测定波长范围为 200～400 nm 的紫外区。紫外可见分光光度计操作简单、功能完善、可靠性高,在国内广泛用于药品检验、药物分析、环境检测、卫生防疫食品、化工等领域,是生产、科研、教学的必备仪器。分子生物学实验中常使用紫外可见分光光度计进行核酸溶液纯度的初步判断。紫外可见分光光度计除了能检测核酸样品浓度外,还可进行蛋白质浓度以及细胞培养液浓度的测定,能检测几微升至几十微升样品(如 5~7 μL 和 70 μL),样品无须稀释,测量后还可全部回收。

二、分光光度计的基本操作方法

分光光度计测定 DNA(或 RNA)样品浓度的方法:取两只干净的比色杯,各加入 2 mL 的 0.1 mol/L NaOH 溶液校正零点。校零完毕,以其中一只比色杯为空白对照,另一只比色杯中加入 4 μL DNA 样品溶液,充分混匀。在 260 nm 波长处测定其光密度(OD)。OD=1 时相当于约 50 μg/mL 双链 DNA、37 μg/mL 单链 DNA、40 μg/mL RNA 或约 30 μg/mL 的单链寡核苷酸。将检测得到的 OD 经过上述系数的换算,即可得出相应的样品浓度。如 DNA 浓度(μg/mL)=OD_{260}×40 μg/mL×稀释倍数。对样品进行 OD 测定时不仅可测定其浓度,还可通过 OD_{260} 与 OD_{280} 的对比,检测出 DNA 样品的纯度。核酸的最高吸收峰的吸收波长为 260 nm,而蛋白质的最高吸收峰的吸收波长为 280 nm。DNA 和 RNA 纯品的 OD_{260}/OD_{280} 值分别为 1.8 和 2.0,如果样品中含有蛋白质或残存抽提时的酚,其 OD 比值将明显低于此值,此时亦难以对样品 DNA 或 RNA 做出精确定量。

三、分光光度法在法医学死亡时间研究中的应用

随着科学技术的不断发展,分析仪器也不断更新换代,分光光度计已经成为现代分子生物实验室常规仪器,常用于核酸、蛋白质定量以及细菌生长浓度的定量。

1971 年 Adler 等和 1973 年 Kiliovska 等均运用分光光度计研究了动物死后组织中 DNA 含量的改变。1990 年徐俊杰等用荧光法测定发现兔死后肝、脾、肾组织 DNA 含量随死亡时间延长而呈下降趋势。然而,随着核酸检测技术的迅速发展,法医学死亡时间研究逐渐淘汰了分光光度法。

第三节　组织化学技术检测 DNA 含量推断死亡时间

1924 年 Feulgen 和 Rossenbeck 最早提出 DNA 的组织化学显示法(简称 Feulgen 法),其基本步骤是将固定的或未固定的组织(胸腺)切片置于盐酸中,在 60 ℃下作用一段时间,然后取出水洗,加入 Schiff 试剂,使 DNA 显紫色(图 3-3)。1936 年 Tomasi 改进了 Schiff 试剂的配制方法,建立了 Feulgen 改良法,使 DNA 染色更加稳定。1939 年 Mazia 和 Teager 用脱氧核糖核酸酶作用于果蝇涎腺染色体后发现 Feulgen 反应由阳性转为阴

性。之后，1955 年 Jackson 和 Dessau、1962 年 Amano、1963 年 Love 和 Rabotti 的研究都表明脱氧核糖核酸酶作用后的组织切片 DNA 的 Feulgen 染色反应变为阴性，而 1946 年 Dodson、1947 年 Brachet 发现纯 DNA 的 Feulgen 反应呈强阳性。这充分证明 Feulgen 改良法为高特异性的 DNA 染色法。Feulgen 改良法已成为组织中 DNA 含量测定应用最为广泛的方法。

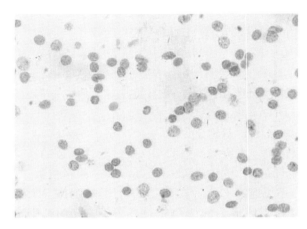

图 3-3　Feulgen 染色

　　Feulgen 改良法的基本原理是 DNA 被温热的盐水解后，糖与嘌呤形成的糖苷键被破坏，使 2-脱氧核糖暴露出来，其戊糖环的一大部分立即转变为醛的形式，并使亚硫酸作用下褪色的碱性品红重新显色。

　　Feulgen 改良法的常规步骤是将组织固定于 Carnoy 固定液（乙醇∶三氯甲烷∶冰乙酸＝6∶3∶1）或 10％中性甲醛溶液中，然后经脱水、透明、石蜡包埋、切片，再将切片脱蜡后置于盐酸中，在 60 ℃温度下水解 8～15 min，用 Schiff 试剂染色，然后经亚硫酸溶液及蒸馏水漂洗，光镜下可观察到紫红色的细胞 DNA 染色。

　　最早的 DNA 组织化学测定是根据目测 Feulgen 染色的深浅进行半定性或半定量研究的。1936 年瑞典的 Kardinska 研究所的 Caspersson 研制出纤维分光光度计来测定细胞核 DNA 含量，将被测细胞投影在中心有小孔的测量板上，后方是光电倍增管，通过移动载物台来测量光密度以确定 DNA 含量。Caspersson 的研究标志着组织化学定量技术的出现。随后，1942 年和 1945 年 Stowell 用 Feulgen 改良法及早期的纤维分光光度计完成了最早的 DNA 定量细胞化学研究。1949 年 Polister 和 Moses 发明了固定光束测定法，即用比细胞核稍大的场栏照明，测取经 Feulgen 染色的细胞核的光密度，以减小闪光误差。1952 年 Patau 提出双波长法，以便准确测量非均匀分布的样品的光密度。1958 年妹尾左知丸建立了微光束扫描测定法，使用 0.5～1.5 μm 直径的光束对细胞进行扫描测定，既减小了闪光误差，又减小了分布误差。此后，微光束扫描测定法被广泛运用于 DNA 组织化学定量研究中，成为较准确、稳定的方法。

由于体细胞核 DNA 平均含量对于同一物种来说恒定不变,死后细胞核 DNA 含量又有规律地下降,人们也已经建立了高特异性的 DNA 组织化学定量方法,因而 DNA 组织化学测定技术是一种十分有发展前景的方法。但目前尚有不少问题待解决。

第四节　流式细胞术检测 DNA 含量推断死亡时间

一、流式细胞术应用发展简史

流式细胞术(FCM)是对细胞或细胞器进行快速测量的技术。依靠测量参数,还可以用物理的方法将一个群体中的亚群分选出来。FCM 目前在国外的一些医院、实验室已发展成为常规技术。在我国,经过二十余年的推广,FCM 也逐渐普及。经过数十年的努力,流式细胞仪从一个只能计数的仪器,发展到今天可快速定量测定同一细胞的多种化学和物理特性,其间凝聚着许多人的心血。

1934 年,Moldvan 第一个报道了自动细胞计数器,他设计了一个装置,悬浮的血红细胞或是用中性红染色的酵母,在显微镜的载物台上从一个毛细玻璃管中流过,每个通过的细胞可被一个光电装置记录下来。现在,人们都把这个实验看成有关流式细胞仪的第一个尝试。

1949 年 Wallace Coulter 申请了一个名为"流动的悬浮粒子计数方法"的专利,1956 年他在此基础上,生产了 Coulter 计数器。1965 年,Kamentsky 提出了两个新概念:一个是用分光光度学定量测量细胞组分;另一个是细胞的不同组分可以同时进行多参数测量,以给细胞分类。同时他也是第一个用二维直方图显示并分析多参数流式细胞仪的人,还是第一个将计算机接口接到仪器上,记录并分析多参数数据的人。

1967 年,Van Dilla 和 Los Alamos 小组率先发展了一种液流束、照明光轴、检测系统光轴三者互相垂直的流式细胞仪。这种仪器以后经过更进一步发展,除了可测荧光外还可测量散射光,后来他们把 Coulter 计数器也安装进去。他们首次用荧光 Feulgen 反应对细胞 DNA 进行染色,展示了 DNA 倍体和荧光间的线性关系,他们的 DNA 直方图清楚地显示出细胞周期的 G_1 期、S 期、G_2 期和 M 期。此后,Göhde 和 Dittrich 首次用流式细胞仪测量 DNA,以通过细胞周期变化来研究药物对细胞周期动力学的影响。

20 世纪 80 年代中后期,FCM 由基础转向临床应用。其对肿瘤 DNA 倍体的测定可用于肿瘤的诊断、治疗和预后。此外,FCM 还用于一些血液病的分型和肿瘤抗药性的研究等。在将单克隆技术与 FCM 结合后,有人建立了检测抗原相关表达的新技术,目前也已应用于临床中。

二、基本工作原理及基本结构

FCM是一种自动分析细胞的技术,其原理是悬浮在液体中的分散细胞一个个依次通过测量区,每个细胞通过测量区时产生电信号,这些信号可以代表荧光、光散射、光吸收或细胞阻抗等。这些信号可以被测量、存储、显示,于是细胞的一系列重要的物理特性和生化特性就被快速、大量测定。上述特性可以是细胞的大小、活性、核酸、酶、抗原等。流式细胞仪还可以根据所规定的参数把指定的细胞亚群从群体中分选出来。FCM在当前的细胞生物学、免疫学、肿瘤学、血液学、遗传学、病理学、临床检验等各领域有着十分广泛的用途。

FCM的基本结构主要包括四个部分,即光学系统、液体系统、分选系统及数据处理系统。

(1) 光学系统:包含激光光源、分光镜、滤片、散射光和荧光探测器等。
(2) 液体系统:包含样本流、鞘液等。
(3) 分选系统:包含压电晶体、液流成滴系统、加电系统、偏转系统等。
(4) 数据处理系统:包含计算机工作站等。

三、FCM检测的参数与荧光探针

FCM能测量多种细胞参数,根据荧光标记情况可将其分为两大类:一类是内部参数,另一类是外部参数。根据检测的性质又可将其分为结构参数和功能参数,前者描述细胞的形态特征和化学组成,后者描述细胞的理化性质。

1. 内部参数

不用任何荧光探针标记即可测量的参数,如细胞大小、形态,细胞质颗粒性、色素含量(如血红蛋白)、蛋白荧光(如色氨酸)等。细胞大小由前向角散射(FSC)分析得到,细胞质颗粒性通过侧向角散射(SSC)分析得到。FSC也被称为0°散射,检测器位于激光入射的前方,收集与激光照射方向平行的细胞散射光,角度在2°以下。SSC也被称为90°散射,检测器位于激光入射的侧面,收集到的是细胞通过测量区侧方向的散射光。SSC对细胞膜、细胞质、核膜等细胞内部结构更敏感,对细胞质内较大的颗粒也会有所反映。

2. 外部参数

外部参数的测量一般需要荧光染料作为试剂。如果所分析的细胞不需要继续培养和活体染色,细胞悬液应在染色前或染色后用乙醇、甲醛或多聚甲醛进行固定处理,以使细胞坚固不易破碎,还能改变细胞膜对染料的通透性,易于染色。常用的荧光探针有碘化丙啶(PI)、溴化乙锭(EB)、吖啶橙(AO)、派洛宁Y(PY)、异硫氰酸荧光素(FITC)、藻红蛋白(PE)、叶绿素蛋白(peridinin)等,可根据所检测物质和实验目的进行选择。

外部参数所分析的内容包括DNA含量、碱基比例、染色质结构、RNA含量、总蛋白质和碱性蛋白含量、抗体和其他分子的共价标记、细胞表面和细胞内抗原、细胞活性、细胞内 pH、细胞膜电位、细胞内钙、细胞膜的流动性及细胞内谷胱甘肽等。从以上所列出的分析范围来看,不难理解为什么 FCM 有如此广阔的应用领域。

四、DNA 倍体与细胞周期分析

1. DNA 倍体与细胞周期分析的原理

在生物细胞核中,DNA 含量并非恒定,随细胞增殖周期时相的不同而发生变化。G_0 期细胞是不参与增殖周期循环的静止期细胞,DNA 含量为恒定的二倍体(2C);G_1 期细胞具有增殖活性,开始有 RNA 合成,但 DNA 含量仍为 2C,与 G_0 期细胞 DNA 含量相同;当细胞进入 S 期后,DNA 含量逐渐增加,从 2C 变化为 4C(四倍体),直到细胞 DNA 含量倍增结束,进入 G_2 期,最终进入 M 期;在 M 期分裂成两个子细胞之前,G_2 期和 M 期细胞的 DNA 含量均为恒定的 4C。进行 DNA 染色时,荧光染料(如 PI)与细胞 DNA 分子特异性结合,而且有一定的量效关系,即 DNA 含量与荧光染料结合量成正比,荧光脉冲与直方图的通道数成正比。因此,FCM 分析一个群体细胞峰 DNA 倍体与细胞周期时,将 DNA 含量直方图分为三部分,即 G_0/G_1、S、G_2/M 期三个峰。G_0/G_1、G_2/M 细胞峰 DNA 含量呈正态分布,S 期细胞峰则是一个加宽的正态分布曲线。

2. DNA 含量的表达方法

我们在利用 FCM 测定 DNA 含量进行死亡时间推断时,一般是利用荧光染料(如 PI)与 DNA 特异性结合,根据其荧光强度判断 DNA 的倍体。DNA 发生降解时,双螺旋结构破坏,其倍体结构也受到破坏,因此检测细胞内荧光强度的强弱可以间接反映 DNA 的降解程度。

五、现有的研究成果及存在的问题

国内外多位研究者经过多年的研究认为 FCM 具有精确、快速的特点,在 DNA 含量测定方面直观性强,在定量分析上具有优势。他们通过动物实验得出结论:室温情况下,大鼠死后各器官含不完整细胞核 DNA 的细胞数逐渐增多,在 24 h 后出现加速的趋势,死后 48 h 各器官细胞核 DNA 能够着染荧光染料(如 PI)的细胞已属微量。大鼠死后早期(死亡 3 h 内),肝、肾及心脏大部分细胞核 DNA 即已不能着染 PI,其中以心脏表现最为明显。而脾则在大鼠死亡后 12 h 仍有 50% 以上的细胞核可以着染 PI,这可能与脾是一种细胞成分较为单一的组织,有核细胞主要为二倍体淋巴细胞有关。有文献报道,机体死亡后,其 DNA 的降解可能受到温度、湿度、机体情况、健康状况、淤血程度等的影响,而在死亡早期脾淋巴细胞核 DNA 的稳定性要大大超过其他器官实质细胞的稳定性,自溶速度相对较慢,因此在检测过程中容易形成较理想的下降梯度,所以用 FCM 测定 DNA 含量时,脾是一种较为理想的器官。

刘良、王成毅在动物实验的基础上进一步收集5例人体检材进行FCM检测,主要对人体死后脾淋巴细胞核DNA进行研究。研究表明随着死亡时间的延长,各尸体脾在不同时间的M1值(即含不完整细胞核DNA的细胞数与经检测的所有细胞数的比值)逐渐增大,40 h时超过55%,且仍有增大的趋势。其随时间的分布及趋势曲线:在21 h前,M1值的增大较平缓;21 h后,M1值的增大出现加速的趋势。M1值与死亡时间的偏相关系数r^2(二项式方程的相关系数)超过了0.98。基于上述情况,可以认为利用FCM检测DNA含量推断早期死亡时间具有良好的发展前景。但该方法也存在着难以克服的缺点,除了检测仪器昂贵外,更主要的是技术操作过于复杂,如需要制备单细胞悬液、酶消化、荧光染色等。由于上述原因,此种方法不适合在基层公安机关中应用,这大大限制了其进一步发展。

第五节 计算机数字图像分析技术检测DNA含量推断死亡时间

计算机数字图像分析(CDIA)技术是在20世纪50年代发展起来的一门集计算机技术、数学形态学原理,客观、准确地以数据形式表达图像各种信息的技术。这一技术在20世纪70年代后期渗入医学领域,主要应用于放射学科,如计算机X线断层扫描(CT)、X线片的再处理等。随着显微技术的发展,CDIA技术逐渐广泛用于生物和医学等各个领域中,它通过形态定量和图像分析,从宏观到微观,从大体到显微甚至亚显微及分子水平,阐明形态与功能、形态与诊断、形态与疾病病因和预后、形态与发病机制等的内在联系。

在法医学研究中,CDIA技术也逐渐广泛应用到法医病理、法医临床、法医物证等方面的研究中,尤其在推断死亡时间、损伤时间及死亡原因的研究中,已成为一种常规技术。

编者所在课题组曾应用CDIA对死后大鼠细胞核DNA含量与死亡时间的相关性进行了研究。我们测量了大鼠死后0~24 h脑和肾细胞核在不同时间点的IOD、AG、ID,对DNA进行定量,观测其变化规律,并将所测数据进行统计学分析,所选3个测量指标中,IOD随死亡时间的延长而呈下降趋势,而AG、ID呈上升趋势,表明DNA含量随死亡时间延长而降低,而细胞核的异型性随死亡时间延长而增高。我们还发现同一个体不同组织细胞内DNA的降解有先后顺序,脑细胞较肾细胞DNA降解迅速,脑细胞核DNA含量可作为早期死亡时间推断的新观测指标。上述结果证明机体死后细胞核DNA含量与死亡时间有明显的相关性。在此基础上,我们进一步观察了大鼠死后48 h内脑细胞核DNA含量的变化规律,增加了A、MD、LDC、AOD 4个参数,且在48 h内重点观察了后24 h的变化。与其他研究结果比较,DNA含量随死亡时间的变化趋势是一致的。这表明运用CDIA推断死亡时间是一种客观可行的方法。此外,研究获得了大鼠死后48 h内的DNA含量连续变化趋势图,在测量定标时缩小至以前的1/2。结果发现DNA含量的变化趋势在不同的时间段与死亡时间的相关性不同,综合 7 个检测参数,大鼠脑细胞核 DNA 含量在死后 28 h 内与死亡时间相关性较强,在 28 h 以后,脑细胞核 DNA 含量随死亡时间延长变化不大,这可能与脑细胞核 DNA 在经过了一段速度较快的降解过程后变化缓慢或停止有关。结果提示死后 28 h 的脑细胞不宜选作 CDIA 推断死亡时间的物料,可选择一些 DNA 降解起始较晚、速度较慢的组织,如骨骼肌或心肌细胞等作为研究物料。

图像分析系统可选择的参数指标较多,常用的有 A、MD、ID、AOD、IOD、LDC 和 AG 7 个参数,这 7 个参数大致可以分为 2 类,即几何参数和灰度参数。细胞 IOD 是细胞内各个像素点密度分布的总和,LDC 是光密度方差与平均光密度比值的平方根。实验发现 LDC 和 IOD 测量脑细胞核 DNA 含量的结果较其他 5 个参数为好,这可能与脑细胞的形态和特性有关。

由于体细胞核 DNA 平均含量对于同一物种来说是恒定不变的,死后又有规律地下降,应用 CDIA 技术测量 DNA 含量来推断死亡时间,为法医病理学研究死亡时间的一个重要课题。CDIA 技术提供了一种全新的研究和实验手段,是一种十分有发展前景的技术和方法。利用 CDIA 技术对 DNA 含量进行定量分析从而推断死亡时间,具有方法简便、经济、测量准确、客观性强、重复性好、设置参数多、数据统计处理及输出自动化等优点,给法医学早期死亡时间的推断提供了一种崭新的、富有前景的方法。但 CDIA 技术在实验技术逐渐成熟的过程中存在一些问题,如各实验结果的可比性、重复性差,有些会导致结果出现较大的偏差,难以在法医学实践中推广,因此有必要提出规范化的工作流程及判断标准。

一、CDIA 简要的技术特点和工作原理

研究图像的目的包括观察、测量、识别等。图像处理则是利用计算机,依不同的目的进行图像的修正、变换、特征提取和测量。这一过程可以归纳为两个方面:一是对于给定的图像,消除导致模糊不清的因素,校正其中的畸变,使图像的质量得到改善。这是"图像"的变换。二是对给定的图像进行结构分析,提取其特征,并进行测量。这是"图像描述"的处理过程,这一过程即为图像分析。要用计算机处理图像,必须先将普通的图像信号即模拟信号转变为数字图像信号。普通图像信号显示出二维平面上灰度的连续分布。图像数字化过程由两步来完成:首先是抽样的过程,即把时间和空间上连续分布的图像变成"离散的集合"的过程,抽样点即为像素。实现这一过程最常用的方法是在二维平面上,按一定的间隔在水平方向做循序直线扫描而取得特征值。由于这一过程得到的像素值是连续值,所以必须通过灰度的量化操作,即第二步的数字化过程来完成。如今,随着计算机技术的发展,数字化过程可由图像采集卡模数转换(A/D 转换)通道快速完成。然后采

用图像分割、图像变换、图像平滑、图像增强、图像识别等技术完成图像特征的提取和测量。

CDIA系统由硬件和软件两个部分组成。硬件部分一般包括以下四个部分：①图像输入设备。用于细胞分析的图像分析设备一般由宏观器、万能显微镜、电子显微镜或者解剖镜连接数码摄像机组成。②输入设备与计算机接口。各种图像输入设备与计算机连接后，需要将形成图像的三个参数 X、Y（像素坐标）和 Z（像素灰度）同步转换成数值，然后输入计算机。扫描器、显微分光光度计和计算机的连接比较容易，而彩色图像经摄像机收集信号后，需经解码器解码成红、绿、蓝三路信号，分别经 A/D 转换成数字信号，此过程由图像采集卡完成，因此图像采集卡是图像分析设备的核心，具有图像获取、存储、运算以及图像与数字信号间的转换功能。③图像处理计算机。用于图像处理的计算机存储容量要大，运算速度要快。④图像输出设备。软件部分包括计算机本身工作需要的系统软件、标准软件（控制整个测量过程的运行，整个测量过程包括信号输入、处理、统计分析、输出等）和特种功能软件，后者包括放射自显影测量、染色体自动分析、三维重建等分析程序。

CDIA技术是用数字化信息表达模拟图像信号的一种技术。DNA着色后呈现出一定的光吸收特性，着色深浅直接反映DNA含量，用CCD摄像机将光学显微镜下实际的DNA二维图像光信号转换成电信号，再通过图像采集卡经过空间上的取样（离散化）、幅度上的量化（按每一采样点的明暗深浅取值）和经解码器将色彩信号分别解码成红、绿、蓝三路信号，分别经 A/D 转换成数字信号，将转换成的数字信号输入计算机处理，数字信号中的每一像素均表现为特定的几何参数、灰度参数和色度参数，通过CDIA系统统计图像的各参数值来测量DNA的含量。机体细胞核DNA平均含量对于同一物种来说是恒定不变的，在机体死后随着死亡时间的延长而有规律地下降，据此可找出细胞核DNA含量与死亡时间之间的回归方程，从而用此方程来推断死亡时间。

CDIA技术是伴随着计算机技术以及光学技术的发展而发展起来的一门技术，具有客观性强、可重复性好、使用方便等特点。随着计算机性能的不断提高，CDIA系统越发精密，在二维及三维形态学测量上更趋精确。目前CDIA技术在我国的应用正逐步深入各级生物、医学、医疗单位。图像测量方法包括二维几何参数的测量、灰度参数的测量、色度参数的测量、纹理参数的测量等。几何参数是对细胞、细胞核、细胞器的形状、大小、轮廓的规则程度的定量描述，如周长、形状因子、ID等。灰度是图像各部分的颜色深浅程度，反映图像的浓度信息，目前一般的图像分析仪将灰度分为256个灰度级。在同一光源的情况下，不同的组织细胞或细胞器成分所吸收或透过的光的数量不同，由此而得出灰度差异。图像分析仪的灰度差异可以相对定量，从而反映量的变化。故CDIA可以用于多参数的测量，以及从二维到三维形态参数的测量。CDIA与形态立体学技术相结合，可以得出细胞的二维、三维形态参数；与细胞化学技术相结合，可以得出细胞化学反应的定量参数。

以下就一些常用的形态学参数做一简介：①A：表示测量目标在二维空间上的大小，

用目标边界内所有像素点之和乘以每一像素点所代表的实际面积之积来表示。②MD：与被测目标面积相等时相对应的圆的直径。③ID：通过周长与面积的比值的开平方来表示大小，反映被测目标的不规则程度。④IOD：反映被测目标内每个像素点的密度分布的总和。⑤AOD：反映被测目标对单色光的平均吸收程度。⑥LDC：通过密度的方差除以平均密度的商的开平方获得。⑦AG：同一性质的被测目标的平均灰度值。CDIA 仪器提供了一百多个形态学参数，但各种不同的系统提供的参数数量和名称可能有所不同，在实际应用中应该通过预实验及根据不同的研究目的选择最合适的参数。

二、CDIA 技术在推断死亡时间方面的研究和应用

死亡时间推断的研究一直受到国内外法医学者的广泛关注。目前运用 CDIA 推断死亡时间主要的测量对象是 DNA。自 1971 年以来，Alder、Kiliovska 等多名科学家发现死后细胞核 DNA 含量呈下降趋势。编者所在课题组在 1998 年首次报道了使用 CDIA 的方法测定 DNA 含量变化与死亡时间的关系，之后的几年里，课题组先后研究 24 h 和 48 h 内大鼠脑、肝、脾、肺、肾、心等组织细胞核 DNA 含量变化与死亡时间的关系，发现不同器官 DNA 含量变化与死亡时间的相关性有很大差别。此后，课题组开始收集人体标本进行实验，分别得出不同器官细胞核 DNA 降解程度与死亡时间的回归方程，并开发了图像分析技术探测死亡时间的相关软件用于实践（图 3-4）。

图 3-4　软件截图

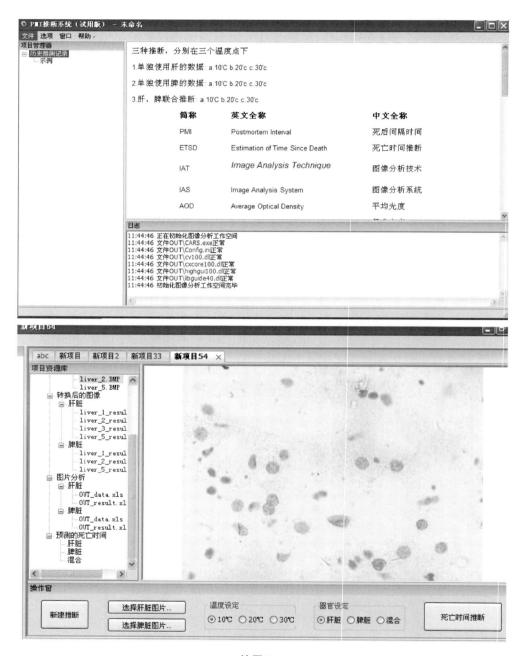

续图 3-4

课题组的研究着重于早期死亡时间,如果要利用 DNA 来推测腐败尸体的死亡时间,就需要寻找降解速度慢、不容易腐败的组织细胞进行检验。2002 年陈玉川等发现骨髓组织受坚固的皮质骨包绕,处于相对密闭的环境,腐败过程较为缓慢,因此以离体人胸骨为标本,来探求腐败尸体死亡时间推断的新方法。他采用改良 Feulgen 染色和 CDIA 技术对胸骨骨髓细胞核 DNA 含量随死亡时间的变化进行了初步研究,发现死后 7 天内,骨髓 DNA 含量呈一定规律的下降趋势。2005 年龙仁等应用 CDIA 技术对肋软骨及牙髓细胞进行研究,分析高温(30～35 ℃)及低温(15～20 ℃)环境下人死后 0～15 天两种组织细胞核 DNA 的降解情况,发现两种温度下两种组织细胞核 DNA 平均含量与死亡时间呈显著的负相关。2006 年罗光华等应用 CDIA 技术,对不同死亡时间(≤14 天)的胸骨骨髓细胞核 DNA 含量进行观测,发现其细胞核 DNA 含量随死亡时间延长逐渐下降,死后 2 周 DNA 含量达最低值;死后 DNA 降解速度与死亡时间呈直线相关。运用 CDIA 技术推断死亡时间时的选材很重要,根据不同的需要,可以选用不同的组织,但对于有些组织是否可以同时选用,或者外界因素对其有何影响等方面的研究还比较少。

三、CDIA 技术的标准化探讨

同一个体不同组织的细胞核 DNA 降解速度及先后顺序不同,因此死亡时间(PMI)推断的器官选择至关重要,经动物实验,肝、脑、脾可以作为早期死亡时间推断的合适器官,而其中以脾最为合适。在取材方式上,以往的报道基本上都使用剪刀,这种方式必须暴露器官甚至需要器官离体,操作随意性大且人为地改变了研究对象的内、外部环境,并对细胞造成损伤。细针穿刺细胞学涂片方法可以减少操作手法上的人为干扰,并且穿刺吸取部位可选择器官的中心,在一定程度上排除了人为因素和外界因素的影响。机体死后 DNA 含量的变化受环境温度、淤血程度、细菌繁殖、损伤程度及所在部位的影响,这些影响会造成一定的偏差。但在刑事案件中,现场情况千差万别,如果一味地强调和控制有关因素,其实验结果的实际应用价值又会受到限制,因此,在今后的实验中,是否严格控制或部分控制有关因素,以及控制后的校正问题,是一个值得探讨的课题。

1. 切片和涂片的选择

细胞核 DNA 含量应以单个完整细胞核作为计量基础,组织切片上总有部分细胞核是不完整的,且不完整细胞核的比例随厚度变薄和细胞核体积增大而增大,虽然可以通过建立三维模型推算校正因子以进行校正,但手动切片机难以保持切片厚度的标准性和一致性,会使测量值的准确性大打折扣,造成较大的系统误差。涂片能较好地保持细胞本身的形态,而且操作简单,易于推广。涂片操作中应尽可能保持人员、手法和器官的一致性。

2. 固定和染色

固定是为了保持细胞内物质及形态尽可能接近取材时间点的状态,取材后不同时间固定,尤其是 10 s 以后固定,其细胞核的形态和 IOD 有较大差异,所以取材涂片后应在 10 s 内立即固定。以往多选用甲醛作为固定液,但甲醛氧化产生的甲酸在组织中与血红蛋白结合,形成棕色色素颗粒影响染色后观测。选择冷 Carnoy 液固定能较好地克服这一缺陷,它对细胞核和染色体固定效果好,且固定速度快,被认为是 Feulgen 染色的首选固定液。

细胞核的经典显色方法是 Feulgen 染色,这一过程中 DNA 的酸解是关键。适当的酸解条件可以充分地去嘌呤而又保持 DNA 长链结构完整,使其不会穿过核膜到细胞质,保证了核染色的特异性和测量的准确性。王成毅等对该染色方法进行了改良,具体改良环节如下:①用 6 mol/L 盐酸在室温下酸解 30 min,避免了传统酸解过程(使用 1 mol/L 盐酸)多温度、多步骤的繁杂、误差大的弊端,从而减少了染色误差。②选用副品红作为 Schiff 染液的染料,可以解决以往用碱性品红(品红与副品红的混合物)时因不同厂家的产品混合比例不同所致的染色不稳定的问题。另外,在染色时对同一脏器的涂片同时进行染色,并且严格控制不同组涂片染色各步骤在时间上的一致性。

3. 样本含量的确定

虽然同一物种体细胞核 DNA 平均含量是恒定的,但存在着一定的个体差异,如大鼠肝细胞核 DNA 含量差异较大,最大核和最小核的 DNA 含量相差 4.6 倍。这些个体差异直接关系到死亡时间推断的准确性,故在实际测量中必须正视以下两个问题:一是需要多大的样本含量代表总体;二是怎样获得有代表性的组织结构及测试结果,否则会增大随机误差,降低结论的可信度。

用于体视学研究的样本大体上分为两层:第一层由构成总体的一定数量的个体组成,用于推断总体,即需要的动物数、尸体数;第二层由构成每一个体的一定数量的组织样本组成,用于推断代表每一个体的测试结果。根据统计学计量资料的显著性检验,一般认为,第一层样本至少需要 11 例,才能反映总体的情况。第二层样本的抽样,根据体视学和统计学方差分析方法,结合编者所在课题组的经验,在应用中一般将每张涂片分成 9 个视野,随机取 6 个视野,每个视野随机采一幅图像,每幅图像随机取 10 个细胞,通过适当增加第一层样本含量即可满足对总体推断的需要。

4. 图像采集过程中的误差控制和标准化

图像采集过程中摄像机、图像采集卡等固有的系统噪声加大了测量误差,只有目标细胞的大小和密度在一定程度以上,系统噪声才不会明显影响目标细胞的测量值分布。另外,根据理论只有用较高倍的物镜使 AOD 达到一定值时,测量误差才会明显减小。因此在测量时使用 40 倍物镜的测量误差小于 20 倍物镜,细胞越大、密度越高,系统噪声引起的测量误差越小。同时,可采集一幅空视野图像作为背底图像,然后使后面采集的细胞图像减去这个背底图像以减小视场不匀带来的误差。

不同的光谱带和不同亮度的入射光,可以改变同一目标细胞的吸光系数,副品红染色的细胞用 550 nm 波长的光波照射时光密度最强,所测量细胞的 IOD 与细胞的 DNA 含量成正比,故在图像采集时应使用 (560±10) nm 的滤光片,并使用稳定的照明光源以减小测量误差。

5. 参考细胞核及门槛的选择

理论上,机体内所有的二倍体细胞核具有相同的 DNA 含量,但由于每个二倍体细胞核所处的微环境不同,体积各异,其 DNA 的解旋程度和聚集程度也有差异,可导致其对染色剂的着色反应不一致;并且,在同一脏器中往往存在多种细胞,其 DNA 含量存在一定的差异,非同源细胞核间体积、染色质浓集程度不同。若不设置门槛,任意选择,一方面选取的细胞失去了代表性,另一方面,容易导致定量分析必须满足的化学剂量关系和图像分析仪的光密度线性关系被破坏,所以确定标准的参考细胞核就显得十分重要。在测量过程中将所选取的细胞核与参考细胞核比对后进行取舍,同时在分析前,可初步测量目标细胞核的大小、光密度,再根据测量的最大值和最小值来制定目标细胞核大小和光密度的门槛,借以除去一些成团核及其他非组织细胞核的干扰。

6. 标准化的注意事项

CDIA 技术测定 DNA 含量变化推断死亡时间的标准化过程意味着多方面都要求规范化、程序化,除以上一些要求外,值得注意的还有如下几点:染料及常用试剂来源的稳定性、可靠性;同一组测量对照细胞应同一批次染色;应有稳定的照明光源,必要时采用多幅图像平均值滤波的方式来提高采集图像的精确度;应对操作者进行严格的培训,只有熟练稳定的操作才能够保证结果的可比性和重复性。

第六节　单细胞凝胶电泳技术检测 DNA 含量推断死亡时间

单细胞凝胶电泳(single-cell gel electrophoresis, SCGE)又被称为彗星试验(comet assay),是由 Ostling 和 Johanson 于 1984 年创立的一种可视的直接测量单个细胞 DNA 损伤程度的微电泳方法。该方法可以快速地测量 DNA 单链或双链的断裂,操作简单,灵敏度高。SCGE 可以通过测量从固化的核 DNA 中迁移出的 DNA,来检测 DNA 链的断裂和碱性易变位点。SCGE 技术评定 DNA 损伤的优势如下:①可以测量单个细胞 DNA 的损伤;②仅需要少量细胞(<1000 个)进行分析;③可以对任何真核细胞进行分析;④对 DNA 的损伤非常敏感,可以检测到 1 个碱基中的 1 个断裂。SCGE 已成为一种评定 DNA 损伤的标准方法,其因简单、灵敏、多功能、快速、经济实用而广泛应用于遗传毒性试验、人类生物监测和分子流行病学、生态毒理学以及 DNA 损伤修复的基础研究。

一、背景和原理

1. 发展过程

1978 年,Rydberg 和 Johanson 首次提出细胞 DNA 损伤定量技术。把包埋于琼脂糖的细胞置于显微玻片上,在适宜的碱性条件下松解,微玻片用吖啶橙中和、染色,通过分光光度计测定绿色与红色荧光的比值来定量 DNA 损伤程度。1984 年,Ostling 和 Johanson 通过引入微凝胶电泳技术提高了探测单个细胞损伤的灵敏度。细胞用去污剂和高浓度的盐松解,在中性条件下进行短时电泳,增加的 DNA 降解片段从核中间向阳极伸展形成尾状结构。然而,此技术仅适用于检测 DNA 双链的断裂。之后,Olive 等进一步发展了 Ostling 和 Johanson 的电泳技术,即采用了较严格的松解条件和中性条件电泳,使之成为测定 DNA 双链断裂的灵敏方法。目前常用的技术是根据 1985 年 Singh 等对 Ostling 和 Johanson 实验改良的用于检测 DNA 单链断裂的技术。实验在高 pH(pH>13)条件下电泳,用溴化乙锭(EB)染色,显示单链断裂和遇碱不稳定位点。随着损伤的增加,可观察到 DNA 从核阳极伸展增加。每个损伤细胞形成一个亮的荧光头部和尾部,形似彗星,故名彗星试验。其尾长、荧光强度与致伤剂所致 DNA 断裂数相关。未受损细胞则呈一个完整的核(彗星头部),无尾。改良后的方法灵敏度更高,适用于检测 DNA 单链的断裂。近十几年来,国内外学者对提高 SCGE 的灵敏度进行了积极的探索,分别在样品组织细胞的分离条件、松解液的组成及 pH、解旋时间、电泳条件(电压、电流、电泳时间)、染色方法、彗星图像分析方法等方面进行了改良,有效地提高了试验的灵敏度。

2. 试验原理

SCGE 检测 DNA 损伤的主要原理如下:链断裂剂能引起双螺旋的长链 DNA 分子数量减少。在通常情况下,DNA 双链在核中以组蛋白为核心,以超螺旋结构盘旋形成核小体。单链断裂能引起超螺旋和 DNA 分子结构的松散,电泳时,DNA 片段向阳极伸展,形成特征性"彗星尾"。DNA 片段的大小决定了 DNA 的迁移能力。彗星的尾长起初随着损伤程度增加而增加,直至一最大值,这个最大值将主要由电泳条件决定而不是由片段的多少来决定。1996 年 Klaude 等通过二维方向电泳技术的实验研究,进一步阐明了 SCGE 的机制。他认为中性条件电泳时在低损伤水平的彗星尾部主要由附着于其头部的松散的 SCGE(loop)组成,拖尾的主要是 DNA 链的伸展。随着剂量的增加,其尾部可能由来自 DNA 双链断裂的 DNA 片段组成。在碱性条件下,其尾部由断裂的 DNA 片段构成,断裂的 DNA 片段自由移入彗星尾部,到一定损伤程度(如凋亡细胞)甚至可以出现头、尾分离。通常,DNA SCGE 的伸展和 DNA 片段的迁移被用来解释 SCGE 中 DNA 的迁移方式。

培养细胞或从动物组织中分离的细胞被分散和固定在载玻片或其他合适的支持介质上的琼脂糖凝胶中。对细胞结构进行消化,加入碱性溶液使 DNA 变性。发生变性的细胞核 DNA 的单链断裂导致超螺旋结构的解旋,断裂点越多,解旋的程度就越大。在给予足够的解旋之后,通过载玻片的电场产生的动力可以使带电荷的 DNA 穿越周围的琼脂糖,从固定的核 DNA 主体中迁移出来。电泳后用中性缓冲液漂洗,并用乙醇将凝胶及其内容物固定。固定在载玻片中的 DNA 可被 DNA 特异性染色剂染色,用荧光显微镜观察染色的载玻片。可用于 SCGE 的 DNA 特异性染色剂包括溴化乙锭、碘化丙啶、4′,6-二脒基-2-苯基吲哚(DAPI)、烟酸己可碱等。

二、组织的差异和 pH

当对不同的组织进行 SCGE 时,由于正常的 DNA 损伤可以高度变化,所以鉴别是很重要的。例如,DNA 碱性易变位点的浓集度在不同的组织和动物种类中是可以变化的。在一个特定的组织,一些因素能够影响 DNA 链损伤,包括细胞类型的不均一性、细胞周期、细胞更新频率和培养或生长条件。由于切补修复活性、新陈代谢活性、抗氧化剂的浓度或其他因素的变化,不同的细胞类型可以有不同的 DNA 单链断裂本底水平。当对不同的组织做 SCGE 时,形态学的差异、染色特性和不同细胞类型都应该被注意。在大多数实例中,运用同系细胞群可以减小 SCGE 的细胞内在差异性。通过程序操作来获取细胞时非常重要的是尽量减小人为的破坏,比如,用非常精细的手术剪刀剪碎组织以获得细胞悬液常需要良好的操作。

在松解和电泳期间,改变 pH 将影响链断裂的类型。当细胞在中性条件下被消化和电泳时,仅双链断裂可被检测到;在 pH 12.3 的条件下,双链和单链断裂均可被检出;当 pH>13 时,双链断裂、单链断裂和碱性易变位点均可被检出。

三、彗星测量与分析

1. 视觉评分

用目镜测微尺目测彗星的长度或长宽比,或按迁移的程度把细胞分为四至五个等级;目测可以很方便地依据彗星特征辨别损伤程度。从 0(无尾)到 4(几乎所有的 DNA 都在尾部),分为五级。如统计 100 个彗星,根据它们的特征给每个彗星分级,样本的总分就在 0~400 分之间。视觉评分简单快速,具有实用价值。

2. 图像分析

随着图像分析系统的运用,测量彗星的荧光强度和 DNA 的分布成为可能。在这类方法中,彗尾的 DNA 百分比、彗尾的长度、彗尾的尾矩(尾长与尾 DNA 百分比的积),以及其他众多的参数可以被测量。较重要的参数是彗尾的尾长、头尾光密度比(通常以尾 DNA 百分比表示)和彗尾的尾矩。彗尾的尾长非常有用,因其只在相对低的损伤水平增加,到一定程度后随损伤剂量的增加,尾部光密度增加,而尾长不变。因尾部的终点由设定的超出背景的荧光值决定,所以尾长也对图像分析系统所设定的背景或阈值很敏感。相对来说,尾部光密度是最有价值的参数,因其与损伤频率呈线性关系,受阈值设定的影响较小,并在最大范围内分辨损伤(理论上,尾部 DNA 为 0%~100%)。同时,它也可给出判断彗星实际外观的明确指标。相比之下,彗尾的尾矩与损伤剂量没有线性关系,不能给出彗星外观的任何概念。近年来大多数 SCGE 研究报道的结果以彗尾 DNA 百分比或 DNA 尾矩的方式出现。

3. 彗星的选择

对每个样本评分所推荐的细胞数量是 50~100 个。彗星的选择要毫无偏颇,要能代表整块凝胶。要避开边缘和气泡周围区域,因为这些地方的彗星经常表现出异常高的损伤水平。重叠的彗星不能被分析,至少用计算机分析是不可能的,但大多数重叠的彗星带有大尾巴。如果放弃太多重叠的彗星,结果肯定会偏向无损伤的、小尾巴的彗星。如果同时用图像分析和视觉评分检测同一张彗星照片,会发现相关度非常好。

四、统计分析

分析数据时,应该采用适当的统计学方法来帮助评估试验结果,但它不应该是识别阳性反应唯一的决定因素。所采用的统计学方法和这些方法需要的数据应该在最初的试验设计阶段确定。暴露试验中,采用培养细胞作为试验模型属于体外研究,采用动物作为试验模型属于体内研究。这意味着每个剂量组需要多个培养细胞或多个动物以进行合适的统计分析。在大多数实例中,不同处理方法之间的方差一致性应该被检验以决定参数分析或非参数分析是否恰当。非同质性数据的转化能够被很好地探求。如果需要检测DNA迁移的增加或减少,双尾统计学检验应该被采用。如果同质性不能通过数据转换获得,非参数分析应该被采用。线性回归分析可用来建立量效关系,开展每一个处理组与对照组的对照比较。Albertini等和Lovell等在相关文献中对SCGE DNA迁移的统计分析有较详细的阐述。

五、结果的评估和解释

SCGE检测DNA损伤的用途变得越来越广泛,人们对确保实验室内部以及实验室之间结果的一致性和准确性的担忧越来越大。当处理大量样本时,需要对样本进行保存,以便在稍后的时间进行处理;或者大量的样本将通过多个试验循环处理。对于前者,被保存样本的完整性必须能被追踪,以确保结果的准确性;而对于后者,必须确保每一个试验循环的一致性。追踪保存样本的完整性的策略包括将已知完整性的样本和未知完整性的样本储存在一起,或者用已知DNA损伤水平的样本通过每个循环进行预处理,以验证损伤水平仍在一定的范围。同时也推荐对样本在不同的试验循环中进行重复试验。在评分时,也必须有类似的要求。对一个标准样本,应该定期进行评估以确保分析结果的一致性。

如果SCGE反应阳性,研究者应考虑到片段迁移增加与细胞毒性不相关的可能性。细胞毒性DNA损伤可以导致细胞凋亡或坏死。此时,每个阳性剂量组的细胞毒性程度、量效曲线的本质、每个剂量发生彗星反应的细胞内分布、受处理细胞总体中凋亡或坏死细胞的出现/缺失的信息都是非常有用的。通常,这些测定结果依赖于单一染料排除或活性染色分析。大多数细胞活性分析利用酶底物或染料,因为正常细胞的酶具有活性,染料的摄取依赖功能离子泵,染料的排除依赖一个完整的细胞膜。

如果SCGE反应阴性,研究者应对试验分析结果的可靠性做出评价。再次试验时应该考虑剂量范围是否足够引出一个反应,暴露方式对所用细胞的类型是否适当,毒物是否超过其可溶性,实验室能否满足在机体或细胞系里完成暴露试验,并进行阳性对照和程序控制的条件。如果一个给定试验的值与参照毒物相比,超出预期范围两个标准差,那么试验机体的灵敏度和整个试验系统的可信度是值得怀疑的。出现这种情况,应该检查试验步骤是否存在缺陷,并用不同的机体进行重复试验。应该认识到,试验样本是从不同的暴露环境和种群中收集的,有时很难或不可能用阳性对照评价试验结果,研究者必须选取适当的对照组。独立试验的重复性被认为是阳性或阴性结果最强有力的证据。

六、SCGE 与死后 DNA 降解检测

DNA 是具有显著生化稳定性的遗传物质。早期的细胞学研究发现,细胞死亡过程中可发生一系列形态学改变,主要表现为细胞器及细胞膜的断裂和最终染色质的消失。其后,大量的实验证实,细胞死后自溶过程中染色体内的 DNA 会减少。死后细胞在供氧停止的情况下,代谢受阻、产物堆积、胞内 pH 下降,细胞的膜结构受损,胞质内的溶酶体破裂,导致细胞形态结构崩解。在核酸酶的水解作用下,细胞核 DNA 含量降低。

多方面的研究均证实,细胞死亡伴随着 DNA 的降解,且降解程度随死亡时间延长而呈加深趋势,推测该过程中有生物酶参与。脱氧核糖核酸酶(deoxyribonuclease,DNase)在体内广泛分布,能够水解 DNA 链中磷酸二酯键,被认为是 DNA 降解过程的限速酶。实验证实内源性 DNase 在凋亡细胞的染色质 DNA 降解过程中起到了主要的作用。Kataoka 等在 1995 年发现细胞核 DNA 降解也可出现于非凋亡细胞。一些学者推测在机体死后自溶过程中,细胞核 DNA 的降解也与内源性 DNase 有关,且随着死亡时间的延长,酶解产物逐渐增多,片段逐渐减小;而死后细胞核 DNA 含量的降低仅是这一过程的间接反映,并不能完全代表死后 DNA 降解的实际情况。SCGE 可直接监测死后 DNA 的降解成分变化。

2002 年,Johnson 首次将 SCGE 应用到法医学领域,通过 SCGE 检测猪死后骨骼肌细胞,肝、肾组织细胞的 DNA 降解与死亡时间的关系。结果发现猪的骨骼肌细胞在死后 3~56 h DNA 的降解与死亡时间呈高度相关性,随着死亡时间的延长,其降解增加。但对肝、肾组织细胞的 DNA 进行电泳时既未见到彗星的尾部,也未见到完整的核,提示这些组织细胞的 DNA 可能在第一个样本取材时间点(3 h)已经完全降解,这可能与这些组织的酶活性更强、腐败速度更快有关。邓立彬等通过目镜测微尺测量彗尾长宽比(L/W),也发现死后一定时段内细胞核 DNA 降解是一个进行性过程。在死后 0~48 h,细胞核 DNA 发生了明显的降解,降解程度与死亡时间紧密相关,而死后 48~72 h 该变化不显著,推测此时 DNase 活性已经丧失。徐俊杰等用荧光测定兔死后组织中的 DNA 含量,发现在死后 0~6 h 变化不明显。而 SCGE 可以检测到死亡较早期(死后 6 h)的 DNA 损伤,说明在死后细胞内总 DNA 含量降低之前,DNA 分子就已经被酶解断裂。SCGE 可以直接分析 DNA 降解成分,检测灵敏度高于荧光法,在分析死亡早期 DNA 的动态变化方面具有优势。此外,在相同的处理条件下,同一样本不同细胞的 L/W 值不同,说明细胞间 DNA 的降解程度存在差异,但仅有微小的差异。实验采用的单细胞悬液的制备过程对细胞 DNA 有轻微损伤。因此,在实验中应尽量避免对细胞核 DNA 造成人为损伤。高翠莲等用改

良的 SCGE 和图像分析方法对死后 6～48 h 大鼠骨骼肌细胞核 DNA 的降解程度进行了进一步研究,结果与上述结果一致。同时,他们还发现彗星尾长用于推断死亡时间优于尾矩及尾 DNA。

何远等对大鼠死后脾和肝细胞核 DNA 降解进行了 SCGE 分析,发现脾细胞(0～15 h 内)和肝细胞(0～18 h 内)的彗星尾长和尾矩随死亡时间的延长而逐渐增大,二者均与死亡时间呈一定的相关关系。

尽管关于 SCGE 应用于死后 DNA 降解分析的报道不多,但上述研究结果表明,SCGE 作为一种快速、简便、灵敏检测单个细胞 DNA 断裂的技术,用于探测 DNA 降解与死亡时间的关系具有广阔的前景,尤其是其方法灵敏,这对于早期死亡时间的推断具有一定的优势,而且其设备要求简单,适合基层应用。

死后细胞核 DNA 的降解是一个复杂的酶解过程,受到个体差异、环境温度、组织差异、生前损伤、死亡方式等因素的影响。在使用 SCGE 检测 DNA 损伤与死亡时间的关系时应注意以下几点:①单细胞悬液的制备方法可能对不同组织细胞 DNA 造成不同程度的损伤,因此要尽量使用能减少 DNA 损伤的单细胞悬液的制备方法。②处理数据时,使用图像分析软件测量尾长相比人工测微尺可减小误差,且可提供多种参数,有利于提高准确度。

机体死亡后,由于组织细胞内的核酸酶作用,核 DNA 降解形成的 DNA 片段随着死亡时间的延长逐渐减小,直至消失。在 SCGE 中,带负电荷的 DNA 降解片段在电场中向正极移动,未降解的 DNA 原位不动,经荧光染色后,核在原位形成一个明亮的头部,降解的 DNA 片段形成尾部,呈彗星状。

彗星图像分析是 SCGE 的重要环节。合适的彗星参数可以较客观地反映 DNA 的损伤程度。目前彗星图像分析软件可分析的彗星参数包括头面积(也称头部光面积)、尾面积、头 DNA(头部光密度总和)、尾 DNA、头 DNA 百分比、尾 DNA 百分比、头半径、尾长、彗星全长、头重心(头部光密度中心)、尾重心、尾矩(尾 DNA 百分比与尾长之积)、尾长、Olive 尾矩(尾 DNA 百分比×头重心与尾重心之间的距离)等。国外研究认为,Olive 尾矩及尾长是图像分析软件评估 DNA 损伤的常用较佳指标。国内学者利用 SCGE 分析 DNA 降解与死亡时间的关系后,认为尾长或 Olive 尾矩能较好地反映 DNA 的降解程度与死亡时间的相关性,然而尚未对其他参数做比较性研究。

他们利用 CASP 彗星图像软件,对大鼠死后不同组织和温度下细胞核 DNA SCGE 的多个彗星参数随死亡时间的变化进行了测量,分析了各参数与死亡时间的线性关系,并通过比较每种 DNA 降解条件下各彗星参数与死亡时间的相关系数(r)的大小,以及每个彗星参数与死亡时间的相关系数在 4 种降解条件下的稳定性,筛选出了能较好地反映 DNA 降解程度与死亡时间的线性相关性的合适参数。

上述实验结果表明,不同组织和温度下,彗星参数变化程度与死亡时间的线性相关性均较强($r>0.9$),且相关性不易受组织和温度影响的有彗星头 DNA 百分比、尾 DNA 百分比、Olive 尾矩、尾矩、尾面积、尾 DNA;反映不同组织和温度下死后细胞核 DNA 降解程度的这些彗星参数随着死亡时间的延长均呈较强的线性变化,因而是 SCGE 检测死后组织细胞核 DNA 降解程度进而推断死亡时间的较佳彗星参数。头面积、头 DNA、头半径、尾长等参数的变化虽然也与死亡时间有较强的相关性,但在不同组织和温度下,其相关系数 r 的变化较大,表明这些彗星参数与死亡时间的线性关系易受组织和温度条件的影响。其他参数如尾重心、头重心、彗星全长与死亡时间的相关性在不同组织和温度下变化更为显著,如 10 ℃下,骨髓细胞核 DNA 的尾重心与死亡时间不相关($r<0.5$),但在 20 ℃下,脑细胞核 DNA 的尾重心与死亡时间却有较强的相关关系($r>0.9$),说明这些彗星参数变化与死亡时间的线性关系也极易受到组织和温度的影响,如用来作为 SCGE 检测 DNA 降解与死亡时间关系的指标将极不可靠。彗星头 DNA 百分比、尾 DNA 百分比、Olive 尾矩、尾矩、尾面积、尾 DNA 等参数包含了 DNA 降解片段的大小、数量以及所占比重等多方面的信息,因而能够较真实地反映 DNA 的降解程度及规律。另外,DNA 的降解机制与生前损伤机制的不同也可能是该实验结论与以往不同的原因。

综上所述,SCGE 作为一种检测 DNA 损伤的新方法,有着快速、简便、灵敏的优点。尽管该方法在检测死后细胞核 DNA 降解中的应用较少,但已有研究表明该方法可用于检测死后细胞核 DNA 降解与死亡时间的依赖关系。如果能对该方法进行进一步探索,实行标准化控制,将有望在法医学领域用于推断死亡时间。

(任亮,王云云)

第四章　利用 mRNA 含量变化推断死亡时间

长期以来，人们一直认为 RNA 代谢活跃，易于降解，其稳定性不如蛋白质，以 mRNA 的含量变化作为死亡时间特别是晚期死亡时间推断的指标似乎不合适。然而对尸体检材的检测却发现管家基因 mRNA 具有相当高的稳定性。关于死后 mRNA 的变化，目前法医学相关领域的研究认为，目的基因和管家基因的 mRNA 都是随死亡时间的延长而逐渐降解的，GAPDH mRNA 的降解速度与其他 mRNA 的降解速度是一致的，但尚没有学者对其降解速度做进一步的研究及量化。

编者所在课题组应用一步法复合扩增荧光 RT-PCR 技术，系统观察了大鼠脑及肝 GAPDH mRNA 随死亡时间的降解情况，发现大鼠死后 GAPDH mRNA 同样具有一定的稳定性，且在不同器官中其稳定性存在差异，如死后 7 天内在脑组织中均能检测到 GAPDH mRNA（尤其适合较晚期尸体甚至是腐败尸体），而死后 2 天内在肝组织中能检出（对早期死亡时间推断有一定的价值）；而且，随着死亡时间的延长，GAPDH mRNA 的扩增产物逐渐减少并最终消失，呈现出一定的规律性。

此外，编者所在课题组利用 RT-PCR 技术检测了 20 ℃环境下大鼠死后的组织样本管家基因 mRNA 的含量，发现在死后相当长一段时间内，可检测到管家基因 mRNA 的扩增产物。大鼠死后 28 h 内仍能检测到视网膜组织管家基因 β-actin、rpl4、pgk1 的 mRNA 有效扩增产物，且其产物含量随着死亡时间的延长而降低。大鼠死后 40 h 内的肾、脾组织及死后 48 h 内的肝组织样本中，仍能检测到 GAPDH mRNA 的有效扩增产物，其产物含量随着死亡时间的延长而降低。大鼠死后 48 h 的肾、脾组织，72 h 的肝组织中，仍能检测到 β-actin mRNA 的有效扩增产物，其产物含量随着死亡时间的延长而降低。也有人利用 RT-PCR 技术对 20 ℃环境下大鼠死后的组织样本中 β-actin mRNA 的含量变化情况进行观察，结果显示死后 6 天内在胸肌、膈肌中都可以检测到 β-actin mRNA，而肺、心脏组织中 β-actin mRNA 在死后 12 天也可以检测到，且扩增产物含量呈下降趋势。

编者认为，死后机体不同器官组织的 mRNA 降解规律不同；而同一器官组织的 mRNA 在不同时间点的降解程度也有差别，呈逐渐下降趋势；同一器官组织的不同 mRNA 具有类似的降解程度。尽管受到温度等环境因素的影响，但已有研究发现，不同种类 mRNA 的降解程度似乎具有相似性，并且与 RNA 的总降解率一致，但最终结果还需要更多的研究证实。不同组织材料 mRNA 的稳定性差异较大，因此，如果能寻找出合适的组织材料和变化较稳定的某类 mRNA，必将有利于研究 mRNA 的降解与死亡时间的相关性，从而为时间依赖性的核酸降解研究提供良好的依据。检测多个器官组织的多个 mRNA 的变化，就可以把死亡时间的推断值限定在一个相对准确的范围内。

第一节　生物组织 mRNA 的降解方式

真核细胞 mRNA 的稳定性是基因表达调控的一个重要方面,近年的研究发现,一些序列元件调控着 mRNA 的稳定性,包括 5′端帽子结构、3′端 poly(A)尾和一些特殊的序列。本节将介绍 mRNA 的几种主要降解方式。

一、脱腺苷酸依赖型降解

5′端的帽子结构是所有 mRNA 稳定性的一个重要的决定因素。5′,5′-磷酸二酯键可保护 mRNA 抵抗 5′→3′核酸外切酶的降解。该帽子结构被降解时,mRNA 可很快被核酸酶降解。目前认为脱腺苷酸依赖型降解机制是真核细胞中最主要的降解方式,其降解过程如下:首先脱腺苷酸,即 poly(A)特异性核糖核酸酶(PARN)水解 poly(A)尾,使 poly(A)尾缩短。poly(A)尾能结合一种称为 poly(A)结合蛋白(PABP)的特异蛋白,可以抑制脱帽作用,只有当 poly(A)尾缩短至 10~15 个残基,PABP 不能与之结合时,脱帽过程才被启动。脱帽时由脱帽酶 Dcp1、Dcp2 切除 mRNA 5′端鸟苷酸形成的帽子结构,脱帽后的 mRNA 很容易被 5′→3′核酸外切酶识别水解。另外,真核细胞 mRNA 也可在脱腺苷酸后按 3′→5′方向被降解,但这种作用较弱。

1. 脱帽过程的调节

在脱腺苷酸依赖型降解的途径中,有促进脱帽的一面(如 Dcp1),也有阻碍脱帽的一面(如 PABP-poly(A)复合物以及蛋白合成起始因子(eIF4E))。mRNA 脱帽速度是其相互竞争的结果。在翻译过程中,mRNA 被起始因子 eIF4E、eIF4G 及 PABP 所包绕。PABP 是一种高度保守的蛋白质,可保护 poly(A)尾免受脱腺苷酸酶和 3′→5′核酸外切酶水解。脱腺苷酸化可移除 PABP 的结合位点,解除脱帽抑制。控制脱腺苷酸化的是 PARN,这是核酸外切酶 RNase D 家族中的一个成员。eIF4E 可与 5′端帽子结构连接,eIF4G 可加强它们之间的连接。eIF4G 是一种大分子蛋白质,同时与 eIF4E 和 PABP 发生关联。这种构型保护 mRNA 的 5′端和 3′端不受脱帽酶和脱腺苷酸酶的作用。一旦上述稳定的环状结构被破坏,poly(A)尾在 PARN 的作用下发生水解,PABP 脱离,紧接着发生脱帽反应。

poly(A)尾对于 mRNA 的降解是非常必要的。起初认为 poly(A)尾被缩短之前,RNA 不会降解。进一步研究发现,RNA 稳定性的差异在于 poly(A)尾缩短速度的不同。

mRNA 的降解以 poly(A)尾的缩短为起始,这表明 mRNA 一端的稳定性能明显影响其另一端的稳定性。有人认为,mRNA 的 5′端与 3′端的 poly(A)尾之间存在着直接的联系,也有人提出 poly(A)尾的缩短使得细胞骨架发生移动,从而使脱帽酶在 5′端发挥酶解作用。研究表明,PARN 可直接与 RNA 的 5′端帽子结构结合,而且这种结合可以增强其脱腺苷酸的活性。帽子结构类似物及 eIF4E 可通过竞争与 5′端帽子结构结合，从而抑制 PARN 的活性。此外，帽子结构类似物又通过阻碍 PARN 和 eIF4E 与 5′端帽子结构的结合来促进脱帽反应，一旦脱腺苷酸反应结束，PARN 脱离 mRNA，脱帽酶即识别其帽子结构。这些现象均表明 mRNA 翻译过程可能与其降解过程直接偶联，而且该过程可能取决于 5′端帽子结构与 3′端 poly(A)尾的相互作用。

2. 核酸外切酶的降解作用

（1）5′→3′核酸外切酶降解 mRNA：由 xrn1 基因编码的 5′→3′核酸外切酶 XRN1P 是细胞质内 mRNA 降解的主要核酸酶，它是一个在细胞核和细胞质内都能起作用的多功能酶。XRN1P 能够在脱腺苷酸化和脱帽后对 RNA 起水解作用。rat1 基因编码的另一个 5′→3′核酸外切酶 RAT1P 与 XRN1P 有一定的同源性。文献报道，RAT1P 和 XRN1P 是细胞核内和细胞质内功能对等的蛋白质，但 RAT1P 是细胞核内所必需的酶。尽管 XRN1P 和 RAT1P 在真核细胞中具有高度保守性，但 5′→3′降解途径却是高等生物 mRNA 的主要降解途径。

（2）3′→5′核酸外切酶降解 mRNA：当脱帽受阻碍时，5′→3′降解途径受阻，另一个降解途径是由称为外核体的 3′→5′核酸外切酶的复合物完成的。酵母的外核体是一个包含至少 10 个主要成分（均为 3′→5′核酸外切酶）的蛋白质复合物。外核体在整个进化过程中是高度保守的。实验证实人类的外核体是有效的 3′→5′核酸外切酶降解所必需的。而 ARE 序列（3′-UTR 的 AU 富聚区）可以很大程度地提高 3′→5′核酸外切酶降解活性。

二、无义介导的 mRNA 降解

发生无义突变的 mRNA 在翻译过程中会过早终止，产生异常蛋白质。这种蛋白质不但不具备正常生理功能，而且还可能影响细胞的正常生理活动，使细胞的功能和表型发生变化。这种含有无义密码子 mRNA 的降解，称为无义介导的 mRNA 降解。研究发现，具有这种降解方式的对象除了发生无义突变和移码突变的 mRNA 外，还包括从核中逃逸出来的未经剪接而仍含有内含子的 mRNA。这种降解方式承担着及时发现并清除细胞中产生的异常 mRNA 的功能，故也被称为 mRNA 监视（mRNA surveillance）。

无义介导的 mRNA 降解反应在降解过程中不发生 poly(A)尾的水解缩短，即不需要经过 poly(A)尾的缩短而直接进行 5′端脱帽和 5′→3′的核酸外切酶降解。其降解模式如下：当 mRNA 转运进入细胞质后，立即同核糖体结合并开始翻译，如果存在无义密码子，则会使翻译提前终止。随着翻译的终止，一组由核糖体部分组分与相关因子组成的物质会继续向下游移动并与一个下游元件（DSE）相遇，结合形成一个异常的核蛋白（RNP）结构，引起 mRNA 的 5′端水解一个或两个核苷酸残基，完成脱帽反应。脱帽后的 mRNA 则迅速被 5′→3′核酸外切酶降解。

在 mRNA 编码区的 3′端附近的 DSE 是无义介导的 mRNA 降解所必需的。研究发现无义密码子与最靠近 3′端的两个外显子之间的连接段的相对位置决定了 mRNA 是否被降解。当无义密码子位于此连接段上游的距离大于等于 50 个核苷酸时将引起无义介导的 mRNA 降解,而小于 50 个核苷酸则不会导致无义介导的 mRNA 降解。

三、核酸内切酶降解 mRNA

mRNA 可以直接在核酸内切酶的作用下发生降解。大量 mRNA 被发现通过核酸内切酶降解。不同的核酸内切酶的切割位点不同,或者没有固定的切割位点。核酸内切酶的剪切不需要 poly(A) 尾的缩短。在细胞内发现一些被核酸内切酶切割的 mRNA 3′端碎片仍保留着 poly(A) 尾,说明核酸内切酶起作用时不需要先经过脱腺苷酸。核酸内切酶切割 mRNA 的速度受到结合于切割位点附近的一些蛋白质因子的调节,位于 3′-UTR 的 AU 富集区的一些特殊序列如 ARE 序列则可以很容易地被核酸内切酶识别并剪切。

四、mRNA 降解的影响因素

不同 mRNA 的半衰期差别很大,不同细胞的 mRNA 的半衰期从几分钟到十几小时甚至几十小时不等。即使是同一种 mRNA 也常常没有固定的半衰期。研究发现,有许多因素影响着 mRNA 的稳定性。其中影响 mRNA 稳定性的顺式结构有 5′端帽子结构、3′端 poly(A) 尾、3′端非编码区(3′-UTR)及 5′端非编码区(5′-UTR)等,这些顺式结构的微小变化将极大地影响 mRNA 的稳定性。另外还有一些反式因子,如反式调节蛋白、c-fos 与 c-myc 编码区的稳定性决定区结合蛋白等,这些蛋白质的共同作用是保护 mRNA 不被降解,起着反式调节的作用。

1. 5′端帽子结构及 5′-UTR

真核细胞 5′端帽子结构(5′,5′-磷酸二酯键连接而成)使 mRNA 能耐受一般核酸酶的作用,脱帽后的 mRNA 易被核酸酶降解。

5′-UTR 并未被认为是引起降解的序列,但它可通过负向调节翻译的起始,使这部分区域的 mRNA 被视为抑制降解的区域,但 mRNA 翻译起始与其降解之间的关系还未阐明。

2. 开放阅读框(ORF)的降解序列

Shyu 等发现移去 3′-UTR 的序列并不能使 c-fos mRNA 稳定,他们证实了在 ORF 内有另一段降解序列,进一步研究发现它包含两个降解区域。最近的研究发现了识别 ORF 降解区域 c-fos 和 c-myc 的系列蛋白质,说明在 ORF 降解的调节过程中,蛋白质复合物的形成起重要作用。

3. 3′-UTR 降解序列

mRNA 的 3′-UTR 序列对于调节 mRNA 的降解起重要作用,其中包含转铁蛋白 mRNA 的 IRE(铁离子相关区域)以及在许多不稳定 mRNA 上发现的 ARE。对这两个区域作用模式的研究,揭示了其在调节 mRNA 降解过程中的作用。

3′-UTR 中含有 5 种能与 IRE-结合蛋白(IRE-BP)结合的茎环结构,其结合的亲和力由细胞内铁离子调节。研究表明 IRE-BP 在一般的细胞代谢和 RNA 代谢中起着重要作用。IRE-BP 与转铁蛋白 mRNA 的结合有助于保持 mRNA 的稳定性,mRNA 本身并不会因 IRE 结构而被降解,但茎环结构区域中存在的不稳定区域使其易被降解。IRE-BP 促进 mRNA 稳定的模式在于结合到 IRE 上的蛋白质阻止了降解因子与降解区域的结合,这些降解因子是核酸酶本身,还是利用核酸酶在一个特定的位点破坏 mRNA,均不明了。

3′-UTR 另一种重要的降解序列是 ARE。3′-UTR 的 ARE 可以使稳定的 β-球蛋白 mRNA 发生降解。ARE 含 50~150 个核苷酸,有多个 AUUUA 重复序列,A 或 U 的含量不定。研究表明,AUUUA 序列对于 c-fos、GM-CSF 的稳定性起重要的作用。对 c-fos ARE 的分析表明,U 残基的百分含量高对 mRNA 稳定有重要的意义,如将 U 换为 G 或 C,将大大降低其降解活性。目前已克隆了多种 ARE 结合蛋白,包括 Auf1/hnRNPD、huR、TIA1 等。ARE 与其结合蛋白结合不但可以促进脱腺苷酸反应,而且可以加速脱帽反应。

4. poly(A)尾与 PABP

哺乳动物中细胞质 PABP 的分子质量在 72000 kD 左右,人和酵母细胞中的 PABP 在 N 端有高度同源性,均能与 poly(A)尾特异结合,形成 25~27 个核苷酸的结合区。poly(A)尾是决定 mRNA 稳定性的重要因素,它通过与 PABP 结合保护 mRNA 不被破坏。研究发现,对缺乏上述复合物的 mRNA 来说,其降解速度明显加快。PABP 不但与 poly(A)尾结合,而且可与翻译起始因子 eIF4G 的特异区域相结合,从而促进翻译,并通过阻止脱腺苷酸酶与脱帽酶接近 mRNA 以稳定 mRNA。PABP 在脱腺苷酸过程中的作用尚未阐明。

目前,在 mRNA 降解机制的研究中还有许多不明之处,不同 mRNA 的降解机制如何尚待进一步研究。但随着分子生物学技术的不断革新,关于 mRNA 的降解与死亡时间关系的研究报道越来越多,不少研究认为死后不同组织 mRNA 的降解与死亡时间存在相关性。编者所在课题组的实验结果显示,RNA 在死后相当长一段时间内是稳定的,死后 28 h 仍能够检测到少量的目的基因表达产物。从死后不同时间的视网膜组织中提取样本,利用 RT-PCR 和毛细管荧光电泳技术对 β-actin、pgk1、rpl4 3 个管家基因 mRNA 的表达产物进行半定量分析,发现这 3 个管家基因的 mRNA 随着死亡时间的延长而逐渐降解,有着类似的降解规律。β-actin、pgk1、rpl4 的 mRNA 在死后 12 h 左右已经降解到死亡时的一半,而到死后 24 h,这 3 个管家基因 mRNA 的表达产物含量已经明显降低,不到死亡时的 10%,说明视网膜组织 mRNA 在死后有较明显的降解。本实验结果也与许多文献报道结果一致,证实死后组织 mRNA 的降解与死亡时间具有相关性。

第二节 死后生物组织 mRNA 的降解规律

尽管尸体组织中 RNA 比 DNA 不稳定,但 RNA 的降解是存在规律的,由此也可应用于死亡时间推断。Tong 等认为,与 RNA 的总降解率相比,有几类 RNA 的降解率是相似的。在所有脑组织区域中,28S rRNA 的降解率是相似的。冷冻尸体组织中某些特别的 mRNA 仍然保留着足够的完整性,可被作体外蛋白质合成的模板。这些翻译高度依赖 5′端帽子和 3′-UTR 的完整性。然而,应该注意到,由部分降解的 mRNA 克隆的 cDNA 5′端序列的表达率要低于 poly(A)尾近端的序列。

许多研究报道在机体某些组织器官如脑内,mRNA 具有相当高的稳定性,可在死后较长时间内不被降解。大多数文献研究死后生物组织 mRNA 的降解,主要是为了评价从尸体材料中提取的 RNA 的质量。这些 RNA 有的是通过逆转录(RT)和聚合酶链反应(PCR)技术从死后较长时间尸体样本中获得的,用于基因表达分析;有的是用复合 RT-PCR 技术从临床样本中提取到的。mRNA 的相对稳定性使研究 mRNA 的降解与死亡时间的关系成为可能。然而,关于 mRNA 的降解与死亡时间关系的文献报道却非常少见,但有限的报道均认为死后不同组织 mRNA 的降解与死亡时间存在相关性,采用合适的 mRNA 检测方法,是研究 mRNA 的降解与死亡时间关系的重要前提。因此,寻求合适的检测方法和研究对象探讨死后生物组织 mRNA 的降解与死亡时间的关系,成为利用 mRNA 的降解推断死亡时间的重要基础研究。

一、死后生物组织 mRNA 的降解方式

为了了解离体组织样本在不同保存条件下 mRNA 的含量和完整性,部分文献对离体组织内 mRNA 的降解及相关影响因素做了较深入的研究。相关研究发现,死后生物组织 mRNA 的降解方式与活体细胞 mRNA 的降解方式有着类似的地方。

机体进入分子死亡阶段,由于细胞新陈代谢活动的停止,组织细胞酸碱平衡紊乱,缺氧,细胞膜通透性增强,细胞内外钾、钠离子的失衡,导致细胞内、外渗透压发生改变,细胞膜结构破坏,溶酶体破裂,释放各种酶引起各组分包括 mRNA 的降解。

从组织细胞死亡后的基本变化可以看出,死后生物组织 mRNA 的降解主要是围绕核酸酶的降解进行的。结合活体细胞 mRNA 的降解方式,推测死后生物组织 mRNA 的降解方式可能如下。

1. 脱腺苷酸依赖型的核酸外切酶降解

降解过程如下:由于翻译过程的停止,mRNA 不再被翻译起始因子 eIF4E、eIF4G 及 PABP 所包绕,失去了这种构型保护的 mRNA 的 5′端和 3′端分别受脱帽酶和脱腺苷酸酶的作用。稳定环状结构被破坏,poly(A)尾在 PARN 的作用下发生水解,紧接着发生脱帽

反应。脱帽时由脱帽酶切除 mRNA 5′端鸟苷酸形成的帽子结构,脱帽后的 mRNA 很容易被 5′→3′核酸外切酶识别水解。

2. 核酸内切酶降解

与活体细胞的降解方式一样,mRNA 可以直接在核酸内切酶的作用下发生降解。不同的核酸内切酶的切割位点不同,或者没有固定的切割位点。在细胞内发现一些被核酸内切酶切割的 mRNA 3′端碎片仍保留着 poly(A)尾,说明核酸内切酶起作用时不需要先经过脱腺苷酸。

Swift 等认为 RNA 序列长度增加,RNA 被降解的可能性就会增加,并通过实验证实,RNA 的 3′端序列的 RT-PCR 产物要比 5′端序列的 RT-PCR 产物多。Michio 等进一步发现,死后组织样本 mRNA 5′端序列的降解率要高于 3′端序列的降解率。

二、死后生物组织 RNA 的降解规律

死亡机体组织自溶过程中,组织结构会被严重破坏,但是构成细胞结构的生物大分子物质的降解将有一个渐进的过程。RNA,特别是 mRNA,为调控细胞蛋白质合成而呈现生理性的降解。一些 mRNA 半衰期非常短,仅 5~10 min,由于不同的机制包括细胞内核酸酶活性变化,有的 mRNA 表现出较低的衰变率,其半衰期可以达到 24 h 以上。细胞死亡后,这些酶可继续降解 RNA,除非细胞微环境(如 pH 的增大)干扰酶的活性。另外,来源于细菌的或其他外源性的核酸酶可全面促进 RNA 的降解。

近年来研究者在研究死后生物组织 RNA 的降解和稳定性时发现:某些器官组织如脑组织中的 RNA 在一定条件下保存时可以相当稳定,几乎不发生降解。而另有一些 RNA 由于腐败和(或)自溶的作用将随着死亡时间延长而发生自溶、降解。大量的研究数据一致认为,在低温(<8 ℃)条件下的前 48 h 内,死亡时间对 RNA 的稳定性的影响非常小。只有当尸体温度达到室温时,RNA 才会在死后发生显著降解。在较高温度(20 ℃)下,大鼠脑组织管家基因 β-actin mRNA 在死后 8 天仍可被检测到,而肝 β-actin mRNA 的可被检测时限为死后 72 h,脾为死后 40 h,肾为死后 48 h,视网膜为死后 28 h。大鼠胸肌 β-actin mRNA 在死后 6 天内可以被检测到,肺 β-actin mRNA 在死后 12 天也可以被检测到。尽管这些实验研究条件有所不同,但均表明死后不同器官组织 RNA 的稳定性不同,存在较大差异。这些实验研究通过检测组织内含量稳定、丰富的管家基因 mRNA 在死后不同时间的含量,推断死后生物组织 mRNA 的降解与死亡时间可能存在一定的相关性,即死后生物组织 mRNA 的降解是以一定的时间依赖性降解规律发生的,可能存在持续调控,而非简单随机。

因为各个器官组织 RNA 的稳定性不同,我们必须确定哪一种器官组织最适合分析。肝组织的总 RNA 大多数在死后第 1 天就已经降解,但是在脑组织中,直到死后第 2 天,也没有实质性的降解被观察到,而且 28S rRNA 在死后第 7 天仍然存在。近年来的文献也有报道尸体脑组织样本 mRNA 有与上述结论相似的稳定性。所以脑组织是尸体 mRNA

分析研究最合适的组织。

我们认为,尸体的不同器官组织 RNA 降解时间规律不同,而同一器官组织的 RNA 在不同时间点的含量也有差别。同时检测尸体多个器官组织 mRNA 的变化,就可以把死亡时间的推断值限定在一个相对准确的范围内。因此,死后生物组织 mRNA 的含量变化,可以作为死亡时间推断的一个新指标。

三、死后生物组织 RNA 的降解特点

在相同环境条件下,同一组织的不同 RNA 的降解存在一定的相似性。Tong 等通过实验发现几个不同种类 RNA 的降解过程是相似的,并且与细胞总 RNA 的总体降解程度具有相关性。在 20 ℃条件下,电泳分析显示尸体的总 RNA 是稳定的,Northern 印迹分析提示 GAPDH mRNA 的降解与总 RNA 降解有相似的结果,表明总 RNA 和 mRNA 以相似的方式降解。

然而,某些 RNA 的降解存在一定的差异性。RT-PCR 分析显示,大鼠死后脑组织 18S rRNA 降解缓慢,直至第 7 天仍基本保持稳定,而 GAPDH mRNA 在机体死后呈现逐渐降解的趋势,GAPDH mRNA 与 18S rRNA 的比值随着大鼠死亡时间的延长而呈减小趋势。RNA 在机体死后或体外迅速发生降解通常被认为是由于广泛存在 RNA 酶。18S rRNA 含量丰富,在单个细胞中存在多个拷贝,并且几乎是单独存在于由多个小核糖体组成的复杂的核糖体蛋白合成物中,这就为 18S rRNA 提供了一个相对安全的环境,可以隔绝 RNA 酶和其他化学因子,使得 18S rRNA 可以保持稳定。GAPDH mRNA 含量虽然没有 rRNA 的含量高,但其也是含量相对丰富的 mRNA 之一,广泛存在于多种真核细胞内。但是 GAPDH mRNA 没有 18S rRNA 那样的保护环境,因此降解速度比 18S rRNA 快得多。即使是高度保守的管家基因家族成员之间,不同管家基因的 mRNA 的降解速度也存在较大差异。死后脑组织 GAPDH mRNA 的可被检测时限为 7 天,肝为 48 h,脾为 32 h,肾为 40 h;对于 β-actin mRNA 的可被检测时限,脑为 8 天,肝为 72 h,脾为 40 h,肾为 48 h。与 GAPDH mRNA 相比,β-actin mRNA 更不易降解。

研究发现,来自心、脑、肾、肺的尸检材料的 VEGF 和 HIF1A mRNA 的模拟降解图谱类似于 GAPDH mRNA 的降解图谱。然而 EPO mRNA 却有所不同,在所有来自心、脑、肾、肺的组织样本中,EPO 与 GAPDH 的相对含量表现为死亡时间依赖性显著增加,表明与其他 RNA 相比,EPO mRNA 具有相当的稳定性。EPO mRNA 转录物的死后稳定性是因为其存在特异性的分子构件,还是因为其他因素作用,目前的研究尚未认识清楚。所以,不同的 RNA 的降解存在一定的差异,可能与不同的 RNA 的特异性结构和抗降解能力不同有关。需要进一步对死后生物组织不同 RNA 的降解进行比较研究,以寻找降解较稳定且不受温度影响、与死亡时间相关性较好的指标。

为探讨死亡时间与不同 mRNA 的降解的依存关系,编者所在课题组对管家基因 β-actin、pgk1 和 rpl4 mRNA 降解程度与死亡时间的关系,进行了简单线性拟合和回归模型

的方差分析。结果表明,3个管家基因mRNA的降解与死亡时间的线性拟合关系良好。同时,为了更准确地了解同类基因的降解程度的相似性,本实验还对3个管家基因的相对含量进行了对比。实验结果显示,虽然pgk1/β-actin、rpl4/β-actin的值在死后不同时间点有所差异,但总的变化趋势却始终无明显偏离。pgk1/β-actin、rpl4/β-actin的值与死亡时间没有相关性,而pgk1、rpl4和β-actin mRNA的降解相互之间具有很高的相关性。所以3个管家基因mRNA的降解程度基本一致。视网膜组织mRNA的降解与死亡时间有良好的线性关系,将为利用mRNA的降解推断死亡时间提供依据。但在该实验条件下,机体死亡28 h以后,mRNA已基本降解,提示检测视网膜组织mRNA的降解程度,对早期死亡时间的推断有较大价值。

组织样本的差异对mRNA的降解程度有较大的影响。以往的研究有选择血液作为研究对象,也有选择器官组织如肝、脾、肾、心、肺作为研究对象,更多的是采用脑组织作为研究对象。Inoue等对20 ℃条件下死后不同组织的管家基因mRNA的稳定性做了半定量分析,研究发现脑组织中mRNA最稳定。常温下,死后4~7天仍然能从脑组织中检测到mRNA,其次是肺和心脏,最不稳定的是肝组织来源的mRNA。肝组织中的mRNA在死后第1天就已经降解。由于不同组织mRNA的稳定性不同,研究时应选择最适合分析的器官组织。编者所在课题组首次选择视网膜作为研究对象,是考虑视网膜组织处于密闭的眼球中,受外界环境的影响小。在实验设定环境温度为20 ℃的条件下,通过对死后不同时间点视网膜组织样本的抽提、RT-PCR扩增和荧光毛细管电泳分析,发现视网膜组织mRNA在死后28 h内随着死亡时间的延长而逐渐发生降解,与死亡时间的线性关系较好,可作为死亡时间推断的一种新的基础研究方法。

以往的研究表明,尽管受到温度等环境因素的影响,尸体材料mRNA在死后一定时间内仍具有相当的稳定性。不同组织材料mRNA的稳定性差异较大,因此,如果能寻找出合适的组织材料和变化较稳定的某类mRNA,必将有利于研究mRNA的降解与死亡时间的相关性。

四、mRNA检测方法在死亡时间推断中的应用

随着分子生物学技术的飞速发展,尸体样本中的核酸分析技术在临床医学和法医学中逐渐得到应用,核酸的时间依赖性降解已成为焦点话题。定量检测分析PCR产物成为现实,应用RT-PCR或qPCR技术测定机体死后生物样本中某种特异RNA的含量,就可以通过特异RNA的含量随死亡时间变化的规律来推断死亡时间,同时还可以解决DNA检测技术所面临的如何用微量检材判定死亡时间的问题。近年来,多个研究人员及研究组按照《实时荧光定量PCR国际化标准——MIQE指南》要求,提供了包括样本分析、核酸提取、逆转录、靶基因信息、qPCR引物或探针、实验流程、合理性验证及数据分析等的系列实验信息,促进了相关技术的规范化,提高了定量结果的准确性和可重复性。

目前,运用高通量技术检测mRNA来推断死亡时间的研究越来越多,如有研究根据

基因型-组织表达（Genotype-Tissue Expression，GTEx）数据库的 RNA 测序数据等，提出了 mRNA 完整性指数的概念，用来评估测序样本中 mRNA 的降解程度，并发现死亡时间相关基因的整体表达具有组织特异性等，筛选出相关 mRNA 指标，通过梯度提升树建立数学模型来进行死亡时间推断，误差小（低于 10%）。

表达谱芯片作为疾病筛查诊断的重要技术手段，也在死亡时间推断中发挥越来越重要的作用。通过检测人体大脑皮质样本的总 RNA，发现 RNA 完整性指数与死亡时间呈负相关；通过 PCR 芯片检测，发现了部分 mRNA 指标在死后的变化规律。Wang 等根据之前的研究，通过表达谱芯片筛选了大鼠脑组织早期死亡时间推断的相关 mRNA 指标，并使用其中 6 个指标（NINJ2、GRIFIN、ARPP19、HOPX、SYNPR 及 SYNPO2）建立了多温度数学模型以推断死亡时间，结果显示联用多个数学模型推断死亡时间，可进一步减小推断误差。

通过检测死后组织 RNA 的降解推断死亡时间的关键是 RNA 检测方法的应用。通常情况下，为了进行相对定量的分析，常需要含量丰富且高度保守的管家基因的 mRNA 作为内参照，以进行标准化控制，但它们都随死亡时间延长而降解。因此，死后组织 RNA 的定量应与活体组织 RNA 的定量方法不同。由于死后组织 RNA 的降解研究均是以含量丰富且高度保守的管家基因作为研究对象的，而管家基因家族成员的 RNA 降解速度可能存在相似性，也可能存在较大差异。所以，理想的检测指标和方法是筛选出一对管家基因 mRNA，它们的降解速度存在一定的差异，且两者降解速度的比值最好与死亡时间具有较好的线性相关性。如 2011 年 Kimura 等检测了小鼠及人体 3 个组织的节律基因的表达情况，证实了 PER2/BMAL1 及 NR1D1/BMAL1 的值在 24 h 内呈节律性变化。尽管分子生物学技术的发展使得核酸含量的绝对定量变为现实，但通过检测死后组织 mRNA 的绝对含量变化来推断死亡时间却不适用，因为组织样本的定量取材本身就是检案实践中的一个难题。组织中不同管家基因 mRNA 的相对含量基本稳定，比较适合不同情况下做比较研究。

Swift 等观察到，在由部分降解的长 mRNA 获得的 cDNA 中，邻近 5′端的序列与邻近 poly(A)尾的序列相比表达水平更低。因此可以用复式 RNA 降解测定法来评价 RNA 的降解，该方法利用 PCR 产物中短系列与长系列的比值来提供 RNA 的降解指数，不依赖检测样本中 RNA 的绝对量。

另外，多指标的筛选更加依赖转录组学相关技术手段，运用高通量方法筛选与细胞死后变化相关的 mRNA，并可联合功能学的分析，以更好地阐明特定指标的时序性变化机制，完善理论基础。

需要注意的是，目前虽然存在多方法、多指标的死亡时间推断研究，但处理过程复杂、费用高昂等问题都需要解决；多指标数据模型的建立和优化、验证和实践仍然有相当大的研究空间，以期更好地与实践结合。

第三节　死后生物组织 mRNA 降解的影响因素

mRNA 的稳定性受到许多死前和死后因素的影响,死前影响因素包括濒死状态、年龄、性别、医疗行为等,死后影响因素包括尸体存放的温度条件、组织中酶的活性、组织结构的完整性、组织 pH 等。尽管尸体样本 mRNA 的稳定性受诸多因素的影响,但是仔细分析上述因素,可以发现大多数因素仅会影响死前机体 mRNA 的量,而对其降解速度影响较大的因素则较少。因此,相关影响因素对死后组织样本 mRNA 降解的影响程度,也是今后需进一步研究的内容。同时,死亡时间与 mRNA 的简单线性回归模型的可靠性,有待今后在其他动物组织、尸体检验中进一步验证。

一、死前影响因素

1. 濒死状态

濒死状态持续时间的长短可对神经化学参数、RNA 和蛋白质水平产生影响。濒死状态最主要的特点在于机体缺氧。有研究表明,缺血模型动物的几种 mRNA 的量和定位都有显著改变。延长的濒死状态和缺氧会增加乳酸盐含量,导致 pH 降低,从而影响 RNA 和蛋白质的完整性。濒死状态中除缺氧外,其他影响因素包括发热、低血糖、乙醇、高血压等。

濒死状态延长的死亡者脑组织样本中谷氨酸脱羧酶的活性要低于迅速死亡者。在慢速死亡病例中,酶的活性下降很快,与临终疾病的严重程度和持续时间呈负相关。死于老年性痴呆的患者的磷脂酰肌醇激酶的活性降低,故其相应的 mRNA 的量也必然随濒死状态而有所不同。

2. 年龄

研究发现,基因和蛋白质表达水平在一系列中枢神经系统疾病中有所改变,特别是与年龄相关的疾病。研究核酸稳定性与死者年龄的关系的报道很少。有研究发现,DNA 的稳定性与年龄是直接相关的。大鼠脑组织酸性核酸酶的活性具有年龄依赖性,酶活性增高或溶酶体的活性变化也与年龄有关,相似的现象也可能发生在人体中。某些特定的 mRNA 含量会随着年龄的增长而逐渐降低。

3. 性别

关于性别差异与 mRNA 关系的研究非常少,只是普遍习惯认为性别对某些基因的表达具有一定的影响。某些 mRNA 转录物在女性组的水平与男性组有明显的差异,因此可以相信不同性别人群中 mRNA 的含量会存在一定的差异。

4. 医疗行为

患者的医疗史可以影响死后组织获得的结果。在某些研究中,需要考虑药物滥用的影响。研究表明,长期服用阿片类药物会影响机体死后脑组织研究中的一系列神经物质参数;长期吸烟能影响去甲肾上腺素能蛋白质表达水平。所以对生前用药等医疗行为,尤其是有药物滥用情况时,应加以考虑。

二、死后影响因素

1. 尸体存放的温度条件

死后脑组织若立即冷藏可以迅速使细胞质内的 RNase 失活,有助于降低细胞内 RNA 的降解速度,从而提高其稳定性。冷冻组织解冻时,在第 1 小时 RNA 的降解很少,甚至可以忽略不计,但是之后 RNA 的质和量都会发生不同程度的变化,最严重的降解发生在第 8 小时,到第 24 小时,RNA 已经完全降解。Ross 等发现完全解冻至少需要 30 min,即在显著的 RNA 降解发生之前。类似地,cyclophilin、C3 和 C4 mRNA 在解冻后至少 8 h 内是稳定的,但 MAP-2 和 COX-2 的 mRNA 在 2~4 h 时已有显著降解。总之,数据表明,可以从解冻后 2 h 内的冷冻脑组织中获得有用的 RNA,因为适当的低温保存会降低 RNA 的降解率。

如果在提取 RNA 之前,组织曾经反复冻融,则会有较大的影响。在非冷冻组织中,酸性 RNase 被限定在溶酶体内,细胞质内的 RNA 相对受到了保护,RNA 的稳定性较好。在急速降温的过程中,溶酶体膜会受到破坏,尤其是反复冻融会导致更多丰富的溶酶体酸性 RNase 向细胞质内释放。虽然在正常情况下,组织 pH 不是酸性 RNase 发挥活性的最佳条件,但溶酶体释放的酶足以引起 RNA 大量被破坏。相对于急速冷冻,慢速冷冻可以减少溶酶体的破坏,RNA 的降解程度也较低,甚至可以保存相当长的时间。

2. 组织中酶的活性

死后生物组织 RNA 的降解依赖于酶的活性,死后大多数酶在组织中是非常稳定的。一般而言,一个酶的活性如果在死后每小时降低不超过 3%,则认为这个酶是稳定的,但当一个酶活性降低速度超过每小时 5% 时,则认为这个酶是不稳定的。按上述标准,一个稳定的酶将能够在死后 10 h 内仍保持它原来活性的 70%。

3. 组织结构的完整性

光镜、电镜观察均显示冷冻尸体脑组织的微观和超微结构与组织结构的完整性有关。

4. 组织 pH

RNA 的稳定性与脑组织 pH 有直接相关性,原因在于不同的 pH 对 RNase 的活性有非常重要的作用。当然,并不是所有的 mRNA 都对 pH 敏感,因为不同酶对 pH 的敏感度不同,所以需要在研究每一个转录物之后,才能决定 pH 的影响程度。

(卓荦,王荣帅)

第五章 磁共振波谱技术推断死亡时间

第一节 磁共振现象

一、分子光谱与磁共振波谱

20世纪中叶,分子光谱家族增加了一个新的成员——磁共振光谱(magnetic resonance spectroscopy,MRS)。磁共振光谱又称为磁共振波谱,简称磁共振。磁共振波谱与其他光谱分支一样,是研究电磁辐射与分子相互作用的学科,其研究分子各能级状态间的跃迁频率、跃迁强度及其所遵守的规律,借以了解分子的结构、组成、分子键的相互作用及与之有关的化学与生物体系的物理、化学性质和生物功能。磁共振波谱作为分子光谱的一个分支,与分子光谱有着共同的理论体系,仪器的主要结构也有许多共通之处。处理和分析磁共振谱图同样采用半经典的方法,即对原子和分子做量子力学处理,将辐射视为经典的电磁波,这是化学和生物医学工作者常用的方法。

与通常的分子的电子光谱、振动光谱和转动光谱相比,磁共振波谱也有自己的特点。磁共振波谱的适用对象必须是构成分子的电子或原子核,具有与非零自旋角动量相联系的磁偶极矩,在静磁场的作用下产生一系列分立能级。当具有一定方位的交变磁场的频率与某些能级之间的跃迁频率相当时,则可观察到选择规则所允许的量子跃迁,产生所谓的磁共振现象,并从交变磁场中吸收能量,得到磁共振谱图。

原子核由质子和中子组成,质子带正电荷,中子不带电荷,因此原子核带正电荷,电荷数等于质子数。

大多数原子核围着某个自身轴做旋转运动,因此,其本身所带正电荷会形成环形电流,从而产生一种核磁矩。当以电磁波照射置于磁场中的这种原子核时,则会发生某种频率能量的吸收。吸收后原子核能量发生变化,并发出磁共振波谱信号,这就是磁共振现象。

电子绕磁场自旋进动产生轴方向磁偶极子,这种角动量用自旋量子数 I 表示,当 I 为奇数时,自旋存在;当原子核里面中子数为偶数、质子数为奇数时,自旋也存在;原子核里面质子与中子的数量同为偶数时,不存在核自旋。

磁共振波谱与其他分子光谱主要有以下两点不同:第一,相对其他光谱而言,分立能级对应着分子内部运动的能量,而磁共振波谱的分立能级则取决于电子或核磁矩与外磁场作用的塞曼能;第二,对其他分子光谱而言,光谱积分计算的是分子的电偶极矩,所涉及的跃迁为电偶极跃迁,而在磁共振波谱中,跃迁矩阵元为磁偶极矩,引发磁偶极矩跃迁。

另外,与其他分子光谱相比,自旋弛豫对磁共振波谱具有特别重要的意义。磁共振波谱和任何一种吸收光谱所观测的都是低能级粒子跃迁至高能级时对电磁波能量的净吸收,要实现光谱测量,各能级上的粒子集居数必须保持玻尔兹曼平衡分布,也就是说,净跃迁到较高能级的粒子必须及时返回低能级。自发发射是一个重要途径,如果自发发射是维持玻尔兹曼平衡的唯一途径,集居数达到平衡值则需要几千年的时间,那么必定存在某些其他过程,以使过量的激发态粒子回到基态。实际上电子或核自旋与环境(晶格)存在相互作用,使自旋与环境之间发生非辐射能量转变,这种现象称为自旋-晶格弛豫。自旋-晶格弛豫以特征性时间来量度。在磁共振波谱领域,自旋弛豫的理论和应用研究占有十分重要的地位,甚至可以认为,磁共振波谱分为两部分,即磁共振波谱学和自旋弛豫。

二、磁共振波谱的分类

磁共振波谱有两个主要分支,一是核磁共振(nuclear magnetic resonance,NMR);另一个是电子磁共振(electron magnetic resonance,EMR),也称为电子自旋共振(electron spin resonance,ESR)或电子顺磁共振(electron paramagnetic resonance,EPR)。磁性核和电子都有自旋角动量和磁矩。尽管 NMR 和 EMR 有很多共同之处,但因为核和电子所涉及的磁场相互作用的大小和符号不同,NMR 和 EMR 在技术和方法上存在差异。同时也因为核和电子在物质分子中的地位和作用不同,它们有着不同的应用范围和研究对象。

1945 年,美国科学家 Bloch 和 Purcell 分别观察到凝聚态石蜡和水的 NMR 现象,两人因此获得了 1952 年诺贝尔物理学奖。EMR 由苏联科学家于 1944 年发现。半个多世纪以来,NMR 和 EMR 在波谱和弛豫理论与应用方面,特别是在应用技术方面得到了巨大的发展。目前,作为化学和生物医学领域中的分析工具,NMR 有更大的应用价值,NMR 的适用范围几乎遍及所有的有机和无机化合物。同时,由于产生 NMR 的磁性核处于电子氛围所屏蔽的分子骨架中,其所贡献的波谱和弛豫参数既可反映磁性核本身的特性,又能反映附近粒子和环境的影响,具有显著的特异性和可测性,因此随着科学的发展,NMR 迅速成为生物医学领域中应用最广泛的分析手段。

EMR 仅适用于具有未成对电子的顺磁性分子,但绝大多数物质是抗磁性的,而且作为顺磁性来源的未成对电子又多处于分子的外层轨道,顺磁性分子之间及顺磁性分子与环境之间的相互作用非常大,即使是顺磁性分子也不一定能得到确定的 EMR 实验结果。作为一种分析工具,EMR 仍不能像 NMR 那样广泛用于生物医学诊断。但是,由于 EMR 对观察自由基、自由基反应及与过渡金属离子有关的生物分子具有独特的优越性和不可替代性,而且自由基的行为在生物医学中的重要性又日益受到人们的关注,所以 EMR 应用技术也得到了很大的发展,并且成为生物医学领域一个重要的研究工具。

三、电子磁共振

由于电子的磁矩比核磁矩大3个数量级，所以EMR的灵敏度比NMR高很多。早期的EMR主要用于对生物体系中稳定自由基和几种金属离子生物络合物的检测。20世纪50年代，有学者对生物体几乎所有的物质，包括植物根、茎、叶和种子都进行了EMR检测，尽管只提供了几个EMR参数，但足以引起各国有关学者的兴趣。1960年前后形成了一个EMR研究高潮，研究者通过许多生物大分子对EMR进行了比较深入的研究，这些生物大分子包括生物体系中某些重要的自由基、某些金属蛋白及一些有关的过渡金属离子生物复合物，蛋白质和核酸组分受辐射产生的自由基中间体。研究结果对解释自由基和金属离子在生命过程中的存在形式和价态、在电子传递链中的作用及生物辐射损伤和防护机制具有重要的理论价值，同时，也为以后的EMR研究积累了大量的实验材料。但EMR的固有特性，即易受样品的物理状态、浓度、介质、制备方法，仪器参数等内部和外界条件的影响，会给实验结果带来较大的偏差和不稳定性。

为使EMR的方法应用于抗磁性生物分子和生物体系中的短寿命自由基检测，近几十年来有关科学工作者做出了巨大努力。1965年前后创立的自旋标记方法和自旋捕集技术得到了普及和发展。自旋标记方法是将符合一定条件的稳定自由基与抗磁性生物分子相结合，借助标记分子的EMR特征来反映被研究体系的物理化学性质，这一方法已广泛用于生物膜、蛋白质、核酸等生物大分子的结构、构象和运动状态的研究。自旋捕集技术利用某些化合物的不饱和特性，与活泼自由基迅速形成一种相对稳定的自由基，即自旋加合物，借助自旋加合物的EMR谱推断活泼自由基的性质，这样在普通的X波段即可利用EMR对短寿命自由基的行为进行间接观察。

高磁场、二维和多维、自旋成像等促使NMR腾飞的技术、方法和理论也适用于EMR，但由于EMR处于微波区域，相较于处在射频波段的NMR，在技术上存在更大的困难。同时加上EMR的固有特性，导致像W波段的EMR、自旋回波、EMR成像等方法虽早已出现，但仍未得到广泛应用。但近年来由于自由基生物医学和酶学的迅速发展，EMR技术已逐渐得到普及和提升。

第二节 核 磁 共 振

1951年Arnold观察到液体乙醇质子的NMR谱由3条谱线组成，这使NMR进入化学领域；1957年Saunders等报道了40 MHz的核酸酶的磁共振波谱；1960年Cohn等获得了ATP的^{31}P高分辨NMR谱，随后NMR应用于生物分子的研究逐年增多。NMR固有的低灵敏度曾严重地阻碍了它的发展和普及，其原因在于NMR跃迁中的能量极为微弱，最需要测量的自然丰度的^{13}C，NMR根本无法实现，提高灵敏度一直是NMR研究者奋斗的目标。加大磁场,增大样品体积,降低温度,采用核 Overhauser 效应、交叉极化等方法增加磁化强度及运用各种双共振技术做间接测量,均可收到不同程度的效果。20 世纪 60 年代人们认识到以时间换取灵敏度的道理,快速扫描和计算机累加技术曾一度成为 NMR 研究者热衷的方法。但直到彻底摒弃了传统的连续波(continuous wave,CW)之后,NMR 技术的灵敏度才取得根本性突破。从 NMR 谱的相干累加和多通道实验中得到启示,进而导致了脉冲傅里叶变换 NMR(pulsed Fourier transform NMR,PFT-NMR)的兴起,这是 NMR 技术一次革命性的飞跃。PFT-NMR 与高磁场结合所获得的高灵敏度和高分辨率使 NMR 技术获取的信息量大大增加,生物体系中如蛋白质、核酸、脂类等几乎所有的组分都得到了研究。PFT-NMR 不但能揭示生物大分子的静态结构,而且能提供生物分子的空间构象、分子运动和相互作用、反应动力学等方面的重要信息。

NMR 技术的另一次飞跃是二维 NMR(2D NMR)技术。脉冲傅里叶变换 2D NMR 技术通过修饰哈密顿及有关相干量的演化等技巧使一维 NMR(1D NMR)或其他光谱方法很难或不可能得到的信息获取变得轻而易举。如今,NMR 已发展成为可以从微观上研究所有生物分子的结构和空间构象,又可以从宏观上研究整个器官甚至整个人体的杰出的医学诊断工具。

核磁共振仪(图 5-1)一般由四大部分组成:磁体、探头、谱仪和计算机。通过计算机选择测定模式并设置好各个参数,频率合成器根据计算机的指令合成某一频率的射频脉冲,经探头内的发射线圈照射到样品上,样品吸收射频能量发生 NMR,接收线圈将吸收信号传输到检测器上,经放大后存储于计算机中。这些信号经傅里叶变换后,即可在绘图仪上绘出 NMR 谱。

图 5-1　核磁共振仪

一、磁体

磁体是核磁共振仪的基本部件之一。永久磁体笨重,磁场强度低,所以现在一般采用电磁铁。一台好的核磁共振仪的基本特点是磁场稳定,有高的灵敏度和分辨率。磁场稳定才能做到重复性好、结果可靠,而分辨率高则有利于生物大分子的分析。要提高灵敏度和分辨率,就要增大磁场强度,这对电磁铁来说,就意味着要增大电流,而增大电流之后,导线就会发热,连续工作时磁场会发生漂移。普通的电磁铁的磁场强度最高不超过 3 T,对质子来说共振频率约为 100 MHz,这种电磁铁要用大量水来冷却,开机后要预热稳定一段时间,连续开机时间还不能太长,以免过热而烧毁。随着低温技术及低温物理学的发展,人们发现金属在绝对零度(-273.15 ℃)时的电阻只有常温下的 1% 左右,而有些合金在接近绝对零度时,电阻突然消失,这就是所谓的超导现象,这种合金称为超导体。利用这种超导金属丝做成电磁铁,理论上电流可以加到很大而不发热,这就是超导磁体(superconducting magnet)。如 INOVA 600 核磁共振仪的超导磁体,在头发丝那么细的超导线中流动着 120 A 的电流,磁场强度高达 14.7 T,质子的共振频率为 600 MHz。超导核磁共振仪的优越性是磁场强度高、分辨率高、灵敏度高,这样可以大大减少样品用量,操作时间也大大缩短。另外,其磁场很稳定,可以连续不间断地运转。超导核磁共振仪可测定的核素多,功能也多,一般与计算机联用,可进行一维、二维等多种形式的 NMR 谱的测定。

超导磁体的主体是在铜或青铜做的保护架上,用超导材料的金属丝绕制出数组管型线圈和一些补偿线圈。后者是为了消除由于管型部分的有限长度而造成的二级和四级轴向梯度。所有各组线圈串联在一起,一个超导开关和它并联,超导开关和液氦罐是隔热的。磁体线圈浸泡在液氦中,盛液氦的杜瓦外套为一盛液氮的杜瓦不锈钢桶,装配时先抽真空,在两个杜瓦中加液氮预冷。升场时,分别在两个杜瓦中加满液氮和液氦,在超导线圈中逐步加大电流,利用内部电热器,使超导开关的超导丝升温,产生电阻,开关就处在"断路"状态,电源的电流流过磁体的各组线圈而不通过这一开关。关闭加热器后,超导开关又恢复其超导状态,此开关导通。原来所有电流都在磁体线圈和供给电源之间流动,此时若减小电源供给的电流,则超导磁体的电流仍保持恒定,其差额电流流过超导开关。最后当供给电源的电流降至零时,超导磁体的全部电流都流过超导开关,达到了全恒定状态。移去升场电源后,600 MHz 磁体线圈内就有 120 A 的电流在日夜不停地循环流动。

由于绕制线圈的不均匀性等因素所造成的磁场梯度可用一组匀场线圈来消除。在磁体的上方位于液氦罐的顶部装有一个终端板,上有一个可插式导线连接的端子、一个虹吸连接器和一个保护回路。保护回路由几个低值电阻组成,每个电阻与相应的线圈并联。当磁体失超,也就是磁体线圈有电阻时,这些保护电阻可以防止高压的形成以免破坏绝缘系统,此外它们也可分散一些能量,以免能量过分集中到磁体线圈内。为了使超导磁体正常工作,必须使其保持在一定的低温状态下。一般将线圈浸泡在液氦中,使其温度维持在

4 K。液氦罐又浸泡在液氮罐(77 K)中,每个罐的外层为真空夹层,两个罐均处于超绝缘状态。一般超导磁体每隔 3~4 个月补充一次液氦,每隔 6~10 天补充一次液氮。磁体一般都附有液氦和液氮液面指示计。另外还有空气压缩机和空气干燥机,可将空气除湿并使样品旋转,自动落入磁体的样品腔或从磁体的样品腔中射出。

二、探头

探头(probe)一般可分为专用探头、宽带探头、三共振探头,根据探头的直径又可分为 10 mm 探头、5 mm 探头和微量探头。检测时将所测的样品放入探头中,探头内装有射频发射线圈和接收线圈。近年来反式检测探头应用广泛,超导探头可使检测灵敏度进一步提高。

三、谱仪

谱仪包括大规模集成线路板的频率合成器、功率放大器、射频发射器、接收器、前置放大器、脉冲波发生器、脉冲梯度场发生器等单元部分。

四、计算机

计算机内存有各种操作和处理软件,可通过终端上的菜单输入有关指令进行 NMR 测定,并将数据存入计算机中,然后进行傅里叶变换等处理,最后打印出图谱和数据。一般超导核磁共振仪可测 90 多种核素,并可以对各种生物大分子进行一维、二维及多维 NMR 谱的研究。

第三节 磁共振波谱技术推断死亡时间的方法

国内外法医学者尝试了各种方法来推断死亡时间,其研究大多局限于同一温度条件下的单一物质死后变化,因受客观环境影响,误差较大,故一直未能应用于实践中。死亡后,机体新陈代谢停止,丧失了对体内各种代谢物的调节作用,体内的代谢物在外界环境的影响下,发生各种变化,法医学者即基于这些变化推断死亡时间。由于死后体内各种代谢物的变化都受到酶的影响,而酶的活性主要受控于酶反应温度,不同环境温度下不同物质的死后变化各不相同,所以,同一温度下,通过单一物质推断死亡时间与实际情况差别很大,局限于同一温度下,基于单一物质的死后变化已不能准确地推断死亡时间。

一、磁共振波谱推断死亡时间的可行性分析

磁共振波谱技术是一种利用磁共振现象和化学位移作用进行一系列原子核和化合物分析的新技术。它不破坏被检查组织,具有软组织对比度高、成像参数和对比众多、图像信息丰富等特点,可以显示组织和器官的解剖结构,还可以对体内生理生化及组织代谢等进行多维度的分析,此外,其还可以在同一实验条件下,一次性检测多种代谢物,从而避免不同实验条件及多次检测多种物质所带来的实验误差,进而使死亡时间推断成为可能。目前能对 ^1H、^{31}P、^{13}C、^{19}F、^{23}Na 和 ^{39}K 等原子核进行磁共振波谱测定,其中应用较为成熟和常用的是氢原子核,其只有一个质子,其波谱被称为质子磁共振波谱(^1H-MRS)。^1H-MRS 所检测的代谢物主要有氮-乙酰天冬氨酸(Naa)、胆碱复合物(Cho)、磷酸肌酸和肌酸(PCr/Cr)等。Naa 的共振峰位于化学位移 2.02 处,在正常 ^1H-MRS 中 Naa 峰是最高的峰,主要存在于神经元及轴索中,被认为是神经元的内标志物。Naa 峰的降低反映了神经元的脱失或能量代谢障碍。Cho 主要包括磷酸胆碱和磷酸乙酰胆碱,共振峰位于化学位移 3.2 处,正常情况下是 ^1H-MRS 的第二高峰。Cho 也是乙酰胆碱的前体,是细胞膜的标志物。Cho 峰增高,代表细胞分裂增殖活跃及细胞膜代谢异常增高,下降则代表细胞缺失或损伤。PCr/Cr 包括 Cr、PCr 以及少量的 γ-氨基丁酸、赖氨酸和谷胱甘肽,共振峰位于化学位移 3.03 处,Cr 的另一波峰亦可见于化学位移 3.94 处。PCr/Cr 存在于神经元和胶质细胞中,为细胞内的磷酸转运系统和能量缓冲系统标志物,是高能磷酸盐的储备形式和 ADP 及 ATP 的缓冲剂,与能量代谢有关(图 5-2)。

有实验证实,使用家兔气体栓塞处死模型可有效提高磁共振波谱检测中的信噪比,能够满足磁共振波谱检测的要求。结果显示,单体素 ^1H-MRS 中化学位移如下:Naa(2.02)、Cho(3.2)、Cr(3.0)。相对含量平均值分别为 Naa 332.1 ± 44.6,Cho 253.2 ± 37.6,Cr 219.4 ± 28.4。多体素 ^1H-MRS 中化学位移如下:Naa(2.0)、Cho(3.2)、Cr(3.0)。相对含量比值分别为 Naa/Cr 1.51 ± 0.17,Naa/Cho 1.31 ± 0.14,Cho/Cr 1.15 ± 0.13。如图 5-3 所示,死亡后 Naa 含量明显下降,且下降程度与死亡时间成正比,尤其在死后 1~6 h 下降明显,24 h 后降为 64.8 ± 23.2,说明 Naa 作为神经元标志物,对缺血、缺氧极其敏感,且在 24 h 内即消耗殆尽;虽下降程度不及 Naa 显著,但 Cr 含量也随死亡时间延长而持续降低,尤其在死后 2~6 h 下降明显,24 h 后降为 105.3 ± 21.8,说明死后细胞内磷酸转运系统和能量缓冲系统代谢障碍;Cho 在 24 h 内的变化无统计学意义,有关 Cho 缺血、缺氧后降解规律的报道不尽相同,其降解机制也无一致意见,这可能是由于死后脑内代谢停止,脑组织不能将 Cho 的代谢物清除,致使机体死后 Cho 仍相对稳定。总的来说,死后 24 h 内、30 ℃条件下,Naa、PCr/Cr 的降解规律比较符合回归曲线分布。利用 ^1H-MRS 技术检测家兔死后 24 h 内 Naa、Cho 及 PCr/Cr 的意义如下:①利用 ^1H-MRS 无创性检测的特点,探讨其用于研究物质死后变化的可行性;②利用 ^1H-MRS 技术在同一实验平台、同一时间内,一次性检测脑内多种物质代谢,初步探讨多因素、多物质协

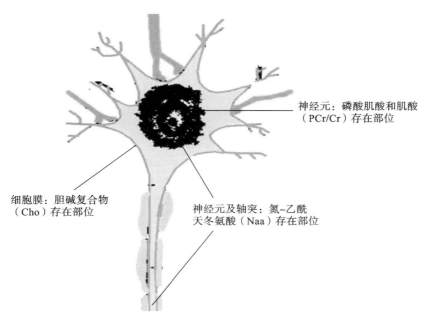

图 5-2　Naa、Cho 及 PCr/Cr 在神经元细胞中的存在部位

同推断死亡时间的可行性。实验结果表明，¹H-MRS可检测到死后物质的代谢变化；在 30 ℃条件下，Naa、Cr 降解曲线与死亡时间相关程度较高（$r^2=0.962$ 和 $r^2=0.986$），对限制条件下的死亡时间推断有一定借鉴意义，可利用¹H-MRS技术对多物质、多因素协同推断死亡时间进行进一步研究。

二、¹H-MRS 推断死亡时间的研究

脑组织受外层颅骨保护，处于相对密闭的环境，受外界条件变化的影响较小，可以通过死后不同时间脑组织内不同代谢物的变化规律来推断死亡时间。已有研究证实可以通过¹H-MRS 推断死亡时间，其所检测的代谢物主要有 Naa、Cho、Cr 等。通过多体素¹H-MRS 技术，对家兔死后 24 h 内不同时间点脑组织中 Naa、Cho、Cr 进行测定，结果表明，家兔死后，脑组织中 Naa 相对含量明显下降，并随死亡时间延长而持续降低，在 0.5 h 及 6 h 时明显下降。Naa 的这种变化可能是由细胞膜受到破坏，氨基酰水解酶Ⅱ进入细胞间隙内水解 Naa 所致。Cho 在死后 24 h 内的变化无统计学意义，可能由于死后脑组织代谢停止，脑组织不能将 Cho 的代谢物清除，致使 Cho 的含量相对稳定。以死亡时间为因变量（y），对 Naa、Cr 相对含量（x）进行一元回归方程拟合，得到一元二次多项式方程。Naa：$y=0.7425x^2-27.282x+299.984$（$r^2=0.962$，$F=87.45$，$P<0.001$）。Cr：$y=0.3234x^2-12.007x+210.503$（$r^2=0.986$，$F=156.26$，$P<0.001$）。死后 24 h 内 Naa、Cho、Cr 相对含量在变化，即不同环境温度组 Naa、Cr 相对含量在 24 h 内均持续下降，但高温组下降

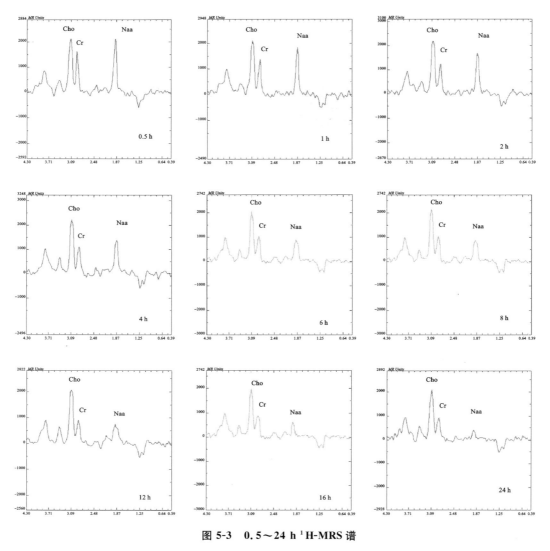

图 5-3　0.5～24 h ^{1}H-MRS 谱

趋势更为明显,说明环境温度对 Naa 及 Cr 的降解有影响,温度越高,降解越快。Naa 相对含量下降反映了神经元不可逆地失去功能。神经元是典型的减数分裂细胞,成为神经细胞后,就失去了 DNA 合成能力,Naa 相对含量降低与神经元不可再生、Naa 水解酶活性增高有关,与神经元缺血损伤程度成比例。实验表明 Naa 的含量在死后 0～12 h 下降幅度最大,说明在这段时间内缺血代谢物的变化最快,脑组织缺血损伤最为剧烈;Cr 相对含量下降,说明脑内细胞能量代谢发生障碍。在缺血后期,Cho 相对含量可下降,但也有 Cho 相对含量升高的报道,有关 Cho 在死后的降解规律仍有待探讨。

研究还通过数据挖掘出死后 24 h 内 Naa/Cr、Naa/Cho、Cho/Cr 与死亡时间呈线性关系。死后 24 h 内 Naa/Cr、Naa/Cho、Cho/Cr(x)与死亡时间(y)的一元二次多项式方程分别如下：Naa/Cr，$y=0.0020x^2-0.0815x+1.4532$，$r^2=0.971$；Naa/Cho，$y=0.0029x^2+0.1067x+1.1555$，$r^2=0.986$；Cho/Cr，$y=-0.0024x^2+0.0870x+1.1876$，$r^2=0.962$。用 Naa/Cr 的方程推断死亡时间，当死亡时间短于 24 h 时，残差分析结果表明平均偏离时间为 1.70～50.27 min；用 Cho/Cr 的方程推断死亡时间，当死亡时间短于 24 h 时，残差分析结果表明平均偏离时间为 0.03～65.44 min。这说明死后 24 h 内，Naa/Cr、Naa/Cho、Cho/Cr 的变化规律比较符合回归曲线分布，并且偏离时间的误差较小，表明此方程用于推断死亡时间效果较好。机体死亡后，一切代谢物发生变化的本质原因为缺血、缺氧及能量障碍。所以，一切死后变化都将以能量消耗为中心。

需要特别说明的是，Naa 在死后 24 h 内降解较快，24 h 后 Naa 可能降解殆尽，其变化趋势可能趋于停止。所以，Naa/Cr 可能适合应用于早期死亡时间推断，而不适用于推断晚期的死亡时间。死后 24 h 内，虽然 Cho 并无明显统计学意义上的变化，但随着细胞组织结构的变化，作为细胞膜标志物的 Cho 必然发生相应变化，其变化还有可能持续相当长的时间。

Mora 等引入基于 NMR 的代谢组学来寻找可推断死亡时间的代谢生物标志物。此研究主要通过小鼠死亡后不同时间（死亡时，死后 6 h，24 h）心脏、肾、肝、脾、皮肤和白色脂肪组织发生的代谢组学变化，借助 ^{1}H-NMR 表征这些代谢物的性质和浓度。在心脏组织中，肌苷和 ATP 是死后水平急剧下降的两种代谢物，甘油和丙二酸酯水平增高。死亡后肾组织中发生的代谢组学差异主要是肌苷水平降低和乳酸水平增高，随着死亡时间的延长，肌苷、烟酰胺和腺嘌呤水平持续降低，而苯丙氨酸和酪氨酸水平明显增高。肝组织中，麦芽糖和谷氨酸减少，乙酸盐增多，这是乙酰辅酶 A 降解的标志，由于缺乏线粒体，乙酰辅酶 A 不能再进入三羧酸循环。皮肤组织中的物质随着死亡时间的延长，受到的影响比较小，在死亡 6 h 后乳酸水平才增高，这可能与细菌活性有关，而葡萄糖和牛磺酸水平降低。

三、^{1}H-MRS 推断不同温度下死亡时间的研究

机体死亡后，体内不再维持代谢稳态，体内各种代谢物在尸体所处的不同环境温度下发生各不相同的变化。局限于特定温度下一种物质的死后变化规律，在实际工作中往往不能准确推断死亡时间。死后某种单一物质发生变化时，可能受到温度的影响，但是若有两种物质或多种物质因共同受温度影响而出现相似的变化趋势，在它们之间存在某种规律性的联系，就可以借此消除或减小温度的影响。也就是说，我们所要关注的不再是某一种代谢物在某一特定温度下的变化量，而是某几种物质与温度之间的关系。我们希望找出某种不受温度影响的标志物，这样有助于准确推断死亡时间。

编者所在课题组尝试研究 Naa/Cr、Naa/Cho、Cho/Cr 在有环境差异的前提下 24 h 内的变化。有意思的是，不同环境温度下 Naa/Cr、Cho/Cr 之间无显著差异，说明 Naa/Cr、Cho/Cr 的死后变化对环境温度不敏感。机体死亡后，脑组织急性缺血、缺氧，导致能量代

谢障碍,细胞降解,细胞组织结构破坏,说明能量代谢障碍为各种死后变化的中心环节。随着脑组织细胞能量代谢的标志物 Cr 水平下降,神经元标志物 Naa 及胆碱标志物 Cho 也发生相应的变化,它们在各种环境温度下的变化趋势可能无明显差异。以 Naa/Cr 为例,温度高,降解速度快,能量损失快,导致神经元细胞降解加速;温度低,能量损失及神经元细胞降解也相应减缓。这种同步变化体现在两者比值上,即不同温度条件下 Naa/Cr 差异无统计学意义。

为了研究温度对死亡时间的影响,Michael 等应用 ^{1}H-MRS 研究了羊脑组织和人脑组织死后代谢物的沉积情况,以辅助推断死亡时间:死后 3 天内,主要观察到脑组织中常见代谢物的浓度变化,如丙氨酸、天冬氨酸、乳酸、牛磺酸等;死亡 3 天后,在脑组织中开始检测到新的代谢物,包括游离三甲胺、丙酸、丁酸和异丁酸等。该研究也对比了羊脑组织与人脑组织中代谢物的种类、浓度及其随死亡时间的变化情况,认为羊脑模型的检测结果适合借鉴到人脑组织中。

(杨天潼,张杰)

第六章 三磷酸腺苷生物发光快速检测技术推断死亡时间

第一节 生物发光快速检测技术的基本理论

生物发光(bioluminescence,BL)是生物体内的发光蛋白通过消耗能量而产生的发光现象,是化学发光的一个特殊类型。发光所需的激发能来自生物体内的酶催化反应,催化此类反应的酶称为荧光素酶(luciferase)。生物发光现象在公元前4世纪即有记载,20世纪60年代以来,随着对发光机制的深入研究,尤其是在20世纪70年代后期又出现了生物发光免疫分析和萤火虫荧光素酶(firefly luciferase)的固相化,其在多种学科实践中的应用逐渐成为科研热点,尤其是在食品卫生、生命科学、临床化学和环境分析等方面展示了其特殊的优越性。

生物发光包括萤火虫生物发光和细菌生物发光等,前者发光反应需要三磷酸腺苷(ATP)的参与,因此萤火虫生物发光又称ATP依赖性生物发光。萤火虫荧光素酶发光系统是生物发光中研究得最深入、透彻的一类,也是生物发光分析中应用得最广泛的一种。以萤火虫的发光原理为依据的生物发光快速检测技术,目前已被定为测量ATP(所有生物的中心能量化合物)的临床检测方法。这一技术不仅可以检测组织细胞内的ATP,还可以检测微生物内的ATP。由于生物发光快速检测技术具有高灵敏度、宽线性范围、检测快速、易于操作及设备要求不高等优点,加之试剂及测试仪器的商品化,这一技术已成为现代痕量分析中一种十分活跃的研究方法,被广泛用于生物化学、生理学、微生物学、临床医学、食品科学、环境科学、海洋学、计划生育、航天学和工农业等领域,但其在法医学中的应用研究还很少,其应用价值尚待进一步研究和开发。本章就ATP生物发光快速检测技术的原理及应用现状进行综述,以期为其法医学应用拓展思路。

第二节 萤火虫荧光素酶发光系统

最早进行萤火虫荧光素酶发光系统研究的是Dubois,他在1885年报道自荧光虫的发光器中抽提出2种物质,一种为萤火虫荧光素,另一种为萤火虫荧光素酶,二者混合后可发光。1947年McElroy报道萤火虫发光时必须有ATP参与。1952年Strehler及Totter首先用萤火虫荧光素酶的粗制剂测定ATP。1956年Green及McElroy纯化了萤火虫荧光素酶,得到针状或细棒状结晶。1961年White等合成了萤火虫荧光素。之后,DeLuca、

Lundin、Cormier 等进行了大量的工作,特别是 McElroy 所领导的实验室进行了持续深入的研究,为萤火虫荧光素酶发光系统的发光分析奠定了理论与应用基础。1986 年该实验室用基因工程表达了 *Photinus pyralis*(简称为 *P. pyralis*)萤火虫荧光素酶。苏联莫斯科大学 Yrpoba 实验室于 1977 年纯化了 *Lucoila mingrelica*(简称为 *L. mingrelica*)萤火虫荧光素酶,并对其结构与性质进行了一系列研究。

萤火虫属鞘翅目、萤科,可发光者有 2000 余种。目前研究得最详细的是美国东海岸的 *P. pyralis*。Sigma 等公司出售的萤火虫荧光素酶均是从此种虫尾部发光器所提取的。目前所知,萤火虫荧光素酶发光系统由萤火虫荧光素酶、萤火虫荧光素、ATP、Mg^{2+}、O_2 所组成,其催化反应完全相同,仅萤火虫荧光素酶的结构略有不同,因而酶学性质和理化性质亦略有差异。

一、萤火虫荧光素酶

萤火虫荧光素酶为优球蛋白,不溶于水而溶于稀盐溶液。*P. pyralis* 萤火虫荧光素酶的分子量为 124000,*L. mingrelica* 萤火虫荧光素酶的分子量约为 90000,从我国中华黄萤中分离纯化的萤火虫荧光素酶的分子量为 130000。它们都是由两个相同或相似的亚基组成的二聚体,其等电点为 6.1~6.2,最适 pH 与虫的种属有关,介于 7.4~7.8,最适温度为 23~25 ℃,在 37 ℃出现不可逆性失活。

二、萤火虫荧光素

萤火虫荧光素简称 LH_2,化学全称为 D-(—)-2-(6′-羟基-2′-苯并噻唑基)-Δ^2-噻唑啉-4-羧酸,分子量为 280,微黄色结晶,溶于水,其水溶液在紫外线照射下可发出绿色荧光。1957 年 Bitler 及 McElroy 自 15000 只 *P. pyralis* 的发光器中分离出 9 mg LH_2。1961 年,White 等合成了 LH_2 并报道了它的化学及物理性质。1985 年,第二军医大学化学及生化教研室也合成了 LH_2。萤火虫发光器中亦有部分脱氢萤火虫荧光素(L),L 与 LH_2 结构类似,也能与萤火虫荧光素酶结合,但 L 只能发射微弱的光,故在发光反应中,L 是 LH_2 重要的竞争抑制剂。

萤火虫荧光素(LH_2)　　　　　　脱氢萤火虫荧光素(L)

三、三磷酸腺苷（ATP）

ATP 也是萤火虫荧光素酶的底物，ATP 及 ATP-Mg^{2+} 与酶的相应位点通过嘌呤环 C_6-NH_2 结合，其他核苷三磷酸（NTP）均不能与萤火虫荧光素酶结合，因此萤火虫荧光素酶催化的发光反应是 ATP 特异性的。萤火虫荧光素酶粗品中含有的 NTP 可被其中的核苷二磷酸激酶（NDPK）催化为 ATP，从而抬高本底。

四、O_2 和 Mg^{2+}

在萤火虫荧光素酶催化的反应中 O_2 是必需的。1 mol O_2 可使 1 mol LH_2 氧化，产生 1 mol CO_2。若向反应体系中充氮气，则发光逐渐减弱，以至停止。Mg^{2+} 与 ATP 结合生成 ATP-Mg^{2+} 复合物方能使 ATP 反应得到最大发光值。当测定体系中 ATP 量增加时，Mg^{2+} 量也应增加，否则将会影响发光强度。当 ATP 浓度不变时，增加 Mg^{2+} 亦可使光子产额在一定范围内增加。其他 2 价阳离子，如 Mn^{2+}、Co^{2+}、Zn^{2+}、Fe^{2+} 等可取代 Mg^{2+} 的作用，但以 Mg^{2+} 的光子产额最高，Co^{2+} 的光子产额仅为 Mg^{2+} 的 28%。

第三节　ATP 依赖性生物发光反应原理

一、萤火虫荧光素酶的催化反应

ATP 依赖性生物发光反应中，LH_2 在萤火虫荧光素酶的催化下，以 ATP 为能源，在 Mg^{2+} 存在条件下与 O_2 反应产生光子，总反应式表示如下：

$$ATP+LH_2+O_2 \xrightarrow[Mg^{2+}]{\text{萤火虫荧光素酶}} \text{氧化型 } LH_2+AMP+PPi+CO_2+\text{光子}$$

此反应分几个步骤：首先，ATP 使 LH_2 活化，形成腺嘌呤荧光素，而后与萤火虫荧光素酶结合，形成 LH_2-萤火虫荧光素酶-AMP 复合物；然后，在氧的参与下，LH_2 氧化成氧化型 LH_2，此过程中产生的氧化型 LH_2 处于激发态，发射光子后回到基态，并与酶和 AMP 分离。

$$ATP+LH_2 \xrightarrow[\text{萤火虫荧光素酶}]{Mg^{2+}} LH_2\text{-}AMP+PPi$$
$$\downarrow [O]$$
$$AMP+\text{氧化型}LH_2 \xleftarrow{\text{光子}} \text{激发态}LH_2\text{-}AMP$$

该反应对 ATP 是特异性的,在整个反应过程中,放出的总光量取决于 LH_2、萤火虫荧光素酶、O_2 和 ATP 的浓度。当所有其他反应物均过量时,发出的总光量和最大光强度与 ATP 的量成正比,反应产生的光子可用发光计检测,它已成为定量检测各种样品中 ATP 的基础。

二、发光反应的特征与发光动力学

1. 光谱

萤火虫荧光素酶催化的发光光谱依萤火虫的种类而异。*P. pyralis* 发射的光谱带宽为 500~650 nm,峰值为 562 nm(pH 7.5 时),而 *Photuris pennsylvanicus* 的峰值为 552 nm,*Purophorus phagiothalamus* 的峰值为 557~560 nm。光子产额 *P. pyralis* 为 0.88 ± 0.25(pH 7.6 时 1 mol LH_2 氧化所得)。上述峰值及光子产额均与 pH 有关,pH 降低,峰值红移,光子产额减少,但中华黄萤的萤火虫荧光素酶发光系统的发光光谱在 pH 降低时无红移现象。另外,当反应体系中有 Zn^{2+}、Cd^{2+}、Hg^{2+} 存在时,峰值亦发生红移。

2. 发光反应的动力学

发光反应中形成 LH_2-萤火虫荧光素酶-AMP 复合物的阶段为慢过程,此后的氧化脱羧为快过程。当发光反应系统 pH 为 7.6、温度为 25 ℃时,ATP 与萤火虫荧光素酶、LH_2 迅速混合后,首先有 25 ms 的延迟,然后发射闪光,约 300 ms 达到峰值。此段时间绝大部分用于慢过程中复合物的形成。

2005 年郝巧玲等报道测定细胞内 ATP 的最佳反应条件为 pH 7.8,温度 20~25 ℃,萤火虫荧光素酶浓度 3.0 mg/mL。上述情况是针对纯酶而言的,萤火虫荧光素酶粗品在参与反应时,其发光过程与纯酶不同,发光达峰值后立即衰减,一方面是由于其中含有较多的产物,对酶产生抑制作用,另一方面则是粗酶中含有的一定量杂酶的干扰之故。因此用粗酶测定只能用峰值或积分值计算,亦不便在发光过程中添加新的反应物,如添加标准量的 ATP 做添加回收实验等。

三、发光反应的抑制剂与激活剂

1. 竞争性抑制剂

竞争性抑制剂主要是与底物结构相似的物质,它们与底物竞争酶的结合位点。如脱氢萤火虫荧光素(L)、AMP、dATP、腺嘌呤等,其中以 L 最为重要,其 K_i 为 1×10^{-6} mol/L。

2. 非竞争性抑制剂

Thore 报道了常用的一些无机及有机化合物对萤火虫荧光素酶催化反应的抑制作用。许多无机盐对催化反应的抑制作用主要是由于阴离子的作用,其抑制作用大小与阴离子和萤火虫荧光素酶结合的能力有关。1970 年 Denburg 报道阴离子抑制作用的强弱顺序为 $SCN^->I^-$,$NO_3^->Br^->Cl^-$。1976 年 Gilles 报道的强弱顺序为 $ClO_4^->I^->$

Cl⁻＞Ac⁻。

3. 激活剂

非离子型的溶剂，如甘油、右旋糖苷、聚乙烯吡咯烷酮（PVP），以及非离子型去垢剂，如吐温-20、Triton X-100、芦布若尔（lubrol）、麦芽糖苷（maltoside）等，均可在一定浓度下激活萤火虫荧光素酶。Kricka 报道，它们可使发光强度相比对照增加 200％～600％。

第四节　ATP 生物发光快速检测的技术手段

根据检测的 ATP 来源不同可分为两大类：一类是检测人或动物组织细胞中 ATP 含量，另一类是检测微生物中 ATP 含量。两类检测中反应原理相同，但由于所检测 ATP 的来源不同，因此提取方法和对样本的处理过程不同。

一、组织细胞中 ATP 含量的测定

1. 样品

医学实验中检测样品一般为组织或体液，样品量不宜太多、太大。由于萤火虫荧光素酶反应十分灵敏，检测组织块 20～100 mg、体液 100～200 μL 即可。如不能立即测定则需将样品放入液氮或干冰中，以防组织细胞中 ATP 降解与转化。曾有人观察过心肌、肾等组织样品在室温中放置时间与 ATP 降解的关系，若在室温中放置 3 min，其 ATP 含量将低于正常值的 1/10。最好用预冷的组织钳挟取组织，并立即放入液氮中。

2. ATP 的提取

自组织和体液中提取 ATP 的关键在于是否完全提取与是否带来干扰因素。前者应考虑到 ATP 是否溶于提取液中，提取液是否促进 ATP 降解，组织或体液中促使 ATP 分解和转化的酶类是否能被提取液迅速灭活。后者应考虑提取液中是否有干扰发光反应的物质，是否满足反应最适条件。常用的提取方法如下：①酸提取法。常用 0.6 mol/L 或 0.3 mol/L 的过氯酸，或 8％～12％ 三氯乙酸。样品用酸抽提 2～3 min，再用 KOH 中和至 pH 7.6～7.8，离心沉淀，取上清液测定。由于 ATP 极易在酸中降解，故中和前的操作均应在冰浴中进行。此法优点是快速、简便，缺点是过氯酸根离子对酶有抑制作用，但可通过稀释加以改善。②水提取法。主要是用沸水提取，一般用于组织块，对体液亦可使用。将样品迅速置入沸腾的缓冲液（如 0.02 mol/L 的 Tris-HCl，pH 7.6～7.8）或双蒸水中，加以匀浆抽提 10 min，取出冷却，离心取上清液测定。郭中钰等用沸腾的双蒸水制备大鼠脑和肌肉组织匀浆，再经煮沸和离心提取后测定 ATP，取得良好效果。此法优点是提取液对萤火虫荧光素酶无干扰，测定时无须校正。缺点在于用沸水抽提，制备匀浆时不方便，另外组织匀浆后上清液常混浊，甚至杂有油滴，影响测定的准确性。对体液（如血液）可采用冷缓冲液溶胀法加以抽提。③有机溶剂提取法。较常用的有机溶剂是乙醇或

丙酮,也有人用正丁醇,有机溶剂体积与样品体积比为(5~10):1,振摇或匀浆后再将有机溶剂蒸干,用缓冲液溶解后测定。此法对体液尚可,用于组织块提取效果较差。对心、肝、肾、肌肉等组织以酸提取法为好,对体液以冷缓冲液溶胀法为好。

3. 发光检测仪器

发光检测仪器是供生物发光和化学发光测量用的商品仪器,通常是基于散射光谱分析原理而设计的,如光度计(photometer)、光照度计(luminometer)或发光光度计(lumiphotometer)等。目前这类仪器具体主要有 AMINCO-Bowman 扫描荧光分光光度计、3M™Clean-Trace™ ATP 荧光检测仪、KIKKOMAN 便携式 ATP 荧光仪 Lumitester Smart、Modulus™ 96 微孔板型多功能检测仪等。

4. 测定方法

用 ATP 标准品制备标准母液,稀释成一系列浓度(如 $10^{-12}\sim10^{-6}$ mol/L)的标准工作液,取适当体积不同浓度的标准工作液,加入萤火虫荧光素和萤火虫荧光素酶溶液,立即于检测仪器内检测其相对发光值(相对发光单位),绘制标准曲线。取样品 ATP 的提取液,调整 pH 至适当范围后,按检测标准溶液的方法检测其相对发光值,再根据标准曲线计算出样品中 ATP 含量。检测过程中应始终设置空白对照以消除本底发光。样品中 ATP 浓度应低于 10^{-6} mol/L,否则应适当稀释后再检测。

二、样品中微生物 ATP 含量的测定

1. 样品

用于检测微生物 ATP 的样品种类多样,如食品、水、生物检材、物品表面等,根据样品中所含微生物量的多少,用合适的方法取合适量的样品进行检测;检测目的和要求不同,对样品的处理方法也不同,在此不再详述。

2. 非微生物 ATP 的清除

检测样品中微生物 ATP 的一个关键步骤是清除非微生物 ATP。目前大多使用 Triton X-100 作为体细胞 ATP 萃取剂,并用腺三磷双磷酸酶(apyrase)进行水解。之后可用加热的方法灭活腺三磷双磷酸酶以免其继续水解从微生物中提取的 ATP。对于 Triton X-100 和腺三磷双磷酸酶的使用浓度,有不同的报道。舒柏华等报道 Triton X-100 和腺三磷双磷酸酶的使用浓度分别为 0.15% 和 0.1% 时,效果最佳。

3. 微生物 ATP 的提取

提取微生物 ATP 的过程为破坏细菌细胞壁的结构,使其所含 ATP 释放出来。常用的方法包括物理提取法和化学提取法。前者如超声粉碎提取法、加热提取法、加热超声提取法等,后者如三氯乙酸(TCA)提取法及氯仿提取法等。①超声粉碎提取法,即将清除了非微生物 ATP 的样品用超声波粉碎器超声处理 5 min 左右,离心取上清液检测。②加热提取法,即将清除了非微生物 ATP 的样品与沸腾的缓冲液(如 0.1 mol/L Tris-HAc、2 mmol/L EDTA,pH 7.75)按一定比例(如 1:9)混合后煮沸一定时间(如 90 s),冷却后

检测。③加热超声提取法,即先用加热法处理,然后进行超声粉碎提取。④TCA 提取法,即将清除了非微生物 ATP 的样品与等体积的冷(4 ℃)的适当浓度 TCA 混合,充分振摇后备用。因 TCA 对萤火虫荧光素酶有抑制作用,在测量此备用液之前,应将其中的 TCA 清除或稀释。清除方法如下:用 3 倍的提取液与 2 倍的水饱和二乙基醚混合,振摇 1 min,然后用氮气吹 10 min。稀释方法如下:用缓冲液稀释备用液至 TCA 浓度低于 0.1%。⑤氯仿提取法。有人比较了以上几种微生物 ATP 提取方法,结果显示,加热超声提取法提取率最高,加热提取法次之,它们对微生物 ATP 的抑制作用极小,提取率高,但操作较烦琐。超声粉碎提取法的提取效果尚可,但不能使腺三磷双磷酸酶变性,故会水解微生物 ATP,从而使获得的细菌 ATP 水平较实际水平大为降低。氯仿的萃取效率较低,且不能使腺三磷双磷酸酶变性而导致细菌 ATP 水解。TCA 对细菌 ATP 有较高的萃取效率,且能很快使腺三磷双磷酸酶变性,通过适当稀释可降低 TCA 对萤火虫荧光素酶的抑制作用而达到较满意的效果。王华全建议不同类型细菌的细胞壁厚度不同,使用的提取液的浓度也应不同,对于真菌,TCA 浓度为 2.5%~5.0%,细菌则使用 0.2%~2.5% 的 TCA。目前使用较多的为加热提取法和 TCA 提取法,也有联合使用两种方法的,如超声-氯仿提取法等。

4. 测定方法

用 ATP 标准品制备标准母液,稀释成一系列浓度(如 $10^{-12}\sim10^{-6}$ mol/L)的标准工作液,取适当体积不同浓度的标准工作液,加入萤火虫荧光素和萤火虫荧光素酶溶液,立即于检测仪器内检测其相对发光值(相对发光单位),绘制标准曲线。取样品 ATP 的提取液,调整 pH 至适当范围后,按检测标准溶液的方法检测其相对发光值,再根据标准曲线计算出样品中 ATP 含量。检测过程中应始终设置空白对照以消除本底发光。样品中 ATP 浓度应低于 10^{-6} mol/L,否则应适当稀释后再检测。

三、ATP 生物发光快速检测试剂盒

目前,市场上已有多种用途的 ATP 生物发光快速检测试剂盒,可根据检测样品选择不同种类的试剂盒,可简化处理样品及提取 ATP 的过程,使检测更易控制,为实验操作或实际应用提供便利。例如美国 Promega 公司的 ENLITEN® ATP 检测试剂系统(ENLITEN® ATP Assay System)、ENLITEN® 总 ATP 快速生物污染检测试剂盒(ENLITEN® Total ATP Rapaid Biocontamination Detection Kit)、BacTiter-Glo™ 微生物细胞活性检测试剂盒(BacTiter-Glo™ Microbial Cell Viability Assay Kit),Millipore 公司的 MicroStar™ 快速微生物检测试剂(MicroStar™ Rapid Microbiology Detection Reagents)等。国内亦有公司出售各类 ATP 生物发光快速检测试剂盒,如细胞 ATP 生物发光法定量检测试剂盒、组织 ATP 生物发光法定量检测试剂盒、ATP 生物发光法细胞繁殖与毒性定量检测试剂盒、细菌 ATP 生物发光法定量检测试剂盒、植物 ATP 生物发光法定量检测试剂盒、食物污染 ATP 生物发光法定量检测试剂盒、饮料污染 ATP 生物发光法定量检测试剂盒、水质污染 ATP 生物发光法定量检测试剂盒等。

第五节　ATP 生物发光快速检测技术的应用

任何与 ATP 生成或分解有关的代谢物质和参与反应的酶,理论上都可用 ATP 生物发光快速检测技术测定。测定方法依每个分析所需的时间及干扰分析的类型而定。已报道的检测物质有二磷酸腺苷(adenosine diphosphate,ADP)、单磷酸腺苷(adenosine monophosphate,AMP)、环磷酸腺苷(cyclic AMP,cAMP)、葡萄糖、甘油、甘油三酯、己糖激酶等。除少数物质外,绝大多数要经过一次或两次酶偶联反应。ATP 生物发光快速检测技术在医药学、食品、环境卫生等众多领域有着广泛的应用。

一、在医药学研究中的应用

1. 心肌及脑缺血的研究

缺血后心肌中的 ATP 和磷酸肌酸(CP)含量直接影响心肌功能的恢复。若心肌保存的 ATP 含量在正常含量的 35% 以上,则心肌功能可以恢复,若降至正常含量的 20% 或 2 μmol/g 湿重以下,则心肌损伤不可逆转。绝大多数研究者报道心肌缺血后 ATP、CP 含量下降,而黄华玉报道急性缺血犬的心肌 ATP 无明显改变。近十余年来,许多心外科研究以心肌 ATP、CP 含量作为判断心肌保护液或再灌流成功与否的重要指标。徐志飞等发现再灌流液中加入超氧化物歧化酶、过氧化氢酶、人参皂苷、甘露醇、ATP-Mg^{2+} (1.0 mmol/L)等均能使心肌 ATP、CP 含量增高,心肌功能改善。

缺血脑组织功能的恢复与脑的能量代谢关系密切,缺血期 ATP 合成减少、消耗增加,引起膜离子梯度及电活动紊乱,只有重新恢复合成 ATP 后才能恢复。许营卫等报道沙鼠脑缺血后脑组织中 ATP 含量下降到对照组的 60%。王国良等报道猫颅脑损伤后,脑 ATP 及 CP 含量均明显下降,若使用促甲状腺素释放激素(TRH)治疗,则 ATP 及 CP 均可恢复到接近对照组的水平。

2. 休克及应激反应时生命器官 ATP 含量的研究

Jabs 等报道内毒素休克的家兔,其血浆 ATP 含量明显下降而红细胞中 ATP 含量变化不大。Menguy 报道出血性休克时胃黏膜发生应激性溃疡,溃疡组织的 ATP 明显减少。陈克明等报道重度失血性休克的大鼠再失血后 4 h,其心、肝、肾等生命器官组织中的 ATP、CP 含量均明显减低;而有人报道烧伤大鼠心、肝组织 ATP 含量在伤后 90~120 min 却升高,到伤后 4 h 才开始下降。

3. 泌尿生殖系统疾病的研究

Trifillis 等报道大鼠急性肾功能衰竭后 6 h,肾组织 ATP 含量仅为对照组的 48%,一直持续到 48 h,其能荷亦下降。胡天喜等观察发现急性肾功能衰竭家兔的肾皮质和肾髓质的 ATP 和 CP 含量均明显降低。国外已有用 ATP 生物发光法筛检菌尿症的商品化试剂盒，如 UTI Screen。有不少报道指出，人体发生尿路感染时，可用生物发光法测定尿中细菌释放出的 ATP，其灵敏度至少可达到 1×10^4/mL。虽然此方法较细菌培养快速，但不能确定是哪种细菌引起的感染。Fiorelli 等报道正常人精子中 ATP 含量为 $(2\sim6)\times10^2$ pmol/10^8 个精子，不育症患者的精子中 ATP 含量仅为 $(1\sim2)\times10^2$ pmol/10^8 个精子，检查时仅用 0.1 mL 精液即可。

4. 血细胞 ATP 的含量测定及其临床意义

Summerfield 等报道，先天性己糖激酶缺乏症、丙酮酸缺乏症患者的红细胞中 ATP 含量明显降低，ATP/ADP 值下降，而获得性免疫性溶血性疾病患者的红细胞中 ATP/ADP 值上升。另有不少人报道储存血中红细胞活力与 ATP 含量有明显相关性，在储存液中添加腺苷、腺嘌呤、次黄嘌呤等物质可以提高红细胞中的 ATP 含量，从而提高红细胞活力。骆群等以全血 ATP 含量为参考指标，研究了不同保养液对保持血细胞活力的效果及不同温度下血液保存的有效期限。

5. 检测细菌对抗生素的敏感性

Harber 等将生物发光法用于血清中庆大霉素浓度的快速测定，是以测定细菌培养物的总 ATP 含量为基础的。赵文明等用 ATP 依赖性生物发光法定性检测金黄色葡萄球菌对青霉素、卡那霉素、庆大霉素、氨苄青霉素的敏感性。Limb 等用生物发光法检测支原体对抗生素的敏感性。Nilsson 等将 25 株临床分离的结核分枝杆菌的培养物暴露于系列稀释的乙胺丁醇、异烟肼、利福平和链霉素溶液中，在培养 5 天后，如果菌株对抗结核药敏感，即出现 ATP 被抑制，通过与参考法获得的结果相比较可得到敏感和耐药之间的分界点药物浓度。Walker 等用 lux AB 重组产单核李斯特菌生物发光法测定杀生物剂 Virkon 对产单核李斯特菌的杀菌效果，其结果与平板计数法接近。

近年来，用生物发光法测定细菌 ATP，进而进行抗生素对细菌的体外抗生素后效应(post-antibiotic effect，PAE)的研究已有报道。PAE 期是指对数期细菌被特定抗生素短暂抑制后的迟缓期或恢复期。监测恢复期细菌生长情况，原始方法是平板计数法，而生物发光法的介入为研究带来了便利。

6. 在细菌计数方面的应用

安云庆等建立了用 ATP 生物发光技术快速测定卡介苗活菌数的检测方法，并运用在卡介苗质量鉴定中。曹秀和等将生物发光法与传统的 CFU 计数法的相关性和精确性进行了比较，结果显示，冻干前、后卡介苗的 ATP 相对发光值与菌落形成单位之间密切相关（r 值分别为 0.8155 和 0.8484，$P<0.05$）。生物发光法检测的批间变异系数（CV 为 3.2%～4.4%）显著低于 CFU 计数法的批间变异系数（CV 为 10.4%～11.2%），因此可认为，生物发光法可以取代传统 CFU 计数法进行卡介苗活菌计数，且更为精确、稳定。另外，菌团的存在对卡介苗 CFU 计数影响较大，传统 CFU 计数法不能准确反映菌液中实际存在的活菌数，而生物发光法能克服这些缺陷。安云庆等报道的临床免疫接种效果与 ATP 生物发光法对卡介苗所做的质量鉴定结果相符。

7. 检测肿瘤细胞对化疗药物的敏感程度

韩国荣等利用 ATP 生物发光法检测了 6 种化疗药物对卵巢癌细胞株的抑制作用,结果显示 ATP 水平与活细胞数相关性好($r=0.9884$),灵敏度高,可作为一种新的化疗药物敏感性测定指标。田海梅等采用 ATP 生物发光法对卵巢癌组织标本进行体外药敏试验,灵敏度为 90.0%,特异性为 91.7%,阳性预测值为 94.7%,阴性预测值为 84.6%,准确率为 90.6%。金宝翠等用 ATP 生物发光法对急性白血病患者进行药敏试验,并且与 MTT 法进行比较,两种方法的药物抑制率的符合率为 76.9%~84.6%,与临床疗效比较后的结果表明,ATP 生物发光法优于 MTT 法。ATP 生物发光法对体外药物筛选有临床指导作用。

8. 新药筛选及疗效评价

Arian 推出了专门用于筛选抗分枝杆菌药物(如抗结核药)的生物发光系统,湛雪军等用 ATP 生物发光法评价抗癌中药对肿瘤细胞增殖的抑制作用,均取得较好结果。

9. 检测酶的活性

许多酶催化的反应会产生定量的焦磷酸,可利用 ATP 硫酰化酶将焦磷酸定量转化成 ATP,然后利用萤火虫荧光素酶发光系统检测 ATP,从而确定酶的活性。宁勇等用此方法检测 *Taq* DNA 聚合酶活性,获得满意结果。叶哲伟等利用 ATP 生物发光法检测鼠睾丸组织端粒酶的活性,结果显示 SD 鼠睾丸组织中终生表达端粒酶。作为雄性生殖系统的干细胞——A 型精原细胞高水平表达端粒酶。

10. 免疫系统疾病的辅助诊断

Bulanova 等利用 ATP 生物发光法检测细胞内 ATP 含量,从而评价淋巴细胞增生反应的能力,用于辅助诊断机体免疫功能低下。

11. 检测免疫细胞活性

ATP 生物发光法可测定 T 细胞的免疫活性。王志才等用 ATP 生物发光法检测评估肝移植后受者的细胞免疫功能;陈涛等用肝细胞 ATP 检测评估肝实质储备功能,预测肝切除手术风险及选择手术时机。

12. 在医院生物学监测中的应用

ATP 存在于所有生命体中,ATP 生物发光法利用高灵敏度光度计对 ATP、萤火虫荧光素和萤火虫荧光素酶反应所产生的光进行测量。反应产生的光与收集到的 ATP 成正比,物体表面污染越重,收集到的 ATP 越多,产生的光量越多,光度计读数及得到的相对发光单位越大。采用这种方法,可以监测医疗器械清洁效果。

二、在食品、环境卫生方面的应用

1. 肉品新鲜度的检测

肉品新鲜度的检测方法有感官检查、煮沸试验、细菌镜检和理化检验等。挥发性盐基氮的测定方法是经典方法。王胜利等报道了生猪肉中 ATP 含量随存放温度的上升和时间的延长而下降,通过与细菌培养和硫化氢含量检测结果比较,其认为 ATP 可作为评价肉类营养和卫生质量的指标,比现行肉类卫生质量指标直接、快速和灵敏,对判定生肉保质期有一定实用价值。吴慧清等以新鲜现宰的泥鳅为研究对象,研究了室温和 4 ℃下离体和整条泥鳅肌肉中 ATP 含量随储存时间的变化情况。在室温条件下保存的泥鳅离体肉,10 h 后 ATP 含量约下降至 ATP 最初含量的 15%,16 h 时已降至最低点,约为最初含量的 1%左右,此后由于微生物的繁殖,ATP 含量增高,表现为泥鳅肉发臭;4 ℃条件下,保存 96 h 后泥鳅离体肉中 ATP 发光脉冲值下降至最低,为最大值的 1.3%左右,此后随着时间的延长,由于微生物繁殖,ATP 发光脉冲值缓慢增高,表现为泥鳅肉发臭。整条泥鳅在室温和 4 ℃保存条件下,肌肉中的 ATP 含量下降趋势大致相同。因此 ATP 含量的变化能反映生物死亡时间,可作为肉品新鲜度的重要评定标准之一。

2. 在食品工业中的应用

食品的微生物检测通常采用琼脂平板计数法,一般需要 2～3 天,检测结果往往滞后。许多食品在生产当天就必须出售,因此急需即时性的检测方法。近年来,国外普遍实行 HACCP(食品制造过程中的卫生管理认证)制度,缺少在食品制作过程中能快速、简便检测食品生产环境洁净度的方法。ATP 生物发光法作为一种简便、快速的微生物检测方法和食品生产环境洁净度检测方法,近年来在国内外备受瞩目,并得以广泛应用。如用于家禽类产品、牛奶和乳制品、饮用水、啤酒、水果、粉状食品和调味品等的生产过程及成品质量检测中。ATP 生物发光法的应用范围如表 6-1 所示。

表 6-1 ATP 生物发光法的应用范围

检测项目	检测内容
原料的检测	食品原料的微生物检测
生产过程及设备的检测	用棉拭法进行生产环境的卫生学检测
	酒类制作过程中的微生物检测
	酸奶制作过程中的微生物检测
	清洗罐及食品器具的水质卫生学检测
	食品生产线的卫生学检测
	乳酸菌等菌种的发酵活性检查
产品的检测	酒类产品中残留微生物的检测
	饮料、矿泉水、天然水的微生物检测
	酱油、汤汁、酸奶等液体食品的微生物检测
	肉类、水产品、蔬菜等食品的微生物检测
废液处理等环境检测	废液及活性污泥的微生物检测

3. 在环境卫生方面的应用

运用 ATP 生物发光法进行湖水、自来水、废水中细菌毒性的检测已有报道。Webster 等用 ATP 生物发光法测定微生物的 ATP 来快速检测高压灭菌效果。我国有关铁路食

(饮)具洁净度判定的标准 TB/T 3121—2005 即使用 ATP 生物发光法。该标准规定,以相对发光值(RLU)为洁净度分级及判定标准,RLU 在 1~200 为清洁,201~600 为基本清洁,601~1000 为污染,1000 以上为严重污染。在国外也有此法用于表面清洁度监测的报道。陈盟等通过自动化 ATP 荧光检测系统检测空气中微生物的 RLU,判断其细菌含量。孙新枫等采用 ATP 生物发光法对喷气燃料微生物进行研究,显示其可以用于喷气燃料微生物污染的检测。

第六节 ATP生物发光快速检测技术推断死亡时间的应用

一、尸体组织细胞内 ATP 含量与死亡时间推断

机体死亡后,组织细胞内 ATP 含量随死亡时间的延长而逐渐降低,其含量变化与死亡时间有相关性,可用于推断早期死亡时间。Kono 等报道肝组织中 ATP 含量随缺血时间延长而降低,未缺血组肝组织中 ATP 含量明显高于缺血 30 min、60 min 和 90 min 组。陈陛等报道了死亡 90 min 内犬脑组织 ATP 含量随着死亡时间的延长而逐渐下降,对死亡时间的推断有一定应用价值。黄安等研究了不同温度下,大鼠死后 24 h 内不同时间点大腿骨骼肌组织中平均 ATP 含量变化情况。结果显示两组温度(5~10 ℃、30~35 ℃)下平均 ATP 含量在死后均迅速下降,而高温组下降更快,其下降速度分别于死后 3.5 h、7 h 趋于平缓并逐步接近零。两种温度下平均 ATP 含量变化与死亡时间均有显著相关性,可用于死后一定时间内死亡时间的推断。龙仁等报道了利用生物发光法检测 5~10 ℃下大鼠死后 24 h 内不同时间点大腿骨骼肌及肝组织中平均 ATP 含量,结果显示两者均迅速下降,且前者慢于后者,其下降速度分别于死后 5 h 和 7 h 趋于平缓并逐步接近零。两组织中 ATP 含量变化与死亡时间有显著相关性。王冰等报道了室温下离断的人前臂屈侧骨骼肌 ATP 含量随时间延长逐渐下降,ATP 含量下降超过 95% 后,其电镜下结构发生不可逆损伤。

尸体组织细胞内 ATP 含量随死亡时间延长而下降,有望成为早期死亡时间推断的一个新方法,但由于不同死亡原因对死亡时组织内 ATP 的含量有较大影响,故进一步研究时应探讨不同死因组的区别。

国内曾有法医学者应用 ATP 生物发光技术检测动物死后脑、肝及骨骼肌中 ATP 含量,发现 ATP 含量随死亡时间的延长而逐渐下降,为死亡时间推断研究奠定了一定的实验基础。有学者利用 ATP 生物发光技术测定大鼠死后 24 h 内大腿骨骼肌、肝细胞内 ATP 含量的变化,发现其随死亡时间的推移呈下降趋势。刘茜等应用该技术,对大鼠死

后 10 天内骨骼肌、肝、脾、肾四种器官组织腐败样本内微生物 ATP 含量进行检测,建立了晚期死亡时间推断的回归方程。但上述研究由于实验样本为组织脏器,且部分实验检测对象为死后细菌生长产生的 ATP,故存在样本需求量大、处理复杂、步骤烦冗等不足。

编者所在课题组曾运用 ATP 荧光快速检测技术,在 25 ℃恒温环境下检测家兔死后 72 h 内离体血液 ATP 的含量,探讨离体血液 ATP 含量变化与放置时间的关系,结果显示,家兔死后离体血液 ATP 含量在 8 h 内随放置时间的延长而缓慢增高,至 8 h 达到峰值(3.09×10^{-12} mol/L),之后缓慢下降,至 16 h 时,ATP 含量(2.26×10^{-12} mol/L)已经低于死亡即刻测得的初始值(2.46×10^{-12} mol/L),之后持续下降至 56 h (0.13×10^{-12} mol/L)时,而死后 56~72 h 期间,各时间点组间 RLU 无明显差异,分析认为此阶段血液 ATP 已消耗殆尽。具体见图 6-1。

上述实验选取离体血液 ATP 作为检测对象,观察到 ATP 含量在死后初期(0~8 h)随放置时间的延长呈现短时的增长趋势;放置 8 h 后,随时间延长,ATP 含量逐渐下降。相比于检测组织内 ATP 的改变,以血液样本为监测对象,样本需求量较少,即使是残缺或腐败尸体,也仅需微量血液即可进行检测。

二、尸体中微生物 ATP 含量与死亡时间推断

由于受生物检材保存时间的限制,大多数研究工作集中在死后较短的时间段(1~2天)内,如何增加死亡时间推断方法的精确度和广度,是法医学研究者面临的新挑战。机体死亡后,微生物即在各种组织脏器中繁殖,组织中微生物在数量上呈现一定的变化规律,检测从微生物中提取的 ATP,为在数分钟内检测微生物提供了一种快速而灵敏的方法,探索死后组织中微生物 ATP 变化规律与死亡时间的关系,有望为死亡时间推断提供新思路和新方法。

例如,利用 ATP 生物发光技术检测不同死亡时间大鼠各组织脏器中微生物 ATP 的变化规律。ATP 存在于所有活性微生物内,机体死亡后,自身停止产生 ATP,组织内 ATP 很快降解,随着腐败微生物的繁殖,样品中 ATP 含量变化反映了微生物的生长情况,并呈现出一定的规律性。

利用 ATP 生物发光法研究尸体中微生物 ATP 含量的变化规律,所需检材量小,不受组织自身降解的影响,即使是高度腐败或不完整的尸体仍可以取材检测,可大大拓宽死亡时间推断研究的时间范畴。与组织细胞内 ATP 比较,微生物 ATP 含量变化受死亡原因的影响较小,变化时间长,可用于晚期死亡时间推断。统计过程中取 ATP 含量对数值的处理方法,能降低数据离散度,减小标准差,有利于提高曲线拟合精度。其缺点在于死后腐败菌生长可能受环境因素影响较大,应注意研究不同环境下的变化规律;由于检测灵敏度高,故容易受到干扰,因此必须彻底清除非微生物 ATP,并设置空白对照以控制本底发光;另外,生物发光检测值为相对发光值,因试剂、反应条件和检测仪器不同而存在差异,因此应建立标准化实验室和标准化的操作规范。

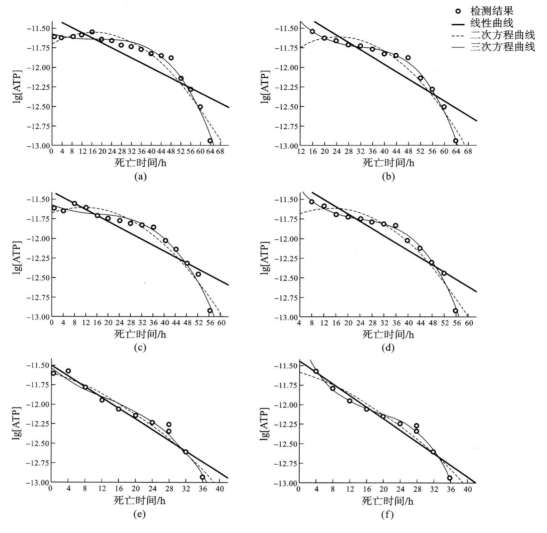

图 6-1 家兔离体血液 ATP 含量与死亡时间的关系

(a)15℃时,死后 0～64 h;(b)15℃时,死后 16～64 h;(c)25℃时,死后 0～56 h;
(d)25℃时,死后 8～56 h;(e)35℃时,死后 0～36 h;(f)35℃时,死后 4～36 h

人体死亡后,微生物繁殖、腐败产物产生,微生物及腐败产物在量上呈现一定的变化规律,探索其变化规律与时间的关系,有望为晚期死亡时间推断提供新思路。利用 ATP 生物发光技术检测微生物 ATP 的研究,在国内外已有大量文献报道。腐败产物的检测及研究也是热点之一,主要运用于环境卫生及食品卫生检测。编者所在课题组率先在此领域进行了开拓性尝试,初步研究了通过腐败微生物及腐败产物检测来推断晚期死亡时间的方法和价值。他们运用 Triton X-100 释放组织匀浆液中的非微生物 ATP 并将其水解,再用 BacTiter-Glo™ 微生物细胞活性检测试剂盒一步释放并检测微生物 ATP。该方法所用组织样本量少,仅 0.1 g,检测过程中所加试剂量小,检测反应体系不超过 5 mL,适合实验研究和操作,填补了尸体组织内微生物 ATP 含量检测方法的空白。实验结果显示,大鼠肌肉组织中微生物 ATP 含量在死后最初 2 天内增长较缓慢,第 2~7 天迅速增加,并于第 7 天达到峰值,第 8~9 天下降,第 10 天再次升高。该研究虽然只研究了死后 10 天内微生物 ATP 含量变化与死亡时间的关系,但结果提示,死亡 10 天后 ATP 含量仍有升高趋势,延长研究时间可以进一步探索其随死亡时间的变化规律,有望进行更晚期的死亡时间推断。该实验初步探索了动物尸体组织中微生物 ATP 含量变化与死亡时间的相关性,尽量控制了影响因素(温度、湿度、死因、昆虫等)的干扰,可增加样本量进行进一步研究,观测不同条件和因素下死后微生物 ATP 含量变化情况,并延长研究时间,进而采用人体检材进行实验等,建立一个数据系统,有望提供更全面、更有实用价值的结果。

(刘茜,邓燕飞)

第七章 红外光谱技术推断死亡时间

第一节 红外光谱的基本概念

一、分子内部能级

一切物质都有运动,分子是由共价键将原子连接起来的、能独立存在的物质微粒,因而分子也有运动。分子运动服从量子力学规律,分子运动的能量由平动能、转动能、振动能和电子能四个部分组成。

分子运动的能量 E 可以表示为

$$E = E_{平} + E_{转} + E_{振} + E_{电}$$

分子的平移运动可以连续变化,不是量子化的。分子的转动、振动和电子运动都是量子化的。

分子的转动能级之间比较接近,也就是能极差较小。分子吸收能量低的低频光产生转动能级跃迁,低频光在红外波段中处于远红外区,所以分子的纯转动光谱出现在远红外区。振动能级间隔比转动能级间隔大得多,所以,振动能级的跃迁频率比转动能级的跃迁频率高得多。分子中原子之间振动所吸收的红外光频率处于中红外区,所以分子中原子之间的纯振动光谱出现在中红外区。电子能级间隔比振动能级间隔大得多,电子能级之间的跃迁频率已经超出红外区,电子光谱落入紫外-可见光区。量子力学中,并非所有能级之间的跃迁都是可能的。有些跃迁是允许的,而有些跃迁是禁阻的。也就是说,能级之间的跃迁要遵循一定的规律,即所谓的选律,而选律是由分子的对称性决定的。

振动光谱选律表述如下:振动光谱分为红外光谱和拉曼光谱。从量子力学的观点来看,如果振动时分子的偶极矩发生变化,则该振动是红外活性的;如果振动时分子的极化率发生变化,则该振动是拉曼活性的;如果振动时分子的偶极矩和极化率都发生变化,则该振动既是红外活性的,也是拉曼活性的。

二、分子光谱

1. 分子的转动光谱

分子的转动光谱主要是指气体分子的转动光谱。由于气体中分子之间的距离很大,分子可以自由转动,吸收光子后,能观察到气体分子转动光谱的精细结构。液体中分子之间的距离很短,分子之间的碰撞使分子的转动能级受到干扰,因此观察不到液体分子转动光谱的精细结构。

气体分子的转动光谱大多数出现在微波区和远红外区。

刚性双原子分子的纯转动光谱是一系列等间距的谱线。

2. 分子的振动-转动光谱

把原子的振动看作谐振子,若振动能级由 $n=0$ 向 $n=1$ 跃迁,即当振动量子数由 $n=0$ 变到 $n=1$ 时,分子所吸收光的频率等于谐振子的振动频率,这种振动称作基频振动,基频振动的频率称作基频。分子的振动能级间隔比转动能级间隔大得多,当分子吸收红外辐射,在振动能级之间跃迁时,不可避免地会伴随着转动能级的跃迁,因此,无法测得纯的振动光谱,实际测得的是分子的振动-转动光谱(图 7-1)。

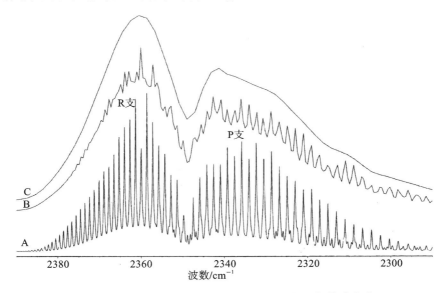

图 7-1 CO_2 气体的反对称伸缩振动区间的振动-转动光谱

注:A 为 $0.125\ cm^{-1}$ 分辨率;B 为 $1\ cm^{-1}$ 分辨率;C 为 $4\ cm^{-1}$ 分辨率。

三、振动模式

分子中不同的基团具有不同的振动模式,相同的基团(双原子除外)也具有几种不同的振动模式。在中红外区,基团的振动模式分为两大类,即伸缩振动和弯曲振动。

1. 伸缩振动

伸缩振动时,基团中的原子沿着价键的方向来回运动,所以伸缩振动时,键角不发生变化。除双原子的伸缩振动外,三原子及以上个数原子还有对称伸缩振动和反对称(不对

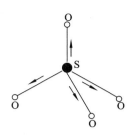

图 7-2 硫酸根(SO_4^{2-})的对称伸缩振动($983\ cm^{-1}$)(拉曼活性)

称)伸缩振动(图 7-2)。

2. 弯曲振动

弯曲振动时,基团的原子运动方向与价键方向垂直。弯曲振动又细分为剪式弯曲振动、对称弯曲振动、反对称(不对称)弯曲振动、面内弯曲振动、面外弯曲振动、平面摇摆振动、非平面摇摆振动和卷曲振动。除摇摆振动外,其余振动键角都发生变化(图 7-3)。狭义的弯曲振动也称变形振动或变角振动。弯曲形三原子基团的弯曲振动也称剪式振动。对称弯曲振动也称对称变角振动,或称对称变形振动(图 7-4)。卷曲振动指三原子基团的两个化学键在三原子组成的平面内一上一下地扭动,所以卷曲振动也称扭曲振动(图 7-5)。

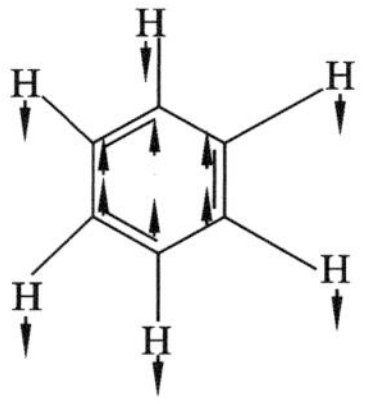

图 7-3 苯环上的 C—H 面内弯曲振动($1036\ cm^{-1}$)

图 7-4 角锥形基团—CH_3 的对称弯曲振动

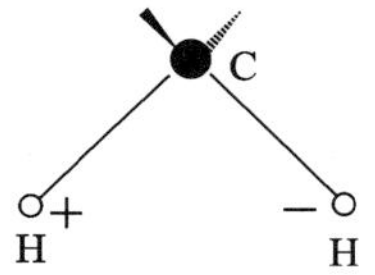

图 7-5 结晶态长链脂肪酸—CH_2—的卷曲振动($1300\ cm^{-1}$ 左右)

四、倍频峰

双原子分子振动的经典方程为

$$v(\mathrm{cm}^{-1}) = \frac{1}{2\pi c}\sqrt{\frac{k}{\mu}}$$

将两个原子核之间的伸缩振动看成质量为 μ（折合质量）的单个质点的运动，并将这个质点看作一个谐振子。根据谐振子选择定则，谐振子只能在相邻的两个振动能级之间跃迁，即 $\Delta n = \pm 1$，而且各个振动能级的间隔都是相等的。实际分子不是谐振子。量子力学证明，非谐振子的选择定则不再局限于 $\Delta n = \pm 1$。Δn 可以等于其他整数，即 $\Delta n = \pm 1$，$\pm 2, \pm 3, \cdots$。也就是说，对于非谐振子，可以从振动能级 $n=0$ 向 $n=2$ 或 $n=3$，或向更高的振动能级跃迁。非谐振子的这种振动跃迁称为倍频振动。倍频振动频率称为倍频。倍频峰又分为一级倍频峰、二级倍频峰等。当非谐振子从振动能级 $n=0$ 向 $n=2$ 跃迁时，所吸收光的频率称为一级倍频峰；从振动能级 $n=0$ 向 $n=3$ 跃迁时，所吸收光的频率称为二级倍频峰。一级倍频峰很弱，二级倍频峰更弱。一级倍频峰的波数并非正好等于基频峰波数的两倍。一级倍频总是小于基频的两倍，这是因为非谐振子的振动能级是不等距的，其能级间隔随着振动量子数 n 的增加而慢慢减小。在中红外区，倍频峰的重要性远不及基频峰。但在近红外区，观察到的都是倍频峰和合频峰（图 7-6）。

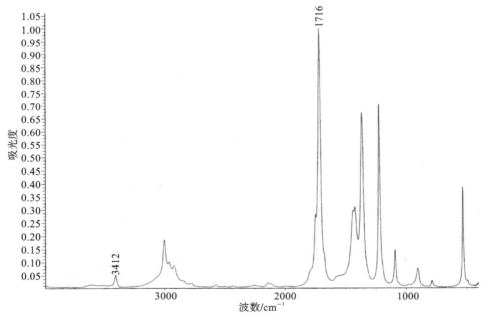

图 7-6　丙酮的红外光谱

五、合（组）频峰

合频峰也称组频峰，合频峰又分为和频峰和差频峰。和频峰由两个基频峰相加得到，它出现在两个基频峰之和附近。差频峰则是两个基频峰之差。和频峰的频率一定小于两个基频峰的频率之和。产生和频的原因是一个光子同时激发两种基频跃迁。在红外光谱中,和频峰是弱峰。一般来说,在红外光谱中,两个强的基频峰的加和,容易观察到和频峰;一个非常强的基频峰与一个弱的基频峰的加和,或者两个弱的基频峰的加和,有时也能观察到和频峰(图 7-7)。

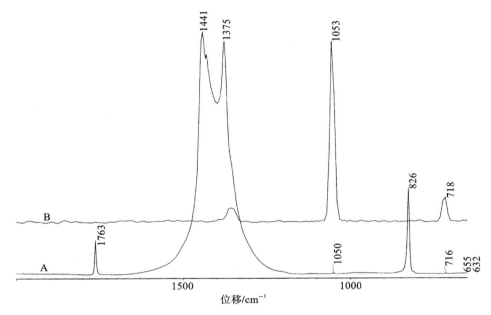

图 7-7　硝酸钾的红外光谱和拉曼光谱

注:A 为红外光谱;B 为拉曼光谱。

六、诱导效应

当两个原子之间的电子云发生移动时,引起振动力常数的变化,从而引起振动频率的变化,这种效应称为诱导效应。

当两个原子之间的电子云向两个原子中间移动时,振动力常数增大,振动频率向高频移动;当两个原子之间的电子云向某个原子方向移动时,振动力常数减小,振动频率向低频移动。当电负性大的原子(如 F、Cl、Br、O、N)与某个原子相连时,电子云向电负性大的原子的方向移动。当给电子基团(如 CH_3)与某个原子相连时,电子云向离开给电子基团的方向移动。相连原子的电负性越大,诱导效应越显著。在红外光谱中,诱导效应普遍存在。许多基团振动频率的变化可以用诱导效应得到合理解释。

七、氢键效应

在许多有机化合物、无机化合物和聚合物中,存在—OH、—COOH、—NH—和—NH_2,

有些有机化合物是盐酸盐（·HCl）。在这些化合物中存在着分子间氢键或分子内氢键。氢键的存在使红外光谱发生变化的现象称为氢键效应。氢键越强，O—H 和 N—H 的伸缩振动谱带越宽，谱带向低频位移得越多。

八、稀释剂效应

当液体样品或固体样品溶于有机溶剂中时，样品分子与溶剂分子之间会发生相互作用，导致样品分子的红外振动频率发生变化。

如果溶剂是极性溶剂，且样品分子中含有极性基团，样品的光谱肯定会发生变化。溶剂的极性越强，光谱的变化越大。固体样品采用压片法测定红外光谱时，通常采用溴化钾粉末作为稀释剂。溴化钾分子的极性很强，肯定会影响样品分子中极性基团的振动频率，使极性基团的振动频率发生位移，而且还会使谱带变形。当有机化合物是盐酸盐（·HCl）时，应采用氯化钾粉末压片（图 7-8）。

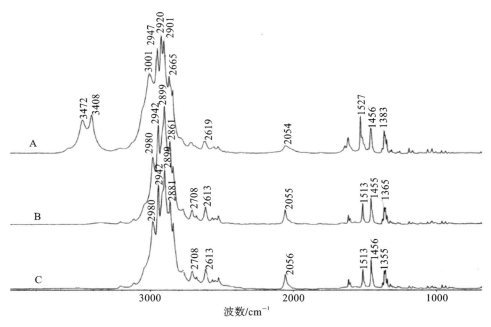

图 7-8　溴化钾和氯化钾压片法对二甲基金刚烷胺盐酸盐（$C_{12}H_{21}N·HCl$）红外光谱的影响

注：A 为溴化钾压片法；B 为氯化钾压片法；C 为显微红外光谱法。

九、基团频率和指纹频率

不同分子中相同基团的某种振动模式，如果振动频率基本相同，总是出现在某一范围较窄的频率区间,有相当强的红外吸收强度,且与其他振动频率分得开,这种振动频率称为基团频率。基团频率受分子中其余部分影响较小,具有特征性,可用于鉴定该基团的存在与否。大多数基团频率出现在 4000~1330 cm^{-1} 之间。

1330~400 cm^{-1} 的区间称为指纹区。指纹区出现的频率有基团频率和指纹频率。指纹频率不是某个基团的振动频率,而是由整个分子或分子的一部分振动产生的。分子结构的微小变化会引起指纹频率的变化。指纹频率没有特征性,但对特定分子是具有特征性的。不能企图指认全部指纹频率。

第二节 傅里叶变换红外光谱学的基本原理

傅里叶变换(Fourier transform,FT)是一种信号处理技术,它可以对红外光谱进行去噪、数据压缩和信息提取等处理。傅里叶变换红外光谱可以快速、无损地获取被测样品的材质、组分等多种信息。

一、干涉图

1. 单色光干涉图

红外光谱仪中所使用的红外光源发出的红外光是连续的,从远红外、中红外到近红外区间,是由无数个无限窄的单色光组成的。当红外光源发出的红外光通过迈克尔逊干涉仪时,每一种单色光都发生干涉,产生干涉光。红外干涉图就是由这无数个无限窄的单色光的干涉光组成的。也可以说,红外干涉图是由多色光的干涉光组成的。单色光的干涉图是余弦波,所以对单色光干涉图进行傅里叶变换是非常简单的操作,其余弦波的振幅和波长(频率)都可以直接测量。

2. 二色光干涉图

二色光干涉图是两个单色光干涉图叠加的结果,也就是由两个不同波长的余弦波叠加而成的。二色光干涉图的方程与单色光干涉图的方程相同,干涉图的强度等于两个单色光干涉图强度的叠加,干涉图的强度与两个单色光的波数和强度有关,与光程差有关。

3. 多色光和连续光源干涉图

单色光干涉图的傅里叶变换是非常简单的,但是,如果一个光源发射的是几条不连续的谱线,或发射的是连续光,得到的干涉图就要复杂得多,就要用计算机对干涉图进行傅里叶变换。

二、红外光谱仪的分辨率

红外光谱的分辨率用波数(cm^{-1})表示,即分辨率的单位是 cm^{-1}。红外光谱仪的分辨率是由干涉仪动镜移动的距离决定的。确切来说,是由光程差计算得到的。也就是说,测量光谱时,如果知道光程差,那么这张光谱的分辨率也就知道了。

一台傅里叶变换红外光谱仪的最高分辨率,取决于这台仪器的动镜移动的最长有效距离。动镜移动的最长有效距离是指从零光程差到采集最高分辨率所需要的最后一个数据点动镜移动的距离。动镜移动的最长有效距离(cm)两倍的倒数就是这台仪器的最高分辨率,也就是最大光程差的倒数就是这台仪器的最高分辨率。例如,一台仪器动镜移动的最长有效距离为 4 cm,那么,这台仪器的最高分辨率为 0.125 cm^{-1}。分辨率的数字越小,表示分辨率越高。仪器的分辨率越高,仪器的性能越好,价格也越贵。

每台傅里叶变换红外光谱仪都有确定的最高分辨率,但是测量光谱时很少使用最高分辨率。采集红外光谱数据之前,根据需要设定好分辨率。对于一般的红外光谱测定,通常选用 4 cm^{-1} 的分辨率,也可以根据需要选用不同级别的分辨率。

三、噪声和信噪比

1. 傅里叶变换红外光谱的噪声

用傅里叶变换红外光谱仪测量时,检测器在接收样品光谱信号的同时也接收噪声信号。仪器的噪声信号是随机的,有正有负,是起伏变化的。起伏变化的噪声信号会加到样品的光谱信号中,使输出的光谱既包含样品的光谱信号,也包含噪声信号。

在测量样品的红外光谱时,如果样品的透射率很低,即吸光度很高,比如吸光度达到1,在计算机输出的红外光谱中就基本上看不到噪声。但是,如果样品的吸光度很低,那么,在计算机输出的红外光谱中,在光谱基线上就能明显地看到起伏变化的噪声。如果噪声水平与吸收峰强度接近,就很难分清哪些是噪声,哪些是吸收峰。一般来说,吸收峰的强度应是噪声平均强度的 3 倍才能被认为是吸收峰。检测器接收到的噪声包括检测器本身的噪声,还包括红外光源强度微小变化引起的噪声、杂散光引起的噪声、外界振动干扰引起的噪声、电子线路引起的噪声等。红外检测器的噪声与检测器的灵敏度有关,灵敏度越高,噪声越低。

2. 傅里叶变换红外光谱的信噪比

红外光谱的噪声与信噪比(signal-noise ratio,SNR)是两个不同的概念,噪声是仪器固有的,而信噪比是信号与噪声的比值。信噪比分为仪器本身的信噪比和实际测量光谱的信噪比两种。这两种信噪比的测定和计算方法不同。实际红外光谱测定工作中,主要关心实际测量光谱的信噪比。

现阶段,有方法利用计算机技术来提高光谱的信噪比以构建数学模型,包括平滑去噪、导数变换、多元散射校正、归一化等方法。

第三节　利用傅里叶变换红外光谱仪推断死亡时间

一、傅里叶变换红外光谱仪

20世纪70年代,我国开始从国外引进傅里叶变换红外光谱仪(以下简称FTIR光谱仪)。20世纪80年代中后期,我国开始自行生产FTIR光谱仪。到2004年为止,我国FTIR光谱仪的保有量已经达到3000台左右。FTIR光谱仪遍布我国高等院校、科研机构、厂矿企业和各个分析测试部门。FTIR光谱仪在教学、科研和分析测试中发挥着非常重要的作用。

1. FTIR光谱仪的基本组成

FTIR光谱仪主要由3个部分组成:红外光学台(光学系统)、计算机和打印机。

(1)红外光学台:红外光学台是FTIR光谱仪最主要的部分。平时所说的红外光谱仪主要是指红外光学台。计算机和打印机是红外光谱仪的辅助设备。红外光谱仪的各项性能由红外光学台决定。

红外光学台由红外光源、光阑、干涉仪、样品室、检测器以及各种红外反射镜、激光器、控制电路板和电源组成。目前使用的红外光学台的体积越来越小,红外光学台内红外反射镜越来越少,红外光路越来越短。红外光学台的这种设计有利于提高红外光谱仪的性能指标。红外光学台的样品室体积应尽量大,应能安装各种小的红外附件,如各种衰减全反射(attenuated total reflectance,ATR)附件、漫反射附件、镜反射附件、光声附件等。现在有些公司将各种小的红外附件制作成智能附件。智能附件安装在样品室后,红外光学台能够识别安装的是哪种附件,红外光谱软件能够自动调用附件所使用的测试参数。中、高档FTIR光谱仪的红外光学台都有两个以上外接红外光源输出或输入口。可以连接红外显微镜附件和FT-Raman附件;可以与气相色谱接口、热重分析接口等连接,进行气红联机检测和热重红外联机检测等;还可以与发射光谱附件连接,将发射光源引进红外光学台,研究物体的发射红外光谱。

(2)计算机:现在的FTIR光谱仪所使用的计算机都不是专用机,而是使用个人计算机。控制FTIR光谱仪工作的计算机,必须安装由红外光谱仪公司提供的红外光谱软件。计算机通过USB、LPT及COM接口或安装在计算机里的红外接口与红外光学台的电路板连接。红外光学台的工作状态完全由光谱仪和计算机控制。样品红外数据的采集和采集参数的设定,由计算机中的红外光谱软件设置。FTIR光谱仪的电路板将红外光学台中检测器检测到的模拟信号转换为数字信号,传送到计算机内进行傅里叶变换计算处理,并将计算结果(红外光谱图)显示在屏幕上或保存在计算机硬盘中。

现在计算机的硬盘容量都很大,内存容量也越来越大。计算机中可以保存大量的红外光谱数据。每份红外光谱数据所占磁盘空间的大小,取决于光谱的分辨率和光谱区间。光谱的分辨率越高,所占的磁盘空间就越大;采集光谱数据时,光谱区间设定越宽,所占磁盘空间越大。一张 4 cm^{-1} 分辨率的中红外光谱图的数据大约只占 10 kB 的磁盘空间。

计算机除了控制红外光学台收集样品的红外光谱和保存红外光谱数据外,还可以利用红外光谱软件对所收集的红外光谱进行各种数据处理。计算机保存的原始红外光谱图和经过处理后的红外光谱图,可以通过打印机直接打印出来,也可以将红外光谱图拷贝到文本文件中的适当位置,与文本文件一起打印。

2. FTIR 光谱仪的光学系统

(1) 红外光源:FTIR 光谱仪的关键部件之一,红外辐射能量的高低直接影响检测的灵敏度。理想的红外光源能够测试整个红外波段,即能够测试远红外、中红外和近红外波段。目前要测试整个红外波段至少需要更换三种光源,即远红外、中红外和近红外光源。红外光谱中使用最多的是中红外波段,目前中红外波段使用的光源基本能满足测试要求。

(2) 光阑:红外光源发出的红外光线经椭圆反射镜反射后,先经过光阑,再到达准直镜。光阑的作用是控制光通量的大小。加大光阑孔径,光通量增大,有利于提高检测的灵敏度。缩小光阑孔径,光通量减小,检测灵敏度降低。FTIR 光谱仪光阑孔径的设置分为两种:一种是连续可变光阑,另一种是固定孔径光阑。

(3) 干涉仪:FTIR 光谱仪光学系统中的核心部分。FTIR 光谱仪的最高分辨率和其他性能指标主要由干涉仪决定。目前,FTIR 光谱仪使用的干涉仪有好几种,但无论哪一种干涉仪,其内部的基本组成是相同的,即各种干涉仪都包含动镜、定镜和分束器这三个部件(图 7-9)。

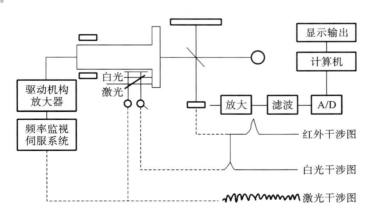

图 7-9 FTIR 光谱仪干涉仪的结构与功能示意图

(4) 检测器:作用是检测红外干涉光通过样品后的能量,因此对使用的检测器有三点要求,即高的检测灵敏度、快的响应速度和较宽的检测范围。

FTIR 光谱仪使用的检测器种类很多,但目前还没有一种检测器能够检测所有红外波段。测定不同波段的红外光谱需要使用不同的检测器。目前测定中红外光谱使用的检测器可以分为两类：一类是 DTGS 检测器，另一类是 MCT 检测器。

二、利用 FTIR 光谱仪推断死亡时间的研究

利用 FTIR 光谱仪推断死亡时间在国内外报道较少，属于死亡时间推断的新兴领域。但近几年其研究逐渐增多，该技术具有特异性好、操作简便等优点，目前除了应用于药物研究等多个领域外，还可应用于生物大分子结构定性、定量的研究中。该技术可以灵敏、准确地检测细胞和组织等复杂体系内蛋白质、核酸、脂类、糖的含量变化，无须运用物理和化学手段对样本进行破坏性处理，国内外法医学者也将 FTIR 光谱技术应用于现场痕迹检验、毒品分析等。随着计算机技术、数据挖掘技术以及人工智能技术的发展，FTIR 光谱技术有助于建立死亡时间定性和定量判别的模型，为死亡时间推断提供新的方法。

黄平等应用 FTIR 光谱技术分析大鼠死后组织、人离体组织随时间推移的化学降解过程。他们将大鼠断颈处死后置于 4 ℃、20 ℃、30 ℃ 的环境中，在不同时间点提取大鼠不同组织，并收集有同样离体时间的人离体组织，并运用 FTIR 光谱仪测定不同化学基团随死后或离体后时间的变化。他们发现随着时间的推移，大鼠死后组织、人离体组织的 FTIR 光谱主要吸收峰位置没有发生明显变化，而其强度随着时间延长呈现出 4 种不同的变化方式，分别为增高、下降、稳定、波动，且不同峰强比显示出相似的时间变化趋势。人体和大鼠心脏、肺、肝、脾、肾皮质、骨骼肌、大脑皮质的 KBr（KBr 压片法）、ATR-FTIR 光谱变化相似。在他们的研究中，20 ℃ 条件下，大鼠死后 24 h 内不同时间点脾和肾皮质吸收峰可观察到变化，心脏、肺、骨骼肌则未观察到改变，在 24 h 后才能观察到峰强比的变化。他们认为，心脏、肺、骨骼肌适合用于晚期死亡时间推断，脾和肾皮质则适合用于早期死亡时间推断。

黎世莹等应用 FTIR 光谱技术分析窒息死亡大鼠骨骼肌、心肌随死亡时间推移的化学降解过程，为死亡时间推断提供新的研究方法。他们将夹闭气管致窒息死亡后的大鼠置于（20±2）℃环境中，在不同的时间点提取大鼠大腿骨骼肌和心肌组织，运用 FTIR 光谱仪测定不同化学基团随死亡时间的变化，并根据不同吸收峰吸光度比值对死亡时间进行拟合以得到最佳数学模型。结果发现随着死亡时间的延长，窒息死亡大鼠心肌、骨骼肌的光谱在第 1~15 天发生改变，两者变化相似，但骨骼肌较明显，用于推断死亡时间更为准确；7 天后出现平台期；吸收峰吸光度比值推断死亡时间的最佳数学模型为三次拟合回归方程。这对死后 7 天内的死亡时间推断具有一定的潜力。他们也对窒息死亡大鼠的肝、脾进行了相似的研究，发现肝 FTIR 光谱变化较脾稳定、持久，且平台期出现较晚，曲线拟合相关系数也较高，用于推断死亡时间更为准确。相似的研究结果也见于家兔的心肌研究中。

应用 FTIR 光谱技术分析大鼠死后脑组织随死亡时间推移的化学变化过程，发现 FTIR 光谱技术能在分子水平检测大鼠死后 0~144 h 脑内代谢的变化，说明脑组织可以

作为利用 FTIR 光谱技术推断死亡时间的适用检材。宣妙根等研究性别、日龄、离体组织等个体因素对用 FTIR 光谱技术推断动物实验中死亡时间的影响,他们将 SD 大鼠分为雄性和雌性组、不同日龄组(21 天、42 天和 63 天组)、离体和活体组织组。处死大鼠后将大鼠尸体置于(20±2)℃、相对湿度为 50% 的环境中,于死后 0~48 h 采集肝、肾、脾、心肌、脑、肺和骨骼肌组织进行测量。随着死亡时间的推移,主吸收峰及其吸光度比值在不同时间点没有明显变化。所有实验组与对照组相比均无明显变化。他们认为,性别、日龄、离体组织等个体因素对 FTIR 光谱技术推断死亡时间无影响(图 7-10)。这些结果表明 FTIR 光谱技术有望成为法医学死亡时间推断的有效方法。

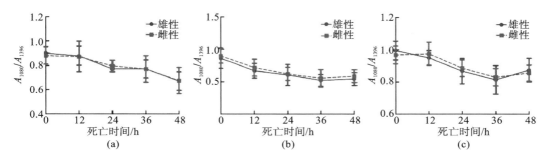

图 7-10 雄性、雌性大鼠心肌(a)、骨骼肌(b)、肾(c)的吸收峰 A_{1080}/A_{1396} 与死亡时间的关系

除了对体内器官的研究外,也有学者应用 FTIR 光谱技术对心包积液进行分析来推断死亡时间。Ji Zhang 采用 ATR-FTIR 技术,对不同死亡时间(48 h 内)的家兔心包积液进行了全面的生化信息采集,结合二维相关分析,发现其光谱的变化完全来自蛋白质、多肽和氨基酸的分子振动,与呈时间顺序的蛋白质降解有关,并进一步建立了相关模型。

考虑到在晚期死亡时间推断中,大部分器官或体液已经难以提取,因此,人体骨骼也是研究的重点,同样有 FTIR 光谱技术的应用。有研究者分别采集了 56 例尸体的成对骨骼标本,分别埋入土中和暴露在空气中 76~552 天,并用 FTIR 光谱结合化学计量学方法研究了两种条件下骨骼标本化学成分的差异及其随死亡时间的改变,发现化学成分差异对标本的分解速度有显著影响,提示利用 FTIR 光谱和化学计量学推断死亡时间有一定的可行性。除此之外,也有研究者以猪肋软骨和肋骨为研究对象,在 4000~400 cm^{-1} 范围内测定不同死亡时间的 FTIR 图谱(图 7-11),发现了比较稳定的晚期 FTIR 光谱变化。

法医昆虫学中也有利用 FTIR 光谱技术推断死亡时间的研究,利用显微傅里叶变换红外(micro-FTIR)光谱技术检测丽蝇科大头金蝇蛹壳风化过程中脂质降解特征,既保留了 FTIR 快速无损的特点,又可以实现微小区域的取样,展现出其在法医学死亡时间推断研究中潜在的应用前景。

死亡时间推断研究的主要难点如下:死亡时间极易受环境因素影响,致使单一因素、单一条件下的研究结果难以应用于实践中;受实际条件及伦理因素所限,应用人体标本进行死亡时间推断的研究极少,大多数研究局限于动物模型,即使使用离体组织,但其与在体组织的客观环境条件存在很大的差异,使此类研究条件与实际情况差别很大,是否具有相似

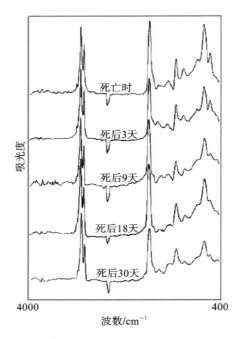

图 7-11　环境温度(20 ℃)下猪不同死亡时间肋软骨的 ATR-FTIR 光谱图

的拟合曲线方程及广谱的规律性变化,仍需要进一步的研究探讨,因而无法实践应用。

针对以上两点,有学者利用 FTIR 光谱仪对家兔及人体标本的冷冻切片和石蜡切片进行检测,在多因素、不同条件下分析多种脏器的降解特征,并引入人工神经智能分析系统对数据进行整合分析,建立受环境因素影响较小、能够应用于实践的死亡时间推断方法。FTIR 光谱仪可对细胞内生物物质相应化学基团分子振动水平进行检测,依据这些有机分子化学基团的振动,从而可准确地判定组织中的化学基团及各类化学基团的含量。死亡时间推断基于死后各种物质的代谢变化,构成组织、细胞的基本物质是蛋白质、糖、脂类、核酸等,这些生物大分子都具有较大的分子量及复杂的分子结构,因而这些物质的变化可被 FTIR 光谱仪检测到。多因素、不同条件下,利用多种物质之间的降解关系推断死亡时间,有望突破死亡时间受环境因素影响的瓶颈,从而获得理想的结果;冷冻切片可在保持检材原始生物活性的条件下,提供一种新的死亡时间推断方法,并可与石蜡切片的检测结果相互印证。法医病理实践中石蜡切片作为日常鉴定中的必备检材,数量庞大,可供检测的时限长,且极少涉及伦理学问题,如能成功地对石蜡切片进行死亡时间推断研究,则可以释放蕴藏在此检材中的大量信息,获得充足的标本数量和检测时限,为后期研究打下坚实的实验基础。利用人工神经智能分析系统对所得数据进行整合分析,有助于建立自动化的死亡时间推断系统。

(周兰,关础怀)

第八章 死亡时间推断研究的科学计量学分析

本章拟采用科学计量学方法对1976—2019年死亡时间推断研究领域相关文献进行分析,为死亡时间推断相关研究工作的开展提供必要的借鉴。

Web of Science(WoS)数据库是全球获取学术信息的重要数据库,也是文献计量学和科学计量学的重要工具。2020年孟越男等统计,WoS数据库包括自然科学、社会科学、艺术与人文领域的信息,来自全世界近9000种较负盛名的高影响力研究期刊及12000多种学术会议多学科内容。WoS数据库由以下几个重要部分组成:Science Citation Index—Expanded(SCIE,科学引文索引扩展版)、Social Sciences Citation Index(SSCI,社会科学引文索引)、Conference Proceedings Citation Index(CPCI,会议论文引文索引)、Arts & Humanities Citation Index(A&HCI,艺术与人文引文索引)。通过引文检索功能可查找近年来公开发表的学术文献,同时可以获取这些文献的摘要、引用参考文献的记录、被引用情况、著者信息和关键词等信息。WoS数据库以布拉德福(S. C. Bradford)文献集中与分散定律和加菲尔德(E. Garfield)引文分析为主要理论基础,通过论文的年度分布、国家或机构合作网络、文献被引频次、高频关键词统计分析等途径,对学术期刊和科研成果进行多方位的评价研究,从而评判一个国家或地区和科研单位科研产出绩效,来反映其在该学科领域的国际发展现状和学术水平。

中国知网(CNKI)数据库是由清华大学和清华同方开发的多个信息资源库的集合,向学者提供期刊论文、博硕士论文、会议论文,以及报纸、图书、年鉴等的各类资源的统一检索、阅读、下载服务。CNKI数据库全面整合了我国90%以上的学术文献和海外重要的学术文献数据库资源。

本研究选择WoS数据库中的"Science Citation Index—Expanded"以及CNKI数据库中的"中国学术期刊全文数据库"进行文献检索,并下载文献题录信息用于数据分析。

第一节 研究方法及数据来源

一、研究方法及分析工具

科学计量学是指用数学和统计学的方法,定量地分析一切知识载体的交叉科学,其计量对象主要是文献量（各种出版物，如期刊论文和评论）、作者数（个人、机构或国家）、词汇数（以关键词或主题词为主）、机构和国家的论文数量统计等。目前该方法已被广泛用于各个学科领域。本章基于科学计量学，以法医学领域死亡时间推断研究发表的期刊论文、会议论文等为主要研究对象，从定量分析的角度深入分析国内外死亡时间推断研究领域的研究现状，识别研究主题与研究热点，明晰我国与国际先进水平之间的差距及存在的问题，为推动我国死亡时间推断研究提供指导与借鉴。

分析工具主要包括 Microsoft Excel 2019、CiteSpace、Gephi、Derwent Data Analyzer（DDA）、VOSviewer 等工具和软件。其中，CiteSpace 是由美国德雷塞尔大学信息科学与技术学院的陈超美博士基于 JAVA 开发的可免费使用的科学计量分析及可视化软件，主要用于科学文献趋势模式的分析和可视化，以及绘制科学技术领域知识图谱。CiteSpace 着重于寻找某领域发展中的关键点，尤其是识别领域知识流动的关键转折点，识别快速发展的研究主题和前沿发展方向。Gephi 是一个开源且免费的适用于各种图形和网络的可视化软件，运用交互式界面和可视化思维对传统数理统计分析进行补充。Gephi 可以用于各种网络和复杂系统、动态和分层图的交互可视化与探测，可以广泛用于探索性数据分析、链接分析、社会网络分析和生物网络分析等。DDA 是科睿唯安（Clarivate Analytics，原汤森路透知识产权与科技事业部）公司提供的用于海量数据多角度挖掘和可视化分析的工具。DDA 可以对导入的数据进行数据清洗、统计、分析和汇总，可兼容从 WoS 数据库中下载的文献题录和专利数据格式，以及从其他数据库平台包括 Dialog、STN、PubMed 等下载的数据，并支持 Excel 和 Access 格式的海量数据直接导入。VOSviewer 是一款科学图谱工具，可用于生成多种基于文献计量关系的图谱，如国家合作和机构合作网络。此外，本章所使用的期刊影响因子来源于 2019 年发布的 2018 年度"期刊引证报告"（JCR），以及 CNKI 数据库中期刊导航中的评价统计数据。

二、数据来源

本研究以 WoS 数据库和 CNKI 数据库为数据来源，以死亡时间推断研究相关文献为研究对象。

WoS 数据库检索公式设计为 SU＝(Legal Medicine) and (TI＝("postmortem interval" or "time since death" or "PMI estimation" or "estimation of time since death" or "PMI" or "post-mortem interval" or "post mortem interval") or AK＝("postmortem interval" or "time since death" or "PMI estimation" or "estimation of time since death" or "PMI" or "post-mortem interval" or "post mortem interval") or KP＝("postmortem interval" or "time since death" or "PMI estimation" or "estimation of time since death" or "PMI" or "post-mortem interval" or "post mortem interval"))。为追溯死亡时间推断相关研究源头，出版时间不限定最早时间，设定最晚时间为 2019 年；限定文献类型为期刊论文（article）、会议论文（proceeding paper）、综述（review）。检索时间：2020 年 5 月 26

日。检索结果：799 篇。经过专家判读，剔除不相关文献，最终得到死亡时间推断研究相关文献 733 篇，出版时间跨度为 1976—2019 年。

CNKI 数据库检索的出版时间同样不限定最早时间，设定最晚时间为 2019 年；检索公式设计为 SU = ('死亡时间'+'死后间隔时间'+'PMI'+'死后经过时间'+'死后经历时间')。学科分类为特种医学+公安-法医学。检索时间：2020 年 5 月 26 日。检索结果：861 篇。经过专家判读，剔除不相关文献，最终得到死亡时间推断研究相关文献 596 篇，出版时间跨度为 1980—2019 年。

第二节 文献外部特征统计分析

文献的外部特征是指与文献信息主题内容没有关系或关系不大的信息，如论文题名、著者单位、期刊名称等。死亡时间推断研究相关文献的外部特征分析主要涉及文献的年度分布、国家分布及合作网络、机构分布及合作网络、作者分布及合作网络、期刊分布等维度。

一、文献数量

（一）WoS 数据库中文献数量及历年变化趋势

1. 学术成果类型分布

1976—2019 年，WoS 数据库中死亡时间推断研究领域发表的文献总量为 733 篇。主要类型为期刊论文，其次是综述和会议论文。期刊论文、会议论文与综述的数量和所占比例如图 8-1 所示。期刊论文 694 篇，占比 95%；会议论文 39 篇，占比 5%；综述 26 篇，占比 4%（注：数据集中有 34 篇文献分类为"Article；Proceeding Paper"，即同属于期刊论文与会议论文，因此出现各文献类型数量相加大于数据集总数的结果。为方便与下文 CNKI 数据集进行对比分析，此部分学术成果类型分布只包含期刊论文、会议论文、综述，但实际数据集中还包含 8 篇类型为"Letter"的文献。下同）。

2. 学术成果年度分布

WoS 数据库中收录的首篇死亡时间推断研究相关文献记录为 1976 年 Findlay 发表在 *Journal of the Forensic Science Society* 上的"Bone-marrow changes in post mortem interval"。如图 8-2、表 8-1 所示，1980—1989 年，发文量为 26 篇，年发文量均在 6 篇及以个，1989 年出现第一篇综述，即 Coe 发表在 *Forensic Science International* 上的"Vitreous potassium as a measure of the postmortem interval：an historical review and critical evaluation"；1990—1999 年间共发表文献 81 篇，1990 年之后死亡时间推断研究相关文献数量呈波动性增长态势，1999 年发文量最高，为 14 篇；1998 年出现第一篇会议论文，即

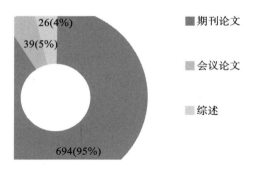

图 8-1　WoS 数据库收录的死亡时间推断研究相关文献类型分布(1976—2019 年)

Pfeiffer 等发表在 *Journal of Forensic Sciences* 上的"The natural decomposition of adipocere";2000—2009 年间共发表文献 171 篇,死亡时间推断研究相关文献数量呈现波动性增长态势,2001 年发文量最高,为 29 篇,2003 年发文量最低,为 8 篇;2010—2019 年间共发表文献 480 篇,为前 10 年的 2 倍多,死亡时间推断研究相关文献数量呈现平稳上升趋势。死亡时间推断研究领域不断扩展、深入,研究成果日益增多。

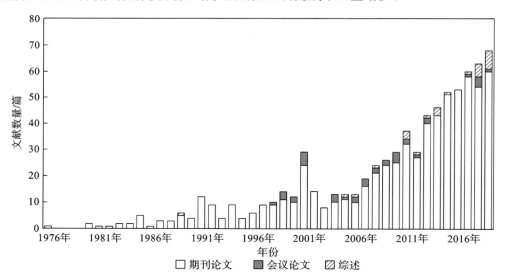

图 8-2　WoS 数据库收录的死亡时间推断研究相关文献年度分布(1976—2019 年)

表 8-1　WoS 数据库收录的死亡时间推断研究相关文献年度分布(1976—2019 年)

类型	1976 年	1980 年	1981 年	1982 年	1983 年	1984 年	1985 年	1986 年	1987 年	1988 年	1989 年
期刊论文/篇	1	2	1	1	2	2	5	1	3	3	5
会议论文/篇	0	0	0	0	0	0	0	0	0	0	0
综述/篇	0	0	0	0	0	0	0	0	0	0	1
合计/篇	1	2	1	1	2	2	5	1	3	3	6

续表

类型	1990年	1991年	1992年	1993年	1994年	1995年	1996年	1997年	1998年	1999年
期刊论文/篇	4	12	9	4	9	4	6	9	9	11
会议论文/篇	0	0	0	0	0	0	0	0	1	3
综述/篇	0	0	0	0	0	0	0	0	0	0
合计/篇	4	12	9	4	9	4	6	9	10	14

类型	2000年	2001年	2002年	2003年	2004年	2005年	2006年	2007年	2008年	2009年
期刊论文/篇	10	24	14	8	10	11	10	16	21	24
会议论文/篇	2	5	0	0	3	1	2	3	2	2
综述/篇	0	0	0	0	0	1	1	0	1	0
合计/篇	12	29	14	8	13	13	13	19	24	26

类型	2010年	2011年	2012年	2013年	2014年	2015年	2016年	2017年	2018年	2019年
期刊论文/篇	25	32	27	40	43	51	53	58	54	60
会议论文/篇	4	2	1	2	0	0	0	1	4	1
综述/篇	0	3	1	1	3	1	0	1	5	7
合计/篇	29	37	29	43	46	52	53	60	63	68

3. 学术成果影响力

被引频次的高低在一定程度上体现了文献学术影响力的大小。如表8-2至表8-5、图8-3至图8-5所示，1976—2019年，期刊论文发文量为694篇，总被引频次为14282次，篇均被引频次为20.58次，高被引文献数量为210篇，高被引文献占比为30.26%；会议论文发文量为39篇，总被引频次为1493次，篇均被引频次为38.28次，高被引文献数量为22篇，高被引文献占比为56.41%；综述发文量为26篇，总被引频次为425次，篇均被引频次为16.35次，高被引文献数量为8篇，高被引文献占比为30.77%。

表8-2 WoS数据库收录的死亡时间推断研究相关期刊论文、
会议论文、综述影响力统计（1976—2019年）

参数	期刊论文	会议论文	综述
总被引频次	14282	1493	425
篇均被引频次	20.58	38.28	16.35
高被引文献数量/篇	210	22	8
高被引文献占比/(%)	30.26	56.41	30.77

表 8-3　WoS 数据库收录的死亡时间推断研究相关期刊论文被引频次分布（1976—2019 年）

频次	1976 年	1980 年	1981 年	1982 年	1983 年	1984 年	1985 年	1986 年	1987 年	1988 年	1989 年
总被引频次	3	61	11	6	11	15	53	12	62	31	101
篇均被引频次	3.00	30.50	11.00	6.00	5.50	7.50	10.60	12.00	20.67	10.33	20.20

频次	1990 年	1991 年	1992 年	1993 年	1994 年	1995 年	1996 年	1997 年	1998 年	1999 年
总被引频次	345	525	360	62	397	68	491	167	353	207
篇均被引频次	86.25	43.75	40.00	15.50	44.11	17.00	81.83	18.56	39.22	18.82

频次	2000 年	2001 年	2002 年	2003 年	2004 年	2005 年	2006 年	2007 年	2008 年	2009 年
总被引频次	491	1447	459	262	366	556	334	910	743	496
篇均被引频次	49.10	60.29	32.79	32.75	36.60	50.55	33.40	56.88	35.38	20.67

频次	2010 年	2011 年	2012 年	2013 年	2014 年	2015 年	2016 年	2017 年	2018 年	2019 年
总被引频次	728	859	478	605	632	619	455	300	132	69
篇均被引频次	29.12	26.84	17.70	15.12	14.70	12.14	8.58	5.17	2.44	1.15

表 8-4　WoS 数据库收录的死亡时间推断研究相关会议论文被引频次分布（1976—2019 年）

频次	1976 年	1980 年	1981 年	1982 年	1983 年	1984 年	1985 年	1986 年	1987 年	1988 年	1989 年
总被引频次	0	0	0	0	0	0	0	0	0	0	0
篇均被引频次	0	0	0	0	0	0	0	0	0	0	0

频次	1990 年	1991 年	1992 年	1993 年	1994 年	1995 年	1996 年	1997 年	1998 年	1999 年
总被引频次	0	0	0	0	0	0	0	0	41	73
篇均被引频次	0	0	0	0	0	0	0	0	41.00	24.33

续表

频次	2000年	2001年	2002年	2003年	2004年	2005年	2006年	2007年	2008年	2009年
总被引频次	49	541	0	0	82	226	0	90	109	48
篇均被引频次	24.50	108.20	0	0	27.33	226.00	0	30.00	54.50	24.00

频次	2010年	2011年	2012年	2013年	2014年	2015年	2016年	2017年	2018年	2019年
总被引频次	186	7	24	0	0	0	0	4	9	4
篇均被引频次	46.50	3.50	24.00	0	0	0	0	4.00	2.25	4.00

表 8-5　WoS 数据库收录的死亡时间推断研究相关综述被引频次分布（1976—2019 年）

频次	1976年	1980年	1981年	1982年	1983年	1984年	1985年	1986年	1987年	1988年	1989年
总被引频次	0	0	0	0	0	0	0	0	0	0	62
篇均被引频次	0	0	0	0	0	0	0	0	0	0	62.00

频次	1990年	1991年	1992年	1993年	1994年	1995年	1996年	1997年	1998年	1999年
总被引频次	0	0	0	0	0	0	0	0	0	0
篇均被引频次	0	0	0	0	0	0	0	0	0	0

频次	2000年	2001年	2002年	2003年	2004年	2005年	2006年	2007年	2008年	2009年
总被引频次	0	0	0	0	0	37	53	0	4	0
篇均被引频次	0	0	0	0	0	37.00	53.00	0	4.00	0

频次	2010年	2011年	2012年	2013年	2014年	2015年	2016年	2017年	2018年	2019年
总被引频次	0	128	17	42	33	25	0	0	12	12
篇均被引频次	0	42.67	17.00	42.00	11.00	25.00	0	0	2.40	1.71

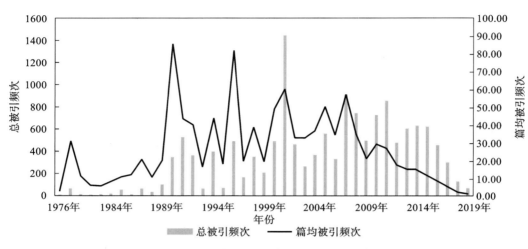

图 8-3　WoS 数据库收录的死亡时间推断研究相关期刊论文被引频次分布（1976—2019 年）

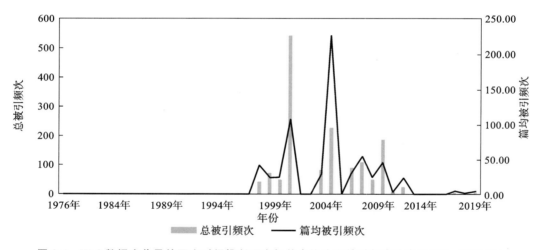

图 8-4　WoS 数据库收录的死亡时间推断研究相关会议论文被引频次分布（1976—2019 年）

（二）CNKI 数据库中文献数量及历年变化趋势

1. 学术成果类型分布

1980—2019 年，CNKI 数据库中死亡时间推断研究领域发表的期刊论文、会议论文与博硕士论文的数量和所占比例如图 8-6 所示。期刊论文 442 篇，占比 74%；会议论文 59 篇，占比 10%；博硕士论文 95 篇，占比 16%。

2. 学术成果年度分布

CNKI 数据库中收录的第一篇死亡时间推断研究相关期刊论文为 1980 年发表在《刑事技术》上的"苏联在认定尸体和判定死亡时间方面的法医骨学检验概况"，是根据苏联《法医鉴定》期刊 1979 年第 1 期 13～17 页编译而成。如表 8-6、图 8-7 所示，1980—2001

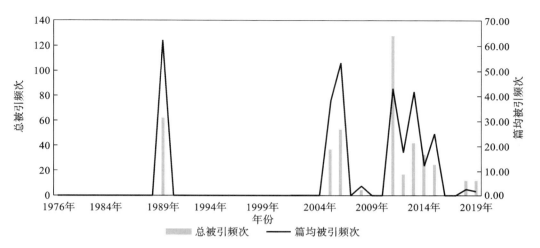

图 8-5　WoS 数据库收录的死亡时间推断研究相关综述被引频次分布（1976—2019 年）

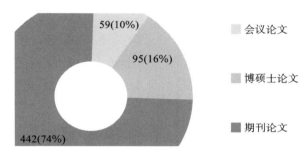

图 8-6　CNKI 数据库收录的死亡时间推断研究相关文献类型分布（1980—2019 年）

年间共发表期刊论文 69 篇，年发文量均在 10 篇以内；2002—2004 年间，期刊论文年发文量突破 10 篇，最高为 2002 年，发文量为 14 篇；2005—2019 年间，死亡时间推断研究相关期刊论文数量呈现波动性增长态势，2005 年、2008 年、2010 年、2018 年期刊论文发文量分别出现峰值，分别为 31 篇、32 篇、32 篇、30 篇。1990—1999 年间收录会议论文 18 篇，2000—2009 年间收录会议论文 27 篇，2010—2019 年间收录会议论文 14 篇。博硕士论文收录年代从 2004 年开始，为 2 篇；2006 年和 2011 年收录博硕士论文数量达到顶峰，均为 12 篇。

表 8-6　CNKI 数据库收录的死亡时间推断研究相关文献年度分布（1980—2019 年）

类型	1980 年	1981 年	1982 年	1983 年	1984 年	1985 年	1986 年	1987 年	1988 年	1989 年
期刊论文/篇	1	0	1	1	2	2	1	3	1	3
会议论文/篇	0	0	0	0	0	0	0	0	0	0

续表

类型	1980年	1981年	1982年	1983年	1984年	1985年	1986年	1987年	1988年	1989年
博硕士论文/篇	0	0	0	0	0	0	0	0	0	0
合计/篇	1	0	1	1	2	2	1	3	1	3
类型	1990年	1991年	1992年	1993年	1994年	1995年	1996年	1997年	1998年	1999年
期刊论文/篇	1	0	2	3	8	6	5	5	3	6
会议论文/篇	0	7	0	0	0	0	11	0	0	0
博硕士论文/篇	0	0	0	0	0	0	0	0	0	0
合计/篇	1	7	2	3	8	6	16	5	3	6
类型	2000年	2001年	2002年	2003年	2004年	2005年	2006年	2007年	2008年	2009年
期刊论文/篇	9	6	14	13	12	31	22	24	32	20
会议论文/篇	5	0	1	1	16	0	2	0	0	2
博硕士论文/篇	0	0	0	0	2	6	12	9	6	6
合计/篇	14	6	15	14	30	37	36	33	38	28
类型	2010年	2011年	2012年	2013年	2014年	2015年	2016年	2017年	2018年	2019年
期刊论文/篇	32	20	18	20	13	13	29	17	30	13
会议论文/篇	0	0	0	8	1	1	1	0	3	0
博硕士论文/篇	4	12	3	7	8	5	2	5	1	7
合计/篇	36	32	21	35	22	19	32	22	34	20

3. 学术成果影响力

如表8-7至表8-10、图8-8至图8-10所示，1980—2019年，期刊论文总被引频次为2218次，篇均被引频次为5.02次，总下载频次为83912次，篇均下载频次为189.85次，高被引文献数量为19篇，高被引文献占比为4.30%；会议论文总被引频次为20次，篇均被引频次为0.34次，总下载频次为2976次，篇均下载频次为50.44次；博硕士论文总被引频次为196次，篇均被引频次为2.06次，总下载频次为18378次，篇均下载频次为193.45次。

第八章　死亡时间推断研究的科学计量学分析

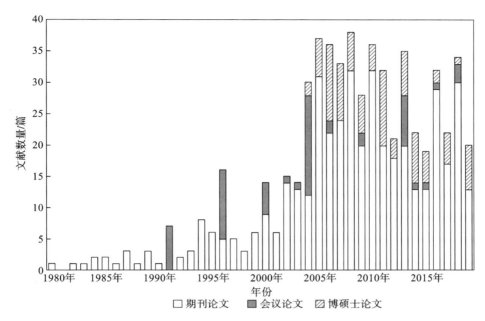

图 8-7　CNKI 数据库收录的死亡时间推断研究相关文献年度分布（1980—2019 年）

表 8-7　CNKI 数据库收录的死亡时间推断研究相关期刊论文、
会议论文、博硕士论文影响力统计（1980—2019 年）

参数	期刊论文	会议论文	博硕士论文
总被引频次	2218	20	196
篇均被引频次	5.02	0.34	2.06
总下载频次	83912	2976	18378
篇均下载频次	189.85	50.44	193.45
高被引文献数量/篇	19	0	0
高被引文献占比/(%)	4.30	0	0

表 8-8　CNKI 数据库收录的死亡时间推断研究相关期刊论文频次分布（1980—2019 年）

频次	1980 年	1981 年	1982 年	1983 年	1984 年	1985 年	1986 年	1987 年	1988 年	1989 年
总被引频次	0	0	0	0	3	2	3	0	5	54
篇均被引频次	0	0	0	0	1.50	1.00	3.00	0	5.00	18.00
总下载频次	50	0	68	166	124	68	28	172	100	191

续表

频次	1980年	1981年	1982年	1983年	1984年	1985年	1986年	1987年	1988年	1989年
篇均下载频次	50.00	0	68.00	166.00	62.00	34.00	28.00	57.33	100.00	63.67
频次	1980年	1981年	1982年	1983年	1984年	1985年	1986年	1987年	1988年	1989年
总被引频次	2	0	7	1	49	25	16	26	7	34
篇均被引频次	2.00	0	3.50	0.33	6.13	4.17	3.20	5.20	2.33	5.67
总下载频次	44	0	108	204	1186	447	517	1838	314	905
篇均下载频次	44.00	0	54.00	68.00	148.25	74.50	103.40	367.60	104.67	150.83
频次	2000年	2001年	2002年	2003年	2004年	2005年	2006年	2007年	2008年	2009年
总被引频次	120	82	192	84	74	223	174	188	167	98
篇均被引频次	13.33	13.67	13.71	6.46	6.17	7.19	7.91	7.83	5.22	4.90
总下载频次	913	630	1807	1746	2244	6432	5021	5448	5847	4163
篇均下载频次	101.44	105.00	129.07	134.31	187.00	207.48	228.23	227.00	182.72	208.15
频次	2010年	2011年	2012年	2013年	2014年	2015年	2016年	2017年	2018年	2019年
总被引频次	162	86	78	50	37	47	61	27	34	0
篇均被引频次	5.06	4.30	4.33	2.50	2.85	3.62	2.10	1.59	1.13	0.00
总下载频次	7416	4900	6193	4226	3166	2764	5028	2216	5668	1554
篇均下载频次	231.75	245.00	344.06	211.30	243.54	212.62	173.38	130.35	188.93	119.54

表8-9 CNKI数据库收录的死亡时间推断研究相关会议论文频次分布(1980—2019年)

频次	1980年	1981年	1982年	1983年	1984年	1985年	1986年	1987年	1988年	1989年
总被引频次	0	0	0	0	0	0	0	0	0	0
篇均被引频次	0	0	0	0	0	0	0	0	0	0

第八章　死亡时间推断研究的科学计量学分析

续表

频次	1980年	1981年	1982年	1983年	1984年	1985年	1986年	1987年	1988年	1989年
总下载频次	0	0	0	0	0	0	0	0	0	0
篇均下载频次	0	0	0	0	0	0	0	0	0	0
频次	1990年	1991年	1992年	1993年	1994年	1995年	1996年	1997年	1998年	1999年
总被引频次	0	1	0	0	0	0	4	0	0	0
篇均被引频次	0	0.14	0	0	0	0	0.36	0	0	0
总下载频次	0	165	0	0	0	0	370	0	0	0
篇均下载频次	0	23.57	0	0	0	0	33.64	0	0	0
频次	2000年	2001年	2002年	2003年	2004年	2005年	2006年	2007年	2008年	2009年
总被引频次	0	0	0	0	5	0	1	0	0	0
篇均被引频次	0	0	0	0	0.31	0	0.50	0	0	0
总下载频次	247	0	39	19	831	0	302	0	0	198
篇均下载频次	49.40	0	39.00	19.00	51.94	0	151.00	0	0	99.00
频次	2010年	2011年	2012年	2013年	2014年	2015年	2016年	2017年	2018年	2019年
总被引频次	0	0	0	9	0	0	0	0	0	0
篇均被引频次	0	0	0	1.13	0	0	0	0	0	0
总下载频次	0	0	0	524	90	72	42	0	77	0
篇均下载频次	0	0	0	65.50	90.00	72.00	42.00	0	25.67	0

表8-10　CNKI数据库收录的死亡时间推断研究相关博硕士论文频次分布（1980—2019年）

频次	1980年	1981年	1982年	1983年	1984年	1985年	1986年	1987年	1988年	1989年
总被引频次	0	0	0	0	0	0	0	0	0	0
篇均被引频次	0	0	0	0	0	0	0	0	0	0
总下载频次	0	0	0	0	0	0	0	0	0	0
篇均下载频次	0	0	0	0	0	0	0	0	0	0
频次	1990年	1991年	1992年	1993年	1994年	1995年	1996年	1997年	1998年	1999年
总被引频次	0	0	0	0	0	0	0	0	0	0
篇均被引频次	0	0	0	0	0	0	0	0	0	0
总下载频次	0	0	0	0	0	0	0	0	0	0
篇均下载频次	0	0	0	0	0	0	0	0	0	0
频次	2000年	2001年	2002年	2003年	2004年	2005年	2006年	2007年	2008年	2009年
总被引频次	0	0	0	0	4	17	53	37	10	16

续表

频次	2000年	2001年	2002年	2003年	2004年	2005年	2006年	2007年	2008年	2009年
篇均被引频次	0	0	0	0	2.00	2.83	4.42	4.11	1.67	2.67
总下载频次	0	0	0	0	217	1678	3848	1619	997	2016
篇均下载频次	0	0	0	0	108.50	279.67	320.67	179.89	166.17	336.00

频次	2010年	2011年	2012年	2013年	2014年	2015年	2016年	2017年	2018年	2019年
总被引频次	3	16	8	12	14	1	2	3	0	0
篇均被引频次	0.75	1.33	2.67	1.71	1.75	0.20	1.00	0.60	0	0
总下载频次	578	2137	734	1379	1405	346	520	519	79	306
篇均下载频次	144.50	178.08	244.67	197.00	175.63	69.20	260.00	103.80	79.00	43.71

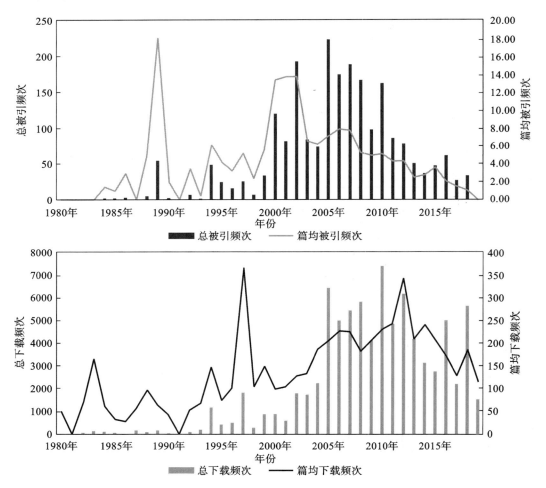

图8-8　CNKI数据库收录的死亡时间推断研究相关期刊论文频次分布（1980—2019年）

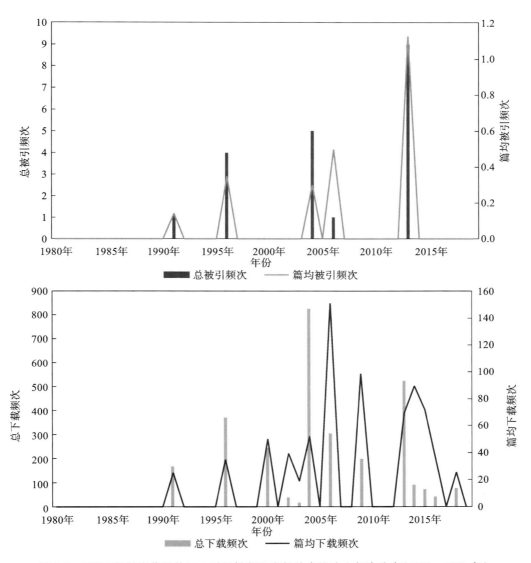

图8-9 CNKI数据库收录的死亡时间推断研究相关会议论文频次分布(1980—2019年)

二、文献的国家、机构情况分析

(一)WoS数据库中文献的国家、机构分布

1. 国家发文量、被引频次

发文量前十名的国家分别为美国、英国、德国、意大利、澳大利亚、中国、加拿大、西班牙、印度、日本,其中美国发文量为141篇,发表的研究成果在国际死亡时间推断研究领域

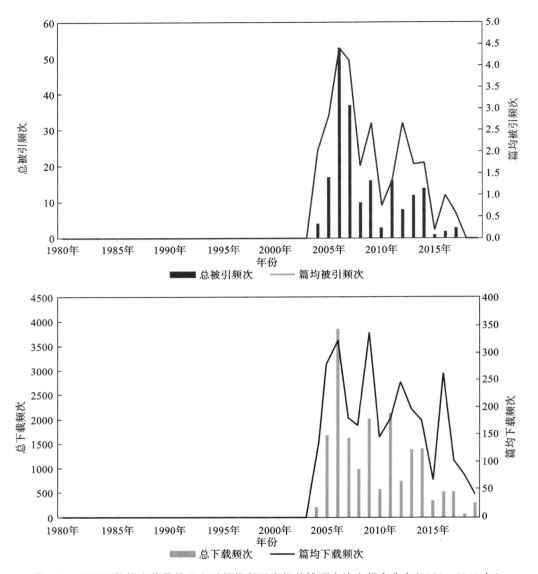

图 8-10 CNKI 数据库收录的死亡时间推断研究相关博硕士论文频次分布（1980—2019 年）

占有绝对的优势地位；其次是英国，发文量为 86 篇；中国以 50 篇文献的发文量在 10 个国家中位列第六，如表 8-11 所示。其中，美国的文献被引频次最高（4046 次）；英国、德国、加拿大、意大利的文献被引频次分别为 1884 次、1845 次、1706 次、1572 次，明显高于其他国家；加拿大的文献篇均被引频次最高，为 47.39 次，美国、意大利、德国和英国的文献篇均被引频次较高，均超过 20 次。

表 8-11　WoS 数据库收录的死亡时间推断研究领域发文量前十名的国家及其影响力（1976—2019 年）

序号	国家	发文量/篇	被引频次	篇均被引频次
1	美国	141	4046	28.70
2	英国	86	1884	21.91
3	德国	76	1845	24.28
4	意大利	62	1572	25.35
5	澳大利亚	55	951	17.29
6	中国	50	507	10.14
7	加拿大	36	1706	47.39
8	西班牙	36	472	13.11
9	印度	29	323	11.14
10	日本	27	257	9.52

2. 机构发文量、被引频次

依国别分布，发文量前十名的机构中，德国的研究机构有 2 家，波兰、美国、中国、意大利、加拿大、澳大利亚、西班牙、葡萄牙的研究机构各 1 家，如表 8-12 所示。发文量排名第一的机构是波兰波兹南密茨凯维奇大学（17 篇），排名第二的是美国田纳西大学和中国上海市公安局（16 篇），排名第三的是意大利巴里大学（14 篇）。在文献被引频次的排名中，美国田纳西大学以 960 次排名第一，第二为加拿大西蒙·弗雷泽大学（850 次），第三为意大利巴里大学（555 次）。在文献篇均被引频次排名中，加拿大西蒙·弗雷泽大学以 70.83 次排名第一，美国田纳西大学次之（60.00 次），德国波恩大学（41.27 次）排名第三。

表 8-12　WoS 数据库收录的死亡时间推断研究领域发文量前十名的机构及其影响力（1976—2019 年）

序号	机构名称	国家	发文量/篇	被引频次	篇均被引频次
1	波兹南密茨凯维奇大学 Adam Mickiewicz Univ	波兰	17	414	24.35
2	田纳西大学 Univ Tennessee	美国	16	960	60.00
3	上海市公安局 Shanghai Publ Secur Bur	中国	16	157	9.81
4	巴里大学 Univ Bari	意大利	14	555	39.64
5	西蒙·弗雷泽大学 Simon Fraser Univ	加拿大	12	850	70.83
6	法兰克福大学 Goethe Univ Frankfurt	德国	12	492	41.00

续表

序号	机构名称	国家	发文量/篇	被引频次	篇均被引频次
7	伍伦贡大学 Univ Wollongong	澳大利亚	12	182	15.17
8	波恩大学 Univ Bonn	德国	11	454	41.27
9	穆尔西亚大学 Univ Murcia	西班牙	11	135	12.27
10	科英布拉大学 Univ Coimbra	葡萄牙	11	90	8.18

3. 国家之间的合作

图 8-11 所示为 1976—2019 年 WoS 数据库收录的死亡时间推断研究相关文献的国家合作网络。图中节点的大小表示该节点所代表的国家与其他国家合作次数的多少,连接线的粗细表示连接的两个节点所代表的国家之间合作次数的多少。可以看出与其他国家合作次数较多的国家有美国、英国、德国等。美国的主要合作国家有加拿大、中国、英国等,其与加拿大合作发表的文献有 7 篇,占美国全部文献的 4.96%,占加拿大全部文献的 19.44%。英国的主要合作国家包括意大利、美国、澳大利亚等,其与意大利合作发表的文献有 10 篇,占英国全部文献的 11.63%,占意大利全部文献的 16.13%。德国的主要合作国家包括瑞士、意大利、英国等,其与瑞士合作发表的文献有 9 篇,占德国全部文献的 11.84%,占瑞士全部文献的 42.86%。

4. 机构之间的合作

图 8-12 所示为 1976—2019 年 WoS 数据库收录的死亡时间推断研究相关文献的机构合作网络,可见与其他机构合作次数较多的机构有巴里大学、法兰克福大学、哈德斯菲尔德大学等。巴里大学的主要合作机构包括法兰克福大学、维多利亚法医学研究所、莫纳什大学等。法兰克福大学的主要合作机构包括巴里大学、维多利亚法医学研究所等。哈德斯菲尔德大学的主要合作机构包括维罗纳大学、莫利塞大学等。

（二）CNKI 数据库中文献的机构分布

1. 机构发文量、被引频次

检索范围内,CNKI 数据库中死亡时间推断研究相关文献发文量前十名的机构见表 8-13。除司法鉴定科学研究院外,其余均为国内高等院校。在统计机构发文量时,将机构更名、高校合并前的数据进行合并处理(如:同济医科大学合并入华中科技大学;上海医科大学合并入复旦大学;1983 年复建司法部司法鉴定科学技术研究所,2017 年更名为司法鉴定科学研究院等)。

第八章 死亡时间推断研究的科学计量学分析

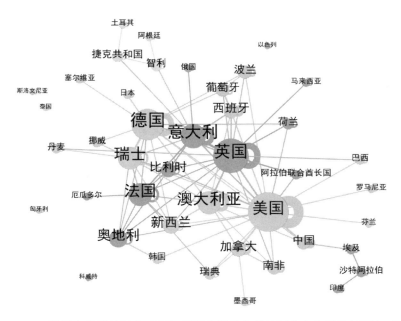

图 8-11 WoS 数据库收录的死亡时间推断研究相关文献的国家合作网络（1976—2019 年）

图 8-12 WoS 数据库收录的死亡时间推断研究相关文献的机构合作网络（1976—2019 年）
注：图片由软件导出，部分机构名称与实际名称略有差异。

在机构发文量和文献被引频次排名中,华中科技大学以62篇文献、被引频次507次均位列第一;中国刑事警察学院以发文量35篇位列第二,复旦大学位列第三(32篇);中山大学以被引频次209次位居第二,复旦大学位列第三(182次)。可见,华中科技大学、中国刑事警察学院、复旦大学和中山大学是我国在该研究领域影响力较大的机构。

表8-13　CNKI数据库收录的死亡时间推断研究领域发文量前十名的机构及其影响力(1980—2019年)

序号	机构	发文量/篇	被引频次
1	华中科技大学	62	507
2	中国刑事警察学院	35	73
3	复旦大学	32	182
4	中山大学	29	209
5	山西医科大学	25	128
6	司法鉴定科学研究院	21	72
7	中国医科大学	21	66
8	四川大学	20	115
9	西安交通大学	18	116
10	中国政法大学	17	53

2. 机构之间的合作

1980—2019年CNKI数据库收录的501篇国内期刊论文和会议论文中,共有243篇文献属于某一机构的独立研究成果,而有258篇文献属于不同机构之间的合作成果。

如图8-13所示,形成了以华中科技大学、中山大学、中国刑事警察学院、中国医科大学、中国政法大学、山西医科大学、司法鉴定科学研究院、复旦大学等为中心的研究机构合作网络。华中科技大学与中国政法大学、武汉市公安局等有较好的合作关系;中国刑事警察学院与中国医科大学有较好的合作关系;复旦大学与司法鉴定科学研究院、西安交通大学形成较强的合作网络。

从整体上来看,国内机构合作频率较高,机构之间的合作关系较紧密。

三、文献的作者情况

(一) WoS数据库中文献的作者情况

1. 作者发文量、被引频次

1976—2019年间,共1951名作者发表了死亡时间推断研究的相关文献。发文量排名前十位的作者见表8-14。Amendt J和Matuszewski S以17篇并列发文量首位,其次是Madea B(15篇)、Goff M L(14篇)。在文献被引频次的排名中,Campobasso C P以1033次位居第一,Anderson G S以937次位居第二,Goff M L排名第三(723次)。在第

第八章 死亡时间推断研究的科学计量学分析

图 8-13　CNKI 数据库收录的死亡时间推断研究相关文献的机构合作网络（1980—2019 年）

注：图片由软件导出，部分机构名称与实际名称略有差异。

一作者发文量排名中，Querido D 以 13 篇排名第一，其后为 Matuszewski S（11 篇）、Madea B（8 篇）。在通信作者发文量排名中，Matuszewski S 和 Querido D 以 13 篇并列第一，其后为 Madea B（12 篇）。

表 8-14　WoS 数据库收录的死亡时间推断研究领域发文量前十名的作者（1976—2019 年）

序号	作者	发文量/篇	被引频次	第一作者发文量/篇	第一作者被引频次	通信作者发文量/篇	通信作者被引频次
1	Amendt J	17	720	4	575	4	575
2	Matuszewski S	17	414	11	371	13	398
3	Madea B	15	515	8	293	12	492
4	Goff M L	14	723	0	0	0	0
5	Querido D	13	113	13	113	13	113
6	Campobasso C P	12	1033	0	0	0	0
7	Anderson G S	11	937	0	0	0	0
8	Wallman J F	11	253	0	0	0	0
9	Introna F	10	534	5	153	3	125
10	Mall G	10	127	2	29	5	83

2. 作者间合作情况

对 1976—2019 年 WoS 数据库收录的文献作者合作情况进行分析,基于 Gephi 得到合作关系可视化图谱,如图 8-14 所示,高频作者中出现了多个合作团体,以 Amendt J、Campobasso C P、Verhoff M A 等为中心的合作团体为死亡时间推断研究领域的主要合作群体。

图 8-14　WoS 数据库收录的死亡时间推断研究相关文献的作者合作网络(1976—2019 年)

(二)CNKI 数据库中文献的作者情况

1. 作者发文量、被引频次

1980—2019 年间,共 1076 名作者发表了死亡时间推断研究的相关文献。发文量在 10 篇以上、排名前十位的作者如表 8-15 所示,他们在死亡时间推断研究方面多有建树,其中,华中科技大学刘良以发表文献 51 篇、文献被引频次 401 次,位居死亡时间推断研究发文量和被引频次首位,是死亡时间推断研究的领军人物。在发文量的排名中,中国刑事警察学院的郑吉龙以 26 篇位居第二,随后是中山大学的陈玉川(19 篇)。在文献被引频次的排名中,中山大学的陈玉川以 212 次位居第二,中山大学的王江峰(138 次)位居第三。如图 8-15 所示,他们之间的关联和节点也较为集中和密集,表明他们在死亡时间推断研究领域起着重要作用。

表 8-15　CNKI 数据库收录的死亡时间推断研究领域发文量前十名的作者(1980—2019 年)

序号	作者	作者单位	发文量/篇	被引频次	第一作者发文量/篇	第一作者被引频次
1	刘良	华中科技大学	51	401	6	84
2	郑吉龙	中国刑事警察学院	26	63	13	35
3	陈玉川	中山大学	19	212	1	27
4	王振原	西安交通大学	16	112	2	0
5	任亮	华中科技大学	15	120	3	10
6	王英元	山西医科大学	15	106	0	0
7	黄平	司法鉴定科学研究院	14	95	6	63
8	杨天潼	中国政法大学	14	52	7	24
9	陈龙	复旦大学	13	98	0	0
10	王江峰	中山大学	12	138	4	80

注:作者单位以文献集合中作者最近发表文献的机构署名为准。

2. 作者间合作情况

对 1980—2019 年 CNKI 数据库收录的死亡时间推断研究领域相关文献的作者合作情况进行分析,得到合作关系可视化图谱,如图 8-15 所示。高频作者出现了多个合作团体,其中以刘良、郑吉龙、黄平、王江峰等为中心的合作团体为死亡时间推断研究领域的主要合作群体。

四、期刊发文情况

1. WoS 数据库中发文期刊分析

1976—2019 年,WoS 数据库收录的死亡时间推断研究相关文献共分布在 21 种期刊中。载文量前十名的期刊如表 8-16 所示,共刊载文献 694 篇,约占死亡时间推断研究领域总发文量的 94.68%。其中载文量最多的期刊是 *Forensic Science International*,为 250 篇,占总发文量的 34.11%,被引频次为 6223 次;排名第二位的是 *Journal of Forensic Sciences*(175 篇,占总发文量的 23.87%,被引频次为 4854 次);排名第三位的是 *International Journal of Legal Medicine*(94 篇,占总发文量的 12.82%,被引频次为 1693 次)。

死亡时间推断法医学研究

图 8-15 CNKI 数据库收录的死亡时间推断研究相关文献的作者合作网络（1980—2019 年）

表 8-16 WoS 数据库收录的死亡时间推断研究领域载文量前十名的期刊（1976—2019 年）

序号	期刊名称	载文量/篇	被引频次	影响因子	5 年影响因子
1	Forensic Science International	250	6223	1.990	2.269
2	Journal of Forensic Sciences	175	4854	1.438	1.580
3	International Journal of Legal Medicine	94	1693	2.094	2.060
4	American Journal of Forensic Medicine and Pathology	35	525	0.539	0.756

续表

序号	期刊名称	载文量/篇	被引频次	影响因子	5年影响因子
5	Legal Medicine	29	184	1.404	1.414
6	Journal of Forensic and Legal Medicine	27	236	1.199	1.339
7	Australian Journal of Forensic Sciences	24	128	1.522	1.157
8	Forensic Science Medicine and Pathology	20	412	1.815	1.791
9	Science & Justice	14	153	1.675	1.892
10	Medicine Science and the Law	13	111	0.532	0.606
11	Romanian Journal of Legal Medicine	13	37	0.480	0.456

2. CNKI 数据库中发文期刊分析

1980—2019 年,CNKI 数据库收录的死亡时间推断研究相关文献共分布在 99 种期刊中,载文量前十名的期刊如表 8-17 所示,共刊载文献 321 篇,约占死亡时间推断研究领域期刊论文总量的 72.62%。其中载文量最多的期刊是《法医学杂志》,为 127 篇,占期刊论文总量的 28.73%;排名第二位的为《中国法医学杂志》(105 篇,占期刊论文总量的 23.76%);此外,载文量不低于 10 篇的期刊还有《刑事技术》(41 篇)、《中国刑警学院学报》(10 篇)。《法医学杂志》《中国法医学杂志》《刑事技术》《中国司法鉴定》是我国法医学领域相关的专业期刊,无疑是我国法医学方向研究人员发表法医学领域研究成果的主要阵地。

表 8-17 CNKI 数据库收录的死亡时间推断研究领域载文量前十名的期刊(1980—2019 年)

序号	期刊名称	载文量/篇	被引频次	复合影响因子	综合影响因子
1	《法医学杂志》	127	904	0.418	0.365
2	《中国法医学杂志》	105	671	0.324	0.277
3	《刑事技术》	41	113	0.547	0.428
4	《中国刑警学院学报》	10	1	0.705	0.532
5	《证据科学》(《法律与医学杂志》)	9	40	0.844	0.453
6	《广东公安科技》	8	8	0.093	0.073
7	《中国司法鉴定》	7	21	0.831	0.494
8	《法制博览》	5	0	—	—
9	《中国医科大学学报》	5	6	1.116	0.969
10	《光谱学与光谱分析》	4	45	1.330	0.873

第三节 文献研究主题和热点

一、WoS数据库中的文献研究主题和热点

1. 关键词词频统计

对高频关键词的词频进行统计分析,可以更直观地了解研究领域的热点和趋势。WoS数据库收录的死亡时间推断研究相关文献的高频关键词如表8-18所示,1976—2019年,"postmortem interval"的总频次位列第一(606次),从1990—1999年的52次、2000—2009年的124次到2010—2019年的430次,呈现倍数增长态势;"forensic entomology"的总频次位列第二(264次),说明国(内)外大量学者运用法医昆虫学的技术进行研究,其中"Calliphoridae""Diptera"也尤为高频,说明借助昆虫群落演替规律推断死亡时间是主流手段。实践中最常见的尸体是死亡时间很长的尸体,法医昆虫学可用于晚期死亡时间的推断。"temperature"的高频出现也说明许多文献基于温度对死亡时间推断的影响开展研究,温度对尸体腐败速度影响很大,会对死后各项指标产生影响。

表8-18　WoS数据库收录的死亡时间推断研究相关文献的高频关键词(1976—2019年)

序号	关键词	1976—1989年	1990—1999年	2000—2009年	2010—2019年	总计
1	postmortem interval	0	52	124	430	606
2	forensic entomology	0	13	75	176	264
3	forensic science	0	18	47	132	197
4	time	0	10	24	125	159
5	decomposition	0	8	26	114	148
6	death	0	11	20	96	127
7	temperature	0	5	24	59	88
8	Calliphoridae	0	5	35	44	84
9	time since death	0	15	14	49	78
10	Diptera	0	10	24	41	75

注:WoS数据库中1976—1989年收录的死亡时间推断研究相关文献没有keyword和keyword plus字段信息。

2. 关键词共现分析

基于CiteSpace工具,对1976—2019年WoS数据库收录的死亡时间推断研究相关文献的关键词字段进行进一步统计分析,利用CiteSpace关键词共现功能,可视化展示国(内)外死亡时间推断研究相关文献的主要研究领域和研究热点。图8-16所示为出现频

次较高的关键词及这些关键词之间的联系,关键词节点和字体大小即表示了其共现频次的多少,可见共现频次较多的关键词有"postmortem interval""forensic entomology" "decomposition"等,其共现频次与表 8-18 中关键词出现频次基本一致。这反映出国(内)外死亡时间推断研究领域相关文献以法医昆虫学为主流,且各个方面研究密切交叉,不同关键词之间联系紧密。

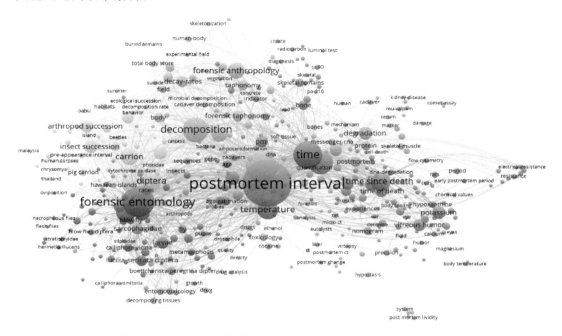

图 8-16　WoS 数据库收录的死亡时间推断研究相关文献的关键词共现情况(1976—2019 年)

3. 突现词分析

利用 CiteSpaceV 软件中的突现词(burst terms)探测模块发现死亡时间推断研究领域中频率突然变得过高的关键词,如图 8-17 所示。图中按照关键词突现的先后顺序显示了前 30 个突现强度高的关键词。以关键词"postmortem interval"为例,其在分析文献集合中最早出现的时间为 1980 年,1991—1999 年间是其词频突然增加的时间段,突现强度为 13.0875,1999 年以后,出现频次开始骤减。

由图 8-17 可见,"postmortem interval""time of death""time since death"等主题词是在 20 世纪 90 年代初突现的,说明死亡时间推断系统性研究的发起时间至今仅 30 余年。2000—2010 年间突现词以法医昆虫学研究为主。随着生命科学技术的发展,2010 年后的突现词则以基因表达的讲解规律为主。

4. 高被引文献统计

表 8-19 列出了 WoS 数据库收录的被引频次位居前十的文献,这 10 篇文献的平均被引频次为 233.7 次,被引频次在 200 次以上的文献有 8 篇。

关键词	年份	强度	开始	结束	1980—2019年
pathology and biology	1980	4.7609	**1991**	1992	
entomology	1980	3.4478	**1991**	2005	
postmortem interval	1980	13.0875	**1991**	1999	
time of death	1980	5.4634	**1992**	2005	
Hawaiian island	1980	3.0861	**1992**	2011	
time since death	1980	7.3591	**1994**	2000	
forensic science	1980	9.5925	**1996**	2004	
rat	1980	3.398	**1996**	2001	
forensic pathology	1980	5.0996	**1998**	2001	
Calliphoridae	1980	11.2839	**2000**	2013	
larvae	1980	4.1433	**2000**	2006	
temperature	1980	3.8346	**2002**	2007	
forensic entomology	1980	7.2734	**2003**	2009	
development rate	1980	3.6629	**2004**	2010	
carrion	1980	6.2465	**2004**	2009	
decay rate	1980	3.7802	**2005**	2011	
arthropod succession	1980	5.3002	**2006**	2012	
Diptera	1980	4.9509	**2006**	2010	
forensic anthropology	1980	3.3477	**2007**	2009	
insect succession	1980	3.9791	**2008**	2012	
pattern	1980	3.4531	**2009**	2014	
Sarcophagidae	1980	3.2546	**2010**	2016	
interval	1980	2.9898	**2011**	2014	
metamorphosis	1980	3.7978	**2012**	2015	
Calliphora vicina	1980	3.5398	**2012**	2016	
rate	1980	3.6584	**2013**	2016	
gene expression	1980	3.5659	**2013**	2017	
environment	1980	3.2024	**2016**	2019	
human decomposition	1980	2.9952	**2017**	2019	
degradation	1980	4.9987	**2017**	2019	

图 8-17　WoS 数据库收录的死亡时间推断研究相关文献的突现词分析

被引频次最高的文献是 Amendt J 等于 2007 年发表在 *International Journal of Legal Medicine* 上的论文"Best practice in forensic entomology—standards and guidelines",在 WoS 数据库中被引用达到了 327 次。紧随其后的是 Mann R W 等于 1990 年发表在 *Journal of Forensic Sciences* 上的论文"Time since death and decomposition of the human body: variables and observations in case and experimental field studies",被引频次达 282 次。

10 篇高被引论文分别刊载在 4 种著名的期刊中:*Journal of Forensic Sciences*(6 篇)、*Forensic Science International*(2 篇)、*International Journal of Legal Medicine*(1 篇)、*Forensic Science Medicine and Pathology*(1 篇)。

表 8-19 WoS 数据库收录的死亡时间推断研究领域前十名的高被引论文（1976—2019 年）

序号	题名	第一作者	期刊	年份	被引频次
1	Best practice in forensic entomology—standards and guidelines	Amendt J	*International Journal of Legal Medicine*	2007	327
2	Time since death and decomposition of the human body: variables and observations in case and experimental field studies	Mann R W	*Journal of Forensic Sciences*	1990	282
3	Factors affecting decomposition and Diptera colonization	Campobasso C P	*Forensic Science International*	2001	266
4	Initial studies on insect succession on carrion in southwestern British Columbia	Anderson G S	*Journal of Forensic Sciences*	1996	254
5	Using accumulated degree-days to estimate the postmortem interval from decomposed human remains	Megyesi M S	*Journal of Forensic Sciences*	2005	226
6	Time since death determinations of human cadavers using soil solution	Vass A A	*Journal of Forensic Sciences*	1992	221
7	Effect of temperature on *Lucilia sericata* (Diptera: Calliphoridae) development with special reference to the isomegalen- and isomorphen-diagram	Grassberger M	*Forensic Science International*	2001	211
8	A DNA-based approach to the identification of insect species used for postmortem interval estimation	Sperling F A	*Journal of Forensic Sciences*	1994	205
9	Minimum and maximum development rates of some forensically important Calliphoridae (Diptera)	Anderson G S	*Journal of Forensic Sciences*	2000	177
10	Forensic entomology: applications and limitations	Amendt J	*Forensic Science Medicine and Pathology*	2011	168

二、CNKI 数据库中的文献研究主题和热点

1. 关键词词频统计

对 CNKI 数据库收录的死亡时间推断研究相关文献的 839 个关键词进行词频统计，出现频次大于 10 次的关键词为高频关键词，共产生 22 个高频关键词，累计占所有关键词的 2.62%。1980—2019 年间 22 个高频关键词出现频次的年度分布如表 8-20 所示。

表 8-20　CNKI 数据库收录的死亡时间推断研究相关文献的高频关键词（1980—2019 年）

序号	关键词	1980—1989 年	1990—1999 年	2000—2009 年	2010—2019 年	总计
1	死亡时间	11	41	138	156	346
2	法医病理学	1	0	68	126	195
3	死亡时间推断	1	4	28	29	62
4	尸体	6	13	14	5	38
5	大鼠	1	1	10	24	36
6	DNA 降解	0	0	28	9	37
7	法医学	0	2	13	15	30
8	DNA	0	0	19	7	26
9	图像分析	0	1	20	1	22
10	玻璃体液	1	1	7	12	21
11	综述	0	0	1	20	21
12	DNA 含量	0	0	17	1	18
13	法医昆虫学	0	2	10	5	17
14	死后变化	0	4	5	6	15
15	单细胞凝胶电泳	0	0	10	4	14
16	家兔	0	0	9	4	13
17	RNA	0	0	1	11	12
18	死后间隔时间	0	0	8	4	12
19	腐败尸体	0	1	7	3	11
20	骨骼肌	0	0	6	4	11
21	脑	0	0	2	9	11
22	RT-PCR	0	0	6	5	11

可以发现，与 WoS 数据库中的关键词"法医昆虫学"的出现频次比较，CNKI 数据库中"法医昆虫学"出现频次最高发生在 2000—2009 年间，但也并非最多见的，反映出国内

在死亡时间推断领域运用法医昆虫学技术的研究并非主流,在此期间多见 DNA 相关技术,而在 2010 年之后,则更多地应用 RNA 技术进行死亡时间推断研究,这也与生命科学技术的更新换代有关。

2. 关键词共现分析

基于 Gephi 工具,对 1980—2019 年 CNKI 数据库收录的死亡时间推断研究领域相关文献的关键词字段进行进一步统计分析,可视化展示国内死亡时间推断研究相关文献的主要研究领域和研究热点。如图 8-18 所示,处于中心位置的关键词包括法医病理学、死亡时间、法医学、死亡时间推断、尸体等,度的大小分别为 303、257、45、44、41,可见相比于法医昆虫学,国内主要运用法医病理学相关内容(如组织、体液等)进行死亡时间推断研究。

图 8-18 CNKI 数据库收录的死亡时间推断研究相关文献的关键词共现情况(1980—2019 年)

3. 高被引、高下载文献统计

表 8-21 所示为 1980—2019 年 CNKI 数据库收录的在死亡时间推断研究领域被引频次位居前二十的文献,这 20 篇文献的平均被引频次为 27.25 次,被引频次在 30 次以上的有 4 篇。被引频次最高的是齐凤英等于 1989 年发表在《中国法医学杂志》上的"死后不同

时间的组织细胞 DNA 含量分析",被引用 50 次;其次为刘良等于 2000 年发表在《法医学杂志》上的"大鼠脾细胞 DNA 含量与早期死亡时间关系的图像分析研究"(被引用 42 次)。其中,刘良以发文量 7 篇列高被引文献前 20 位的作者榜首。20 篇高被引文献分别刊载在 7 种期刊中,包括《法医学杂志》(9 篇)、《中国法医学杂志》(6 篇)等。

表 8-21　CNKI 数据库收录的死亡时间推断研究领域被引频次排名前二十的论文(1980—2019 年)

序号	题名	第一作者	文献来源	年份	被引频次
1	死后不同时间的组织细胞 DNA 含量分析	齐凤英	《中国法医学杂志》	1989	50
2	大鼠脾细胞 DNA 含量与早期死亡时间关系的图像分析研究	刘良	《法医学杂志》	2000	42
3	家兔眼玻璃体液 21 种元素含量与 PMI 关系的研究	龚志强	《法医学杂志》	2002	35
4	大鼠死后脑组织 RNA 降解与死亡时间推断的研究	刘季	《中国法医学杂志》	2007	34
5	大鼠肾细胞核 DNA 含量与死亡时间关系的研究	刘良	《法医学杂志》	2001	29
6	大鼠肝细胞 DNA 含量与早期死亡时间关系的图像分析研究	林乐泉	《法医学杂志》	2000	29
7	大头金蝇蛹发育形态学用于死亡时间判断的基础研究	王江峰	《寄生虫与医学昆虫学报》	2001	27
8	离体人胸骨骨髓 DNA 降解与腐败尸体死亡时间推断的初步研究	陈玉川	《法医学杂志》	2002	27
9	死后组织 DNA 变化与死亡时间关系的研究	王慧君	《刑事技术》	2000	27
10	蛋白质降解与死亡时间推断的初步研究	肖俊辉	《法医学杂志》	2005	25
11	大鼠心肌组织中 microRNA 和 18S rRNA 的降解与死亡时间的相关性	李文灿	《法医学杂志》	2010	24
12	珠江三角洲猪尸体上昆虫群落的演替及其对法医学中死亡时间推断的指示意义	王江峰	《昆虫学报》	2008	24
13	大鼠死后视网膜细胞 mRNA 降解与死亡时间的关系研究	陈晓瑞	《中国法医学杂志》	2007	24
14	基于 mRNA 稳定性推断死亡时间的研究	朱方成	《解放军医学杂志》	2006	23

续表

序号	题名	第一作者	文献来源	年份	被引频次
15	人体死后不同时间玻璃体液化学成分的变化趋势	陶涛	《四川大学学报（医学版）》	2006	22
16	玻璃体液钾含量与死亡时间回归方程及影响因素的研究进展	蔡继峰	《法医学杂志》	2003	22
17	双眼交替微量取样检测兔玻璃体液钾镁离子浓度推测死亡时间	刘茜	《中国法医学杂志》	2007	21
18	大鼠骨骼肌细胞 DNA 含量变化与死亡时间关系的研究	王慧君	《中国法医学杂志》	2002	21
19	家兔玻璃体液 2 种酶活性变化与死亡时间的相关性	王伟平	《中国法医学杂志》	2005	20
20	图像分析技术测定 DNA 含量变化推断死亡时间的研究及应用前景	王成毅	《法医学杂志》	2002	19

表 8-22 所示为 1980—2019 年 CNKI 数据库收录的在死亡时间推断研究领域下载频次位居前二十的文献，其中 16 篇为期刊论文，4 篇为博硕士论文。高下载文献位列前三的均为综述类期刊论文，依次是黎增强等于 2012 年发表在《法医学杂志》上的"死亡时间推断研究进展"（下载 1887 次）、王琪等于 2018 年发表在《法医学杂志》上的"死亡时间推断最新研究与展望"（下载 1186 次）、刘良等于 2008 年发表在《证据科学》上的"死亡时间——当今中国法医病理学研究的热点及难点"（下载 1116 次）。博硕士论文下载频次排名中，华中科技大学刘茜 2009 年的博士论文"腐败微生物及腐败产物检测推断死亡时间的研究"位列榜首，导师刘良，下载次数 878 次；其次是四川大学潘洪富 2005 年的博士论文"人死后玻璃体液化学成分含量改变与死亡时间关系的研究"，导师廖志钢，下载次数 636 次；第三则是华中科技大学肖坚 2006 年的博士论文"基于虚拟尸检技术推断死亡时间的实验研究"，导师刘良，下载次数 622 次。

表 8-22 CNKI 数据库收录的死亡时间推断研究领域下载频次排名前二十的论文（1980—2019 年）

序号	题名	第一作者	文献来源	年份	下载频次
1	死亡时间推断研究进展	黎增强	《法医学杂志》	2012	1887
2	死亡时间推断最新研究与展望	王琪	《法医学杂志》	2018	1186
3	死亡时间——当今中国法医病理学研究的热点及难点	刘良	《证据科学》	2008	1116

续表

序号	题名	第一作者	文献来源	年份	下载频次
4	论早期尸体现象及其法医学意义	战福众	《法苑.北京市政法管理干部学院学报》	1997	1003
5	早期死亡时间推断的法医学研究进展	薛大忠	《河北北方学院学报(医学版)》	2010	984
6	死亡时间推断的方法学研究进展	马剑龙	《中国法医学杂志》	2015	950
7	死亡时间的推断研究与进展	金菊	《医药论坛杂志》	2006	884
8	腐败微生物及腐败产物检测推断死亡时间的研究	刘茜	华中科技大学	2009	878
9	晚期尸体现象推断死亡时间49例分析	吴玉锋	《法医学杂志》	2012	872
10	死亡时间推断的研究与进展	朱锦田	《河北公安警察职业学院学报》	2007	783
11	对推断死亡时间的新探讨	阎立强	《辽宁警专学报》	2008	689
12	如何通过尸冷、尸僵和尸斑来判断死亡时间	夏德海	《法制博览》	2014	638
13	人死后玻璃体液化学成分含量改变与死亡时间关系的研究	潘洪富	四川大学	2005	636
14	DNA定量技术在死亡时间推断中的研究进展	林旭	《法医学杂志》	2011	626
15	基于虚拟尸检技术推断死亡时间的实验研究	肖坚	华中科技大学	2006	622
16	microRNA的检测技术及其法医学应用前景	王正	《法医学杂志》	2014	614
17	根据食尸性蝇类推断死亡时间的研究进展	董军磊	《中国法医学杂志》	2013	596
18	DNA降解与腐败尸体死亡时间的相关性	罗光华	《法医学杂志》	2006	587
19	早期死亡时间推断研究进展	陶丽	《法医学杂志》	2016	572
20	中国丽蝇科分类学研究及在法医昆虫学中应用的探讨	费旭东	沈阳师范大学	2011	569

第四节 结 语

本章以 WoS 数据库和 CNKI 数据库为数据源,使用科学计量学方法和可视化图谱,以 CiteSpace、Gephi 等工具和软件,对近 40 年死亡时间推断研究领域相关文献进行了可视化分析,并对其进行了客观描述,以期展现死亡时间推断研究领域的各种外部特征和内部特征,为死亡时间推断研究领域呈现的研究趋势提供参考依据。

(刘鸿霞,韩正琪)

第九章 其他与展望

长期以来,准确推断死亡时间是困扰法医学者及法医工作者的难题,在司法鉴定、法庭科学领域也占据重要地位。随着科学技术的不断进步,死亡时间推断研究从早期的肉眼和镜下观察,逐步发展到综合运用生物物理学、生物化学、组织化学及分子生物学等诸多学科的仪器和技术手段进行检验,本书前面章节已对多领域推断方法及技术进行了评述。遗憾的是,当前技术及方法仍未解决法医学者心头疑问,面对疑难案件,不能准确推断死亡时间也为公检法人员侦破案件设下难题。与此同时,法医学各分支学科之间技术与思维方式的交叉融合在为解决经典问题积极提供新方法、新思路,为死亡时间推断的进一步发展开拓了新的研究领域,死亡时间推断的研究正处于一个探索、创新的时期。尽管困难重重,相信只要坚持创新与积累齐头并进,推陈出新,融合多方技术,推断死亡时间的方法必将得到改进和完善。

第一节 死亡时间推断研究中的难点

一、影响因素众多,测量及分析困难,阴性结果未受重视

死亡时间推断,实际上是研究不同条件下尸体腐败的过程,而这是一个极其复杂的过程,归纳而言,影响死亡时间的变量可包括尸体自身因素、尸体环境因素及死后人为因素。其中尸体自身因素不仅包括年龄、性别、代谢状况、疾病状态等个体因素,涉及机体众多酶、蛋白质、代谢物复杂的网络作用,还包括死亡原因及死亡机制。尸体环境因素包括温度、湿度、天气状况、封闭或开放空间、动植物破坏等多方面变量。死后人为因素主要包括死后冷冻冷藏、蓄意破坏等。因此,相同环境条件下两例尸体可出现不同程度的腐败,而两例生前个体因素相似的尸体分别在雪山和沼泽中也势必呈现不同程度的腐败。这些无法穷举的影响因素之间还存在错综复杂的相互作用关系,使得准确推断死亡时间几乎成为奢望。此外,在死亡时间相关研究中,我们无法"完全复制"尸体生前状态或环境变量,从而也难以预设或完全仿真模拟。诚然,我们无法准确甚至精确地"计算"死亡时间,但能对众多因素进行分析而"推断"死亡时间的区间,这对于绝大部分案件来说已很有帮助。

影响因素众多带来的另一个困扰是增大了测量及分析数据的难度。并不是每个指标的测量都像温度计记录环境温度那样简单。对尸体生物样本的采集、处理、检测乃至结果判读,都可能直接影响最终的结果推断,而该过程又受操作者、操作方式、检测仪器等多个

环节影响,无疑干扰了推断结果的一致性。此外,众多变量的数据类型不同,也对综合分析造成阻碍,不同变量的类型(连续变量、分类变量等)、量纲不同,意味着数据处理过程中需进行额外的处理。因而,观测结果不易掌控和量化,相关数据庞大、烦冗,各项指标与时间之间呈现的并非理想的线性关系,实际上常常会出现波动,甚至是很大的起伏。这就需要研究者具有较强的归纳分析能力,透过纷繁杂乱的现象寻找本质规律。

同时,因结果数据庞杂,研究者为了追求"更精确"的推断结果、更高的相关系数或决定系数,往往将大量精力用在去伪存真、辨析轻重上,认为只有阳性发现才有意义,而阴性结果往往被忽视。事实上,这是一种错误的倾向。如前所述,在死亡时间推断中,各环节存在众多未知影响因素,而研究中多采用控制变量法固定某些因素,不能排除这些阴性结果与受控的因素直接相关而被沉默的情况,而且,机体生理、生化过程常采用物质间比值以调控代谢,单看某种指标的变化可能呈阴性表现,但结合相关指标分析,也许能有所突破。更重要的是,凭借现有医学技术水平,有时无法明确死亡原因、推断死亡时间。此时,在没有得到阳性结果的情况下,我们不能轻易丢掉阴性指标或数据,而应充分利用阴性结果,尽可能在死亡时间上排除某些特定时间段。编者认为,在今后的科研、检案中,无论是人工还是通过计算机进行数据挖掘,根据阴性指标做出的排除性诊断对缩小研究范围具有举足轻重的作用,是不可或缺的。

二、学科交叉及部门联合不足,科研思路有待突破

长期以来,死亡时间推断的研究方法在不断更新与丰富,从早期针对尸体现象及生物化学改变,到运用分子生物学和蛋白组学等进行研究,多以尸体组织自身含有的内源性物质(酶、化合物、遗传性物质等)为研究对象进行检测分析,大多数研究结果对死亡时间推断都有所补充及推进,但仅限于在这些研究的独立环境条件下成立。内源性物质在死后会随时间延长而降解或累积,并受各种因素左右,所以当前独立研究的方法与结果普适性难以保证。也有学者尝试结合各种检测方法并综合分析以推断死亡时间,尽管有一定价值,但由于众多影响因素的不确定性,目前尚未找到一种简单易行而又准确的死亡时间推断方法,可以说死亡时间推断的研究正停留在瓶颈阶段。

除此之外,研究单位之间的合作程度同样不足。目前我国大部分尸体检验由公检法部门(主要是公安部门,尤其是一线单位)负责,部分案件被委托给社会机构(其中以医学院校的鉴定机构为主,其他独立社会机构的参与度也在逐渐增高)进行。这一现状使得尸体检验的数据散落在多单位手中而难以被利用,如:公安部门掌握大部分死亡时间推断相关的一手数据,但在各层级单位中难以协调汇总;院校机构作为科学研究的主力军,难以获取全面的真实事件数据,只能采用实验模型进行研究;一些实力突出的独立社会机构希望参与研究,但合作模式有待探索等。上述现状导致研究单位之间的合作受限,宝贵数据及资源未能得到充分利用。

若要打破这种科研滞后的尴尬局面,就需要不断有新的科学理念和技术手段与法医

学进行融合,以使死亡时间推断研究能够取得进展。在科研中借鉴和运用其他自然学科的先进科研技术,来开拓科研思路是值得鼓励和提倡的,但是这种"拿来主义"要求法医工作者对其他自然学科的先进科研技术有相当程度的理解和掌握,并要有开阔的眼界和思路。目前法医学研究中,这种"拿来"尚显不足,可谓对死亡时间推断的一个巨大挑战。而有效的办法是引进人才,尤其是跨学科人才,并鼓励法医学研究者学习和掌握跨学科知识及技术,进行学科交叉融合。法医学作为医学的一个分支,素来与临床医学联系紧密。死亡时间推断研究乃至法医学研究可以参考临床医学中的多学科联合会诊模式,即联合多个科室甚至医学外专业的人员形成团队,发挥各自优势,从而拓宽研究思路,采用精确方法,进行准确分析,为死亡时间推断研究,乃至法医学其他方面的研究,提供一条具有广阔前景的技术路线,以期取得实质性的成功。

三、人体组织实验难开展,真实事件难研究

目前,针对死亡时间推断的研究大多局限于动物实验。由于具有样品容易获得、实验条件易于控制、可以进行批量实验等优势,动物实验在新方法、新手段研究初期的作用无可取代。但众多研究表明,动物实验显示的有关死亡时间的良好结果在人体组织中却往往难以印证。这是因为人体组织材料的样本组成混杂了多种影响因素,致使直接的人体组织材料数据分析常常显得杂乱无章。类似地,临床医学研究终究要在真实世界中开展,死亡时间推断的研究成果最终将服务于司法实践,但要获得能运用于司法实践的研究成果,必须积累人体组织样本的实验数据。前文提到,我国基层公安部门承担了大量法医学司法鉴定工作,范围涉及各类刑事案件侦破中的死亡时间推断,具有广泛而稳定的案源基础,能够为科研机构提供生物样本及数据资源,以进行人体组织实验。科研机构若能加强与公安部门的合作,则可大大推动人体组织实验的开展,既能对死亡时间推断研究中人体参数及其推断方法的效用进行检测和修正,又能将已有成果运用在实际案件侦破中,以进行科学评估,逐步完善至满足应用要求,从而实现良性循环。当然,在涉及人体的研究工作中,一定要注意严格遵守法律法规和道德伦理方面的有关规定。

生命科学的研究思路主要为发现规律—模拟实验—验证结果—实践应用,死亡时间推断的研究也不例外。理想而言,能于实际案例中发现某一类型死亡时间的变化规律,加以总结归纳形成初步规律,应用人体生物样本或动物实验确定相应变量并得出推断方法,再收集案例、样本、模型进行验证修正,最终应用于实践操作,方可称为有效、科学的死亡时间推断研究。该过程实际上要求很高,在简单的变量条件下也许奏效,例如早期研究中采用测量尸体温度(如直肠温度)的方法,在一定程度上可达到推断死亡时间的效果,但随着变量数的增加、混杂因素的干扰,该方法的实践性不得不大打折扣。纵观当前研究进展,实际上学者们往往跳过"发现规律",从"模拟实验"着手研究,笔者以为原因有二:一是当前大量研究以学术成果的功利性目的为驱动力,学者们往往是接触到较新的、较先进技术,认为可用于死亡时间推断研究,即着手在动物模型上开展基础实验,的确产生了大量

学术成果,可惜对推动实践应用作用甚微;二是部分学者熟知研究思路,深知"发现规律"的重要性,但囿于死亡时间相关的一手数据匮乏,或面对纷繁杂乱的数据无从下手,难以梳理出合理的科学问题或切入点。这使得死亡时间推断的科学研究的第一步就难以迈出。

此外,死亡时间推断法医学研究的重要性,不断受到法医学(或者说尸体研究)以外的法庭科学技术的挑战,如视频监控、通信痕迹等。诚然,死亡时间推断研究的主体、最终落脚点必须是尸体(或死亡事件)本身,首先围绕尸体及其现象开展研究是理所当然的,但在现实工作中,尤其是案件侦查中,当局决策者往往首先考虑到尸体以外的技术,视频监控、通信痕迹不会随着时间而发生腐败,不会出现个体差异,甚至有精确到分、秒的时间记录,有一目了然的具象的根据。不得不承认,这些法庭科学技术对推断死亡时间、侦破案件提供了强有力的证据,但也"抢走了"当局决策者对法医学研究的青睐及支持,不免令法医工作者觉得遗憾。然而,监控也有坏的时候,通信痕迹也有消失的时候,此时围绕尸体本身的研究及分析显得格外重要。同样,笔者认为无论是法医工作者、案件侦办人,还是当局决策者,无须孤立看待死亡时间推断的法医学研究或其他技术的发展,而是应该融合两者,取长补短,以日新月异的法庭科学技术补充法医学研究,以日益成熟的法医学发现弥补法庭科学技术的盲区,才能发展研究、落实实践。

第二节 死亡时间推断的积累与创新

国内外学者针对死亡时间推断的研究由来已久,不少检测方法或技术在长期的研究中不断积累、沉淀,孕育为成熟的推断方法,也在不少研究中获得不俗的推断结果或建立出各种预测模型。然而,死亡时间从来不是一个单纯的数字,也从来不是用简单的线性推断就能破解的,其背后影响因素数量之多、关系之繁复,不能穷举。但是,我们的研究并非驻步不前,学者们长期以来的研究已经获得不俗的积累与沉淀,随着科学技术的加速迭代,死亡时间推断的技术与方法也随处可见创新的苗头,且不断破土而出。21世纪以来,人们发现仅研究单一方向难以揭示生物医学的问题,趁着高速革新的检测及分析技术的发展,提出从基因、蛋白质及其分子的多个角度出发,整体地观察机体、器官、组织、细胞的功能和调控,各种"组学"技术应运而生。不少技术被学者应用到死亡时间推断研究上,从单一因素到多因素、从单方向线性到整体宏观分析,也许能从创新技术中找到突破。

一、聚焦DNA/RNA,让遗传信息传递时间信息

为了避免外界环境对死亡时间推断的影响,多年来,国内外学者通过DNA/RNA降解规律结合计算机图像分析技术进行死亡时间推断的研究,如应用流式细胞术和图像分析技术检测各种器官组织DNA含量变化与死亡时间的关系,建立包括各优化指标在内

的多元回归统计分析体系,所开发的"死亡时间推断系统"应用软件客观性强、可重复性好、使用方便,具有研究推广的价值。相比于 DNA,尽管 RNA 更不稳定,但研究发现 RNA 的降解规律与死亡时间显著相关,例如,脑、肝、脾、肾组织的管家基因 GAPDH、β-actin mRNA 在死后早期的降解与死亡时间的线性关系较强,可作为利用 mRNA 的降解规律推断早期死亡时间的研究指标。又如,某些 mRNA 或 miRNA 的表达水平也存在昼夜节律性,结合已经成熟的 RNA 逆转录等技术,为推断死亡时间提供了量化指标,已经展现了长足的发展和应用潜力。

与此同时,基因组学以及转录组学的蓬勃发展,也使 DNA/RNA 的检测、建模及推断应用更加方便。不难理解,以组学方法尽可能多地寻找与死亡时间有关的 mRNA 表达情况,比单个基因的转录水平更利于死亡时间的推断研究。Hunter 等通过检测斑马鱼和小鼠两种模型的数百个上调基因的表达情况,利用回归分析及运算构建了模型以推断死亡时间。Pedro 等应用转录组学揭示,许多基因的表达在死后 14 h 内显著改变,但在 14～24 h 时趋于稳定,且发现 mRNA 的转录是在死后持续调控的,而非随机变化的,并由此基于转录组学建立了预测模型。

二、代谢物变化规律揭示死亡时间

机体的生理功能,正是由众多代谢物参与其过程,才得以实现并维系的,这些内源性代谢物,可以是糖类、脂质、氨基酸、核酸等。机体死亡后,这些代谢物也将呈现不同程度的变化规律,观察代谢物的变化规律,也是推断死亡时间的重要方法之一。

例如本书前文介绍,人体玻璃体液具有解剖位置相对隔离、不易被污染、腐败发生较晚、化学变化较缓慢等特点,是最具尸体代谢物研究价值的体液。死亡时间推断研究普遍采用单次取材、大样本量回归分析的研究方法,但人体检材十分难得,且检材需求量大、个体差异大,使得这一研究更加困难。而对玻璃体液进行微量取样,与一次取样样本总体均数差异无统计学意义,稳定性、可重复性较好,适合玻璃体液的死后研究。该方法可取代传统一次取样方法,且检测值更稳定,并能连续观测单独个体的玻璃体液离子浓度变化,使消除各时间点个体差异成为可能。玻璃体液微量取样法的建立,确立了单眼样本的研究价值。解决取样问题之后,检测什么、如何检测成为另一个待解决的问题。

对玻璃体液的研究中,学者们在钾离子浓度变化的基础上,引入次黄嘌呤浓度的观察,在一定程度上提高了死亡时间推断的准确性。随着代谢组学技术的引入与更新,学者们对死后代谢物的研究也不再局限于玻璃体液或数种产物。代谢组学主要检测、分析分子量小于 1000 的代谢物水平及其变化规律,在疾病机制研究、药物研发等多个领域已经获得极大的认可和推广。早在 21 世纪初,已有学者利用代谢组学在死后羊脑组织中开展死亡时间推断的研究,并筛选出丙氨酸、丁酸盐等代谢物,发现在死后 10 天内可有效推断死亡时间。其后,越来越多的研究也采用代谢组学技术推断死亡时间,筛选出可供推断用的代谢物,且已有部分结果在人体样本中得到验证。代谢组学的开展,使我们不再局限于玻璃体液、单个或数个代谢物,相信随着研究的深入,将迎来突破。

三、被忽略的一大"器官"——微生物及其产物

前述研究内容都是基于机体自身组织或代谢物进行死亡时间推断,另有研究方向聚焦机体以外的物质——微生物。人体内存在数量巨大、种类繁多的微生物,以细菌、真菌为主,尽管未见确切的统计,现有研究认为人体微生物数量是人体细胞数量的10倍以上,以万亿计。实际上,前期已有学者将目光投向机体死后微生物的降解规律,并以此推断死亡时间。机体死亡后,腐败微生物在尸体组织中繁殖,并产生腐败产物,借鉴食品卫生领域的思路,以腐败微生物为核心,相关研究探究了尸体组织内微生物ATP的含量在死后的变化规律,并将检测微生物ATP的生物发光技术用于法医学领域,分别建立了适用于法医学实验研究的尸体组织中微生物ATP和TMA-N的检测方法,拟合出可用于推断死亡时间的有效方程。实验结果提示腐败微生物和腐败产物含量可用于推断死亡时间,对高度腐败或不完整的尸体仍可取材检测,大大拓宽了死亡时间推断研究的时间范围。

当前法医学外的研究领域主要关注肠道微生物,应用基因测序技术和生物信息学原理,检测并分析肠道微生物的种属、数量或占比等信息,并已广泛用于疾病研究和药物研发,进展迅速。机体死亡后,若非开放性创伤,消化道(尤其肠腔近端)内容物及其微生物一般与外界隔绝,受外界因素的影响较小,可用于推断死亡时间。已有学者在人遗体、猪或者鼠类动物尸体中探究该方法的可行性。有结果显示,SD大鼠口腔微生物种属结构在死亡前后差异显著,而在直肠腔内,微生物菌群以变形菌门为主,厚壁菌门及拟杆菌门均显著减少。相比于基因组学、代谢组学等研究,尽管微生物研究尚未深入开展,但其不仅为死亡时间推断提供了新方法和新思路,为建立死亡时间推断的综合体系提供了新的理论与实验基础,同时也是对法医微生物学内容的扩充。

四、拓宽推断广度——数字虚拟技术

随着科学技术的发展,CT、MRS等数字化检查手段已逐渐被引入法医学领域。目前主要推崇影像学、虚拟技术在尸体检验、死因和创伤分析中的作用,而在死亡时间推断领域,这些技术也有用武之地。如CT检查的影像学指标相对恒定、技术手段成熟,是死亡时间推断研究的一种新手段。已有学者建立起利用CT值、脑组织与颅腔面积比推断死亡时间的方法。MRS能够在同一实验条件下,一次性检测多种物质,可避免在不同实验平台、不同实验技术条件下,多次检测多种物质所带来的实验误差,使对多物质、多因素同时进行检测成为可能,且MRS检测受环境温度等外界因素的影响比较小,因而可被用于死亡时间推断研究。其所研究对象从单一物质死后变化,转换为某几种物质之间死后变化的关系,利用这种呈一定规律的关系来推断死亡时间。

目前数字虚拟技术的研究仍处于起步阶段,且囿于经费、场地、技术管理等诸多因素

的掣肘,该技术的应用发展缓慢,且缺乏完整的数据库资源和良好的图像数据对比平台。从已成形的初步研究成果来看,CT、MRS等技术在推断死亡时间方面有其独特的优势和广阔的应用前景,有待法医工作者们开发和探索。

第三节　死亡时间推断的前景与展望

经济的发展和自然科学的突飞猛进大大促进了法医学的发展,现代分析仪器的运用和新兴检验技术的应用,更是推进了死亡时间推断的研究。死亡时间推断研究尽管备受法医学界的广泛重视,但迄今为止,相关研究仍有许多不尽如人意之处。本章前文详述了死亡时间推断研究及实践的难点,简而言之是干扰因素众多,而拟合方法欠缺。笔者以为,依靠一项技术,检测几个指标,构建几种模型,也仅限于在某研究的限定条件下,获得有限意义的推断结果,距离应用仍很遥远。在今后的一段时间内,通过借鉴其他学科发展的先进成果,树立科学研究的可持续发展观,在前人奠定的坚实基础上,死亡时间推断研究面临的将是一个重大的发展机遇期。

一、拥抱大数据,积跬步以至千里

有趣的是,究其根本,死亡时间仅仅是一个数值,死亡时间推断也仅仅是为了演算得出这个数值,而这个数值长期以来,且将在未来很长一段时间内,持续困扰着众多学者,是因为该数值背后关联了太多因素,或者说太多数据,也就是人们所称的"大数据"。实际上大数据已经进入法医学研究领域,诸如上述的多种组学技术,都是在繁杂的大数据中梳理、分析、筛选出有效信息。同时我们也应该留意到,组学技术在死亡时间推断研究中仍处于初始阶段,而我们看待大数据的角度与思维,也应该随之更新。

我们应该关注全体数据,而非随机样本。长久以来,我们在科研工作中往往设定一些固定的参数,诸如统一的环境温度、湿度,或对实验动物采取一样的处死方式,控制变量法的确使得我们聚焦于目的参数,排除非目的参数的干扰,而获得研究设计所预期的实验结果或推断模型,但这也牺牲了其他参数对死亡时间推断研究的贡献。此外,我们往往希望由样本推断总体,由实验室得到的模型,在样本量不大的实际案例中获得验证,这的确能获得看似可用的推断模型,但在真实世界中则难以得到应用。我们总希望从"小数据"中获得尽量多的信息,甚至希望能由此推断全貌,这是不现实的。举例而言,我们不能仅凭对一线城市的人口统计,来推断全国人口特征,而在全国开展人口普查才能让我们了解全国人口特征的全貌。如今大数据分析方法已相对成熟,且在不断发展,而对于死亡时间推断的研究,也该将眼界放大到全体数据,每一例死亡案例所包含的各种信息数据都应被纳入我们的数据库,不断积累,才能在达到一定程度后进行更有效的分析。

我们应该允许不精确,保留数据多样性。在"小数据"时代,我们常在研究中关注目的指标及数据,希望减少错误,保证数据及结果的质量,尽可能推导出准确的推断模型,可这样也让我们丢弃了大量看似无效的非目的数据,而这些被主观忽略的数据也对死亡时间有影响。如今进入大数据时代,我们应该学会接受这些非目的数据,允许不精确。死亡时间推断研究,实际上是测量及推测,测量总体在各种情况下的死亡时间,推测下一例案例在相似条件下的死亡时间。当我们将眼光拓宽到全体数据时,自然会遇到大量繁杂混乱的数据,尤其在试图扩大数据规模、纳入更多参数以测量总体死亡时间时,很可能会获得参差不齐的结果,但这不仅不该避免,反而是必经之路。大数据往往以概率来呈现结果,而非"一板一眼"的精确结果,我们从 50 个案例中得出的推断模型,也许能精确地推断出第 51 例的死亡时间,但面对第 501、5001 例时,该精确性可能脆弱不堪;但如果我们从 5000 例案例中得出"不那么精确,但大概率如此"的推断模型,其在真实世界中的应用价值将更大。因此,我们不应拘泥于目前测量结果有多精确,而应该判断在某条件下其死亡时间的区间(概率)为多少,与其依赖"精确性高"的模型,不如使用"概率更大"的推断模型。

  积跬步以至千里。既然我们需要对大数据进行分析,首要条件就是拥有大量数据,以及数据库,由此不可避免地会遇到多种问题:该用何种类型的数据库,数据库管理主体应该是哪个部门或单位,该收集哪些数据,数据格式如何,数据库之间如何通用,产权归属如何评判,等等。诚然,这些都是很现实且难以避免的问题,但我们也应该提倡尽早建立死亡时间相关数据库,至少应尽早开始收集数据,尤其是实际案例的各类数据。如今国内外已有众多单位注重生物样本的保存,并斥资建立各自的生物样本库,而有关样本库之间的互通、样本采集保存标准等,大多未确立行业内标准,但不妨碍生物样本的收集保存,且已有不少单位建立了场地、设施、人力、系统都完备的样本库,无疑拥有着巨大的宝库。笔者鼓励有实力、有能力的单位开始建设死亡时间相关数据库,也呼吁公检法司部门牵头,组织其各级单位建立数据库,相信也能建立出类似样本库那样不可替代的宝库。

二、适当分析数据置信区间、进行多元拟合

  对数据进行适当分析,寻找大数据中"大概率出现"的死亡时间区间,不仅能够得到趋近真实的评价研究结果,而且对筛选参数和提高研究准确度有着重要意义。伴随统计学的发展,客观分析实验数据,尤其在置信区间及多元参数上下功夫,已成为"死亡时间推断精确度不高"问题的解决方案之一。

  死亡时间推断研究结果是形成推断方程并予以评估,推断方程及其置信区间共同预示死亡时间推断结果。全面的死亡时间推断方程评价包括自评价和测评检验。所谓自评价,即研究自我给予的准确性预期评价,伴随研究结果产生,无需其他研究样本,自评价应包含方程、确定系数和置信区间。而测评检验,则是针对另外的研究样本,依据推断方程计算得到推断时间,并与实际死亡时间比较,测评检验结果客观,但工作量较大。

  推断方程来自研究样本的集中趋势,决定系数(r^2)表示变量总趋势上的相关性;而置

信区间来自离散程度,理论上预示同一总体样本的推断范围,或推断准确性。有研究仅根据方程的 r^2 来评价方程、选择指标,至于 r^2 究竟多高对推断死亡时间才有意义却是一个模糊的问题。诸多实验数据的回归分析显示,就算具有良好的推测趋势($r^2>0.98$),方程残差也较好,测量误差仍然会很大,因此仅根据 r^2 评价方程的观点是有局限性或有风险的。

事实上,在死亡时间推断中,置信区间的大小(从大数据中得到的大概率结果)决定了推断结果的时间范围,故其在法医检案工作中的作用举足轻重。若要提高推断准确度,需要在大量数据中匹配与该情形或条件相似的情况,并要注意选取恰当的指标,尽量使推断结果的置信区间处在可接受范围内。如果置信区间较宽泛,预示理论推断误差总体较大,实际应用价值必然较低。例如在动物实验检测玻璃体液的研究中,通过钾、钠、镁离子浓度建立推断方程,评价置信区间,发现依赖钾离子浓度的推断结果置信区间逐步扩大,理论推断误差随死亡时间延长而增大,即该模型不适用于晚期死亡时间推断(72 h 以上);而利用钠、镁离子浓度的推断方程 95% 置信区间较大,理论推断误差大,推断价值不高。

在死亡时间推断研究中,运用多元分析可以拟合不同方法,建立有效的多元推断方程,同样能够提高推断准确度。例如,DNA 是生物细胞核内较稳定的物质之一,在相同物种不同个体、不同组织细胞内含量基本相同。死后组织细胞 DNA 含量随死亡时间的延长而呈下降趋势,已被众多学者证实。现已有实验将玻璃体液中钠离子浓度与角膜上皮基底细胞 AG 进行多元拟合,结果显示其推断准确度更高。当然,盲目的拟合对提高推断准确度意义不大,应着重探索有统计学意义的多元拟合。如玻璃体液中钠离子浓度与角膜上皮基底细胞 AG 拟合的推断方程,拟合方程的推断准确度的提高有可能通过平均推断死亡时间更接近实际时间和 95% 置信区间的狭窄化两方面实现,这就需要筛选适宜指标、参数,避免共线性等。

三、机器学习——人工神经网络

尸体的死后变化受到内、外界众多因素影响,众多参数对生物活性的影响是非线性的,信息庞杂,生物行为的复杂性难以用传统数学模型加以解释。以往相关研究多试图用单一的参数或指标去根据线性或固定曲线关系推断死亡时间,但越来越多的研究认为,死亡时间推断本身就是一个庞大的、多参数、非线性或非固定曲线关系组成的系统,应该将多指标、多因素加以整合。为此,国内外法医学者和刑事技术工作者已进行了多项有益尝试,其中,人工神经网络(artificial neural network,ANN)的出现显著地为研究开辟了新视野。

人工神经网络简称神经网络,是在生物神经网络功能的启示下发展起来的,以模拟人类大脑神经网络结构和行为的分布式存储和并行协同处理为特色的非线性动力学系统,其基本组成单位是模拟大脑的神经细胞,即人工神经元(AN)。可以说,ANN 是人工智能研究的新成果。

作为人脑结构及功能的数学模拟系统,ANN 的信息处理功能是由网络单元(人工神经元)的输入输出特性(激活特性)、网络的拓扑结构(神经元的连接方式)、连接权的大小(突触联系强度)和神经元的阈值(可视为特殊的连接权)等所决定的。其知识获取和问题求解是在输入输出模式下,利用已获得的实验数据对其进行训练,通过自行组织学习过程,不断调整各层之间的结合权值和隐节点的阈值来完成的,在一定程度上模拟了专家凭直觉来解决局部问题的不确定性。

ANN 之所以能够引起学者们的兴趣,最主要原因在于该系统的自学习、自适应性强。ANN 以连续的方式进行学习,当输入模式接近学习过程中的训练样本时,网络的推理结果也表现出接近样本输入的倾向。当输入与输出不匹配时,则自动将其视为新样本,在原有基础上继续学习,以产生对输入而言合乎要求的输出,这样通过增加训练次数,在网络中不断修改权值,逐步确定联系强度(权重),学会识别各变量间复杂的非线性关系,掌握输入样本的内在规律性,使 ANN 可以对未经学习的样本正确识别、分类或做出某种响应,既可解决知识获取、更新的"瓶颈"问题,又可有效避免推理的"组合爆炸",以提高其判断的准确性。

除学习能力外,ANN 的其他特点同样值得我们探究、应用。一是并行性好,ANN 中的神经元独立处理信息,但整个网络系统却是并行计算的,因而推理速度快。二是容错性高,由于信息是分布存储于整个网络的连接点上的,多种信息自然沟通,因此像人的大脑一样,即使某一个甚至某些神经元出现故障,也不会影响整个网络的正常工作。三是联想性好,与人类思维的"由此及彼"相似,ANN 能从所获取的不完全知识中,通过"联想"举一反三,推出正解。此外,从数学角度来说,ANN 模拟的是形象思维模式,因而与传统数据处理算法相比,可接受模糊、非线性、随机的数据,需要决定的模式特点无需明确,能够拟合各种含有噪声的数据等。ANN 不仅综合了其他数学算法的优点,还能将一些不确定或未知因素包含在网络中,将其他算法忽略的、无法描述的,以及目前理论无法解释的诸多因素间的相互作用,用隐含方式表达出来。

越来越多的研究显示,ANN 在法医学研究领域具有实用性。原则上,作为一种信息处理系统,它可以拟合任何非线性函数,并且不需要函数形式的先验假设,只需从提供的数据中学习建立输入与输出的关系,这极大地简化了传统法医学数据分析所需要的建模工作,可以更好地映射各种信息,这也强调了前文所述数据库建设的重要性,使死亡时间数据库得以发挥作用。此外,从应用角度讲,网络建成后的信息处理是一个自动过程,只需选择与研究对象有关的因素组建数据,由网络自动从复杂的数据中总结其规律性,根据"经验"对未知样本进行预测,不受人为因素的干扰,因此有望降低或避免办案人个人因素对鉴定结果的影响,提高鉴定的准确性和标准化程度,此时,我们可以不再拘泥于"小数据"的"精确性",众多看似无效的非目的数据对死亡时间推断的贡献也得以体现。已有学者将 ANN 用于指纹分析、法医人类学、法医痕迹学、毒化以及成分分析等研究领域,ANN 均显示出强大的鉴别归类和识别能力而凸显其使用价值,有望突破传统的数据分析范围而在法医学领域得到更广泛的应用。

当然,我们必须看到,作为近年来在国内外新兴的一门边缘学科,ANN 在应用研究的各环节仍存在一些局限性,如:无法对训练得到的权值网络加以解释与限定;在神经网络模型选用、神经节点和神经层的设置、训练样本及次数的控制等方面的信息,往往是根据使用者的经验和实际要求在实验中摸索而得,缺乏一套行之有效的设计方法等。但随着对这一系统研发的深入,以及不同架构的新型网络问世,这些不足必将逐步得到改进。

综上所述,ANN 由于具有强大的非线性拟合能力、映射能力及自适应性等特点,可以说是最具潜力的数据处理方式,科研工作者已经开始了这方面的尝试,希望能综合多参数、多方法、多体系进行联合推断,提高死亡时间推断的准确性,削弱或消除环境等各种因素的影响。相信随着研究的不断推进、多级网络运用的逐渐熟练、各种神经网络模型的不断发展成熟,ANN 的应用势必更加简捷、应用范围更加广泛,最终形成多学科多级神经网络,更全面地反映事物的本质。相信 ANN 结合专家系统能够更好地对死亡时间推断的相关因素进行拟合,在法医学领域发挥强大的作用。

第四节 结 语

死亡时间推断一直是法医病理学的重点和难点之一。以往通过单一指标研究死后变化规律相对容易,但推断结果的误差很大。若想建立一种客观而准确的死亡时间推断方法,需要法医工作者突破学科专业界限,不断开阔眼界,寻求新的出路和研究模式。随着医学的发展,专家系统和计算机神经网络概念的引入,自然科学的先进技术和手段的运用,今后死亡时间推断的研究必将走向多因素、多指标、多手段、多学科综合应用的道路。

一项科研成果的获得往往需要几代人的不懈努力,科研的发展更是一个持续不断的过程,因此科研成果的有效累积和良性循环也是一个至关重要的问题,不容忽视。前人已得出的实验结果我们应该取其精华,为己所用,而不要轻易摒弃,做学问需要脚踏实地,切忌好高骛远。随着各项科研成果的不断累积、各种研究的日益深入,新技术、新方法将会不断涌现,使死亡时间推断的研究不断得到充实和更新,为解决法医病理学上的各种时间问题找到真正的突破口。

(刘良,莫耀南,黄锶哲)

主要参考文献

[1] 黄光照,麻永昌. 中国刑事科学技术大全:法医病理学[M]. 北京:中国人民公安大学出版社,2002.

[2] 褚小立. 化学计量学方法与分子光谱分析技术[M]. 北京:化学工业出版社,2011.

[3] 胡萃. 法医昆虫学[M]. 重庆:重庆出版社,2000.

[4] 翟建安. 中国法医实践[M]. 北京:警官教育出版社,1993.

[5] 闵建雄. 骨骼入土时间的鉴定[M]//陈世贤. 法医人类学. 北京:人民卫生出版社,1998.

[6] 翁诗甫. 傅里叶变换红外光谱分析[M]. 北京:化学工业出版社,2010.

[7] 伍新尧. 高级法医学[M]. 郑州:郑州大学出版社,2002.

[8] 徐英含. 最新法医病理学[M]. 北京:世界图书出版公司,1996.

[9] 张益鹄. 法医病理学理论与实践[M]. 武汉:湖北科学技术出版社,1996.

[10] 赵子琴. 法医病理学[M]. 4版. 北京:人民卫生出版社,2009.

[11] 祝家镇. 法医病理学[M]. 2版. 北京:人民卫生出版社,1999.

[12] 陈玉川,成建定. 离体人胸骨骨髓DNA降解与腐败尸体死亡时间推断的初步研究[J]. 法医学杂志,2002,18(3):144-145.

[13] 陈晓瑞,易少华,杨丽萍,等. 大鼠死后视网膜细胞mRNA降解与死亡时间的关系研究[J]. 中国法医学杂志,2007,22(3):169-172.

[14] 段伟成,兰玲梅,郭亚东,等. 玻璃体液检测技术在法医学死亡时间推断中的研究进展[J]. 法医学杂志,2018,34(1):49-54,59.

[15] 高家红,雷皓,陈群,等. 磁共振成像发展综述[J]. 中国科学:生命科学,2020,50(11):1285-1295.

[16] 龚志强,曾宪斌,孙跃刚,等. 家兔眼玻璃体液21种元素含量与PMI关系的研究[J]. 法医学杂志,2002,18(2):67-69.

[17] 关迎晖,向勇,陈康. 基于Gephi的可视分析方法研究与应用[J]. 电信科学,2013(Z1):112-119.

[18] 韩玮,于明鑫,唐晖,等. 人离体红细胞ATP含量与死亡时间和环境温度的关系[J]. 中国医药导报,2015,12(35):8-11.

[19] 何方刚,任亮,刘良. 测定DNA含量推断死亡时间——图像分析技术的标准化探讨[J]. 中国法医学杂志,2004,19(5):312-313.

[20] 胡萃,王江峰. 第20届国际昆虫学大会上法医昆虫学论文简要介绍与分析[J]. 昆虫知识,1997,34(4):250-251.

[21] 黄复生.昆虫学在法医学领域中的研究进展[J].中国法医学杂志,1994,9(3):186-188.

[22] 黄平,余荣军,李立,等.死后大鼠脾脏组织 FTIR 测量结果的法医学分析[J].中国司法鉴定,2010(5):38-42.

[23] 黄平,王世伟,白杰,等.应用 FTIR 光谱技术推断死亡时间[J].中国法医学杂志,2011,26(2):104-109.

[24] 霍菁菁.不同温度下死亡家兔玻璃体液钾离子浓度与 PMI 关系的研究[D].兰州:甘肃政法学院,2014.

[25] 竞花兰,陈玉川,程海鹰,等.尸体肝细胞 AgNOR 不同时间形态改变与死亡时间的关系[J].中国法医学杂志,1996,11(4):200-203.

[26] 贾志云.期刊影响因子的学科差异、领域差异以及绩效考核[J].中国科学院院刊,2009,24(5):525-529.

[27] 林乐泉,刘良,邓伟年,等.大鼠肝细胞 DNA 含量与早期死亡时间关系的图像分析研究[J].法医学杂志,2000,16(2):68-69.

[28] 黎世莹,邵煜,李正东,等.窒息死大鼠肌肉傅里叶变换红外光谱变化与死亡时间的关系[J].法医学杂志,2012,28(3):161-166.

[29] 黎世莹,邵煜,李正东,等.窒息死大鼠肝脾傅里叶变换红外光谱变化与死亡时间的关系[J].法医学杂志,2012,28(5):321-326.

[30] 黎增强,左卫东,张付,等.死亡时间推断研究进展[J].法医学杂志,2012,28(4):287-292.

[31] 刘良,杨天潼,任亮,等.死亡时间——当今中国法医病理学研究的热点及难点[J].证据科学,2008,16(2):234-241.

[32] 刘良,彭东兵,邓伟年,等.大鼠脑细胞 DNA 含量与死亡时间关系的图像分析[J].中国法医学杂志,2001,16(2):76-80.

[33] 刘良,彭东兵,刘艳,等.大鼠肾细胞核 DNA 含量与死亡时间关系的研究[J].法医学杂志,2001,17(2):65-68.

[34] 刘良,张力,刘亚玲,等.大鼠脑细胞 DNA 含量与死亡时间的图像分析[J].中国法医学杂志,2000,15(1):1-3,13.

[35] 刘良,林乐泉,刘艳,等.大鼠脾细胞 DNA 含量与早期死亡时间关系的图像分析研究[J].法医学杂志,2000,16(1):8-9.

[36] 刘茜,武盛国,汪岚,等.双眼交替微量取样检测兔玻璃体液钾镁离子浓度推测死亡时间[J].中国法医学杂志,2007,22(1):32-34.

[37] 刘茜.腐败微生物及腐败产物检测推断死亡时间的研究[D].武汉:华中科技大学,2009.

[38] 刘志杰,董祖鑫,路健,等.大鼠死后管家基因 mRNA 稳定性及其时序性降解与 PMI 相关性研究[J].中国法医学杂志,2017,32(5):448-452.

[39] 龙仁,王伟平,熊平,等.肋软骨及牙髓细胞DNA含量与PMI的相关性[J].法医学杂志,2005,21(3):174-176.
[40] 龙仁,黄安,王伟平,等.低温下大鼠死后骨骼肌及肝组织平均ATP含量变化与PMI关系的研究[J].美国中华临床医学杂志,2005,7(3):184-185.
[41] 罗光华,陈玉川,成建定,等.尸体胸骨骨髓细胞核DNA含量变化及其与死后经过时间的关系[J].中国法医学杂志,2006,21(2):71-73.
[42] 吕叶辉,王卓群,陈忆九,等.mRNA和ncRNA在死亡时间推断中的研究进展[J].法医学杂志,2020,36(6):807-819.
[43] 马建中,季少岩,贾静涛.依据Marshall和Hoare的数学模型推断死亡时间的新方法[J].中国法医学杂志,1993,8(1):27-31.
[44] 马玉堃,胡萃.杭州地区尸食性昆虫种类与生物学特性的初步研究[J].浙江农业大学学报,1997,23(4):375-380.
[45] 马玉堃,胡萃,闵建雄.温度对4种常见尸食性蝇类生长发育的影响及其法医学意义[J].中国法医学杂志,1998,13(2):81-84.
[46] 孟彦.21世纪国际学界阅读素养研究的热点和趋势——基于文献共被引网络图谱的分析[J].北京教育学院学报,2019,33(4):14-21.
[47] 牛青山,李军,张兴满.温度对丝光绿蝇幼虫发育速度影响[J].中国法医学杂志,1996,11(3):158.
[48] 任亮,刘亚玲,罗斌,等.离体人肝细胞核DNA含量死后变化的图像分析研究[J].中国法医学杂志,2005,20(6):329-332.
[49] 潘洪富.人死后玻璃体液化学成分含量改变与死亡时间关系的研究[D].成都:四川大学,2005.
[50] 齐凤英,许树荣,刘汝俊,等.死后不同时间的组织细胞DNA含量分析[J].中国法医学杂志,1989,4(4):213-215.
[51] 舒细记,刘亚玲,任亮,等.Correlative analysis on the relationship between PMI and DNA degradation of cell nucleus in human different tissues[J].华中科技大学学报:医学英德文版,2005,25(4):423-426.
[52] 陶丽,马剑龙,陈龙.早期死亡时间推断研究进展[J].法医学杂志,2016,32(6):444-447.
[53] 王琪,林汉成,徐纪茹,等.死亡时间推断最新研究与展望[J].法医学杂志,2018,34(5):459-467.
[54] 王成毅,郭学荣,任亮,等.人脾淋巴细胞核DNA含量及形态学参数的变化规律[J].中国法医学杂志,2002,17(4):217-220.
[55] 王成毅,刘良.图像分析技术测定DNA含量变化推断死亡时间的研究及应用前景[J].法医学杂志,2002,18(1):56-59.
[56] 王慧君,张春明,熊希凯,等.死后大鼠骨骼肌运动终板和肌纤维酶、免疫组化研究

[J]. 法医学杂志,1999,15(3):135-137.

[57] 汪岚,姜思祖,刘良. 家兔玻璃体液间隔多次微量取样方法研究[J]. 中国法医学杂志,2006,21(6):337-339.

[58] 汪岚,战玉祝,刘茜,等. 家兔死后玻璃体液离子浓度检测的微量重复取样法[J]. 中国法医学杂志,2006,21(3):133-135.

[59] 涂彬,孔祥麟,阎祖康,等. 大鼠死后肝细胞核 DNA 的组织化学定量研究[J]. 法医学杂志,1994,10(4):149-152,190.

[60] 徐俊杰,阙庭志. 荧光测定兔死后组织中 DNA 含量的变化[J]. 法医学杂志,1990,5(2):11-14.

[61] 徐长苗,陈希生. 推断死亡时间的新方法[J]. 刑事技术,1994(3):23-25.

[62] 肖坚. 基于虚拟尸检技术推断死亡时间的实验研究[D]. 武汉:华中科技大学,2006.

[63] 汤治洲. 根据蛆长推断死亡时间的回归方程[J]. 法医学杂志,1994,10(3):113-114.

[64] 杨明真,张天叶,李辉军,等. 玻璃体液推断死亡时间的研究进展[J]. 法医学杂志,2018,34(2):165-170.

[65] 杨天潼,李振伟,刘良,等. 多体素^{1}H-MRS 推断不同温度下死亡时间的研究[J]. 中国法医学杂志,2008,23(6):379-382.

[66] 杨天潼,于永光,廖信彪,等. 不同温度下离体人静脉血 ATP 含量与死亡时间的关系[J]. 中国法医学杂志,2013,28(3):207-210.

[67] 杨玉璞,任嘉诚,刘力,等. 北京地区尸生性蝇类研究及其在法医鉴定中的应用[J]. 中国法医学杂志,1998,13(3):159-162.

[68] 姚尧,王琪,荆小莉,等. 猪肋软骨和肋骨的 ATR-FTIR 光谱变化与死亡时间的关系[J]. 法医学杂志,2016,32(1):21-25.

[69] 易少华,陈晓瑞,刘良. 死后视网膜组织 mRNA 降解的初步研究[J]. 解放军医学杂志,2007,32(8):797.

[70] 张海东,杨天潼,郑娜,等. 家兔死后心肌酰胺 A 带的傅里叶变换红外光谱图像分析[J]. 法医学杂志,2011,27(5):321-323.

[71] 张力,彭东兵,刘良. 计算机技术在法医病理学中的应用[J]. 中国法医学杂志,2000,15(3):181-182.

[72] 赵洪乾,吴岳. 玻璃体液在法医学死亡时间推断及其检测分析技术中的研究[J]. 中国高原医学与生物学杂志,2018,39(3):207-210.

[73] 郑娜,唐谷,朱光辉,等. 应用丽蝇蛹壳脂类推断死亡时间的基础研究[J]. 中国法医学杂志,2016,31(5):467-469.

[74] 周红章,杨玉璞,任嘉诚,等. 北京地区法医昆虫学研究Ⅱ. 尸体分解过程中的昆虫种类演替与死亡时间推断[J]. 中国法医学杂志,1997,12(2):79-83.

[75] 朱方成,蔡成忠,王树法,等. 荧光半定量逆转录-聚合酶链式反应检测大鼠死后肾mRNA[J]. 中国现代医学杂志,2006,16(11):1628-1630.

[76] 朱方成,郑光美,任亮,等. 基于 mRNA 稳定性推断死亡时间的研究[J]. 解放军医学杂志,2006,31(5):453-454.

[77] 朱方成,任亮,刘良,等. 荧光标记 RT-PCR 技术在实验动物死亡时间推断中的应用[J]. 第三军医大学学报,2006,28(18):1857-1859.

[78] 朱方成,蔡成忠,刘良,等. 大鼠死后不同时间肝 GAPDH mRNA 的检测[J]. 山东医药,2006,46(10):10-11.

[79] Anderson J S,Parker R P. The 3′ to 5′ degradation of yeast mRNAs is a general mechanism for mRNA turnover that requires the SKI2 DEVH box protein and 3′ to 5′ exonucleases of the exosome complex[J]. EMBO J,1998,17(5):1497-1506.

[80] Adler C P,Beckove P. [Post-mortem DNA changes in heart muscle][J]. Beitr Pathol,1971,142(3):306-320.

[81] Johnson A W. Rat1p and Xrn1p are functionally interchangeable exoribonucleases that are restricted to and required in the nucleus and cytoplasm, respectively[J]. Mol Cell Biol,1997,17(10):6122-6130.

[82] Bocaz-Beneventi G,Tagliaro F,Bortolotti F,et al. Capillary zone electrophoresis and artificial neural networks for estimation of the postmortem interval(PMI) using electrolytes measurements in human vitreous humour[J]. Int J Legal Med,2002,116(1):5-11.

[83] Bär W,Kratzer A,Mächler M,et al. Postmortem stability of DNA[J]. Forensic Sci Int,1988,39(1):59-70.

[84] Madea B,Rödig A. Time of death dependent criteria in vitreous humor—accuracy of estimating the time since death[J]. Forensic Sci Int,2006,164(2-3):87-92.

[85] Madea B,Henssge C,Hönig W,et al. References for determining the time of death by potassium in vitreous humor[J]. Forensic Sci Int,1989,40(3):231-243.

[86] Bousquet-Antonelli C,Presutti C,Tollervey D. Identification of a regulated pathway for nuclear pre-mRNA turnover[J]. Cell,2000,102(6):765-775.

[87] Allmang C,Petfalski E,Podtelejnikov A,et al. The yeast exosome and human PM-Scl are related complexes of 3′→5′ exonucleases[J]. Genes Dev,1999,13(16):2148-2158.

[88] Beelman C A,Stevens A,Caponigro G,et al. An essential component of the decapping enzyme required for normal rates of mRNA turnover[J]. Nature,1996,382(6592):642-646.

[89] Henssge C,Madea B. Estimation of the time since death[J]. Forensic Sci Int,

2007,165(2-3):182-184.

[90] Catts E P, Goff M L. Forensic entomology in criminal investigation[J]. Annu Rev Entomol,1992,37:253-272.

[91] Cina S J. Flow cytometric evaluation of DNA degradation: a predictor of postmortem interval? [J]. Am J Forensic Med Pathol,1994,15(4):300-302.

[92] Grosset C, Chen C Y, Xu N, et al. A mechanism for translationally coupled mRNA turnover: interaction between the poly(A) tail and a c-fos RNA coding determinant via a protein complex[J]. Cell,2000,103(1):29-40.

[93] Chang M, French-Cornay D, Fan H Y, et al. A complex containing RNA polymerase Ⅱ, Paf1p, Cdc73p, Hpr1p, and Ccr4p plays a role in protein kinase C signaling[J]. Mol Cell Biol,1999,19(2):1056-1067.

[94] Chen X, Yi S, Liu L. Image analysis for degradation of DNA in retinal nuclei of rat after death[J]. J Huazhong Univ Sci Technolog Med Sci,2007,27(1):24-26.

[95] Hsu C L, Stevens A. Yeast cells lacking 5′→3′ exoribonuclease 1 contain mRNA species that are poly(A) deficient and partially lack the 5′ cap structure[J]. Mol Cell Biol,1993,13(8):4826-4835.

[96] Körner C G, Wormington M, Muckenthaler M, et al. The deadenylating nuclease(DAN) is involved in poly(A) tail removal during the meiotic maturation of Xenopus oocytes[J]. EMBO J,1998,17(18):5427-5437.

[97] Coe J I. Postmortem chemistry update. Emphasis on forensic application[J]. Am J Forensic Med Pathol,1993,14(2):91-117.

[98] Wreden C, Verrotti A C, Schisa J A, et al. Nanos and pumilio establish embryonic polarity in *Drosophila* by promoting posterior deadenylation of hunchback mRNA[J]. Development,1997,124(15):3015-3023.

[99] Mukherjee D, Gao M, O'Connor J P, et al. The mammalian exosome mediates the efficient degradation of mRNAs that contain AU-rich elements[J]. EMBO J, 2002,21(1-2):165-174.

[100] Dehlin E, Wormington M, Körner C G, et al. Cap-dependent deadenylation of mRNA[J]. EMBO J,2000,19(5):1079-1086.

[101] Muhlrad D, Decker C J, Parker R. Turnover mechanisms of the stable yeast PGK1 mRNA[J]. Mol Cell Biol,1995,15(4):2145-2156.

[102] Kipling D, Tambini C, Kearsey S E. Rar mutations which increase artificial chromosome stability in *Saccharomyces cerevisiae* identify transcription and recombination proteins[J]. Nucl Acids Res,1991,19(7):1385-1391.

[103] Feng H, Zhang X, Zhang C. mRIN for direct assessment of genome-wide and gene-specific mRNA integrity from large-scale RNA-sequencing data[J]. Nat

Commun,2015,6:7816.

[104] Ferslew K E, Hagardorn A N, Harrison M T, et al. Capillary ion analysis of potassium concentrations in human vitreous humor[J]. Electrophoresis,1998,19(1):6-10.

[105] Ferreira P G, Muñoz-Aguirre M, Reverter F, et al. The effects of death and post-mortem cold ischemia on human tissue transcriptomes[J]. Nat Commun,2018,9(1):490.

[106] Foster S N, Smith P R, Biggs M, et al. Estimation of postmortem interval using vitreous potassium levels in cases of fatal road traffic collision[J]. Arch Med Sadowej Kryminol,2016,66(2):71-82.

[107] Gingras A C, Raught B, Sonenberg N. eIF4 initiation factors:effectors of mRNA recruitment to ribosomes and regulators of translation[J]. Annu Rev Biochem,1999,68:913-963.

[108] Caponigro G, Parker R. Multiple functions for the poly(A)-binding protein in mRNA decapping and deadenylation in yeast[J]. Genes Dev,1995,9(19):2421-2432.

[109] Garg U, Althahabi R, Amirahmadi V, et al. Hyaluronidase as a liquefying agent for chemical analysis of vitreous fluid[J]. J Forensic Sci,2004,49(2):388-391.

[110] Goff M L, Lord W D. Entomotoxicology. A new area for forensic investigation[J]. Am J Forensic Med Pathol,1994,15(1):51-57.

[111] Tourrière H, Chebli K, Tazi J. mRNA degradation machines in eukaryotic cells[J]. Biochimie,2002,84(8):821-837.

[112] Henssge C, Madea B. Estimation of the time since death in the early postmortem period[J]. Forensic Sci Int,2004,144(2-3):167-175.

[113] Huang P, Su C P, Li S S, et al. [Estimation of postmortem interval using FTIR spectroscopy in rats' cardiac muscle][J]. Fa Yi Xue Za Zhi,2010,26(1):1-5.

[114] Wang H, Ma J, Xu H, et al. Early postmortem interval (EPMI) estimation using differentially expressed gene transcripts[J]. Leg Med,2019,38:83-91.

[115] Introna F Jr, Suman T W, Smialek J E. Sarcosaprophagous fly activity in Maryland[J]. J Foren Sci,1991,36(1):238-243.

[116] Ith M, Scheurer E, Kreis R, et al. Estimation of the postmortem interval by means of ^{1}H MRS of decomposing brain tissue:influence of ambient temperature[J]. NMR Biomed,2011,24(7):791-798.

[117] Decker C J, Parker R. A turnover pathway for both stable and unstable mRNAs in yeast:evidence for a requirement for deadenylation[J]. Genes Dev,1993,7

(8):1632-1643.

[118] Ross J. mRNA stability in mammalian cells[J]. Microbiol Rev,1995,59(3):423-450.

[119] Ke Y,Li Y,Wang Z Y. The changes of fourier transform infrared spectrum in rat brain[J]. J Forensic Sci,2012,57(3):794-798.

[120] Kimura A,Ishida Y,Hayashi T,et al. Estimating time of death based on the biological clock[J]. Int J Legal Med,2011,125(3):385-391.

[121] Buiting K,Körner C,Ulrich B,et al. The human gene for the poly(A)-specific ribonuclease (PARN) maps to 16p13 and has a truncated copy in the Prader-Willi/Angelman syndrome region on 15q11→q13[J]. Cytogenet Cell Genet,1999,87(1-2):125-131.

[122] Liu Q,Sun Q,Liu Y,et al. Bioluminescent assay of microbial ATP in postmortem tissues for the estimation of postmortem interval[J]. J Huazhong Univ Sci Technolog Med Sci,2009,29(6):679-683.

[123] Liu L,Sun T,Liu Z,et al. Traumatic brain injury dysregulates microRNAs to modulate cell signaling in rat hippocampus[J]. PLoS One,2014,9(8):e103948.

[124] Lv Y H,Ma J L,Pan H,et al. Estimation of the human postmortem interval using an established rat mathematical model and multi-RNA markers[J]. Forensic Sci Med Pathol,2017,13(1):20-27.

[125] Lv Y H,Ma J L,Pan H,et al. RNA degradation as described by a mathematical model for postmortem interval determination[J]. J Forensic Leg Med,2016,44:43-52.

[126] Ma J,Pan H,Zeng Y,et al. Exploration of the R code-based mathematical model for PMI estimation using profiling of RNA degradation in rat brain tissue at different temperatures[J]. Forensic Sci Med Pathol,2015,11(4):530-537.

[127] Mao S,Fu G,Seese R R,et al. Estimation of PMI depends on the changes in ATP and its degradation products[J]. Leg Med,2013,15(5):235-238.

[128] Kenna M,Stevens A,McCammon M,et al. An essential yeast gene with homology to the exonuclease-encoding XRN1/KEM1 gene also encodes a protein with exoribonuclease activity[J]. Mol Cell Biol,1993,13(1):341-350.

[129] Mihailovic Z,Atanasijevic T,Popovic V,et al. Could lactates in vitreous humour be used to estimate the time since death?[J]. Med Sci Law,2011,51(3):156-160.

[130] Madea B. Is there recent progress in the estimation of the postmortem interval by means of thanatochemisty?[J]. Forensic Sci Int,2005,151(2-3):139-149.

[131] Mora-Ortiz M, Trichard M, Oregioni A, et al. Thanatometabolomics:

introducing NMR-based metabolomics to identify metabolic biomarkers of the time of death[J]. Metabolomics,2019,15(3):37.

[132] Mitchell P, Petfalski E, Shevchenko A, et al. The exosome: a conserved eukaryotic RNA processing complex containing multiple 3′→5′ exoribonucleases [J]. Cell,1997,91(4):457-466.

[133] Perednia D A, Gaines J A, Butruille T W. Comparison of the clinical informativeness of photographs and digital imaging media with multiple choice receiver operating characteristic analysis[J]. Arch Dermatol,1995,131(3): 292-297.

[134] Passos M L, Santos A M, Pereira A I, et al. Estimation of postmortem interval by hypoxanthine and potassium evaluation in vitreous humor with a sequential injection system[J]. Talanta,2009,79(4):1094-1099.

[135] Liu Q, Cai X, Liu Y, et al. Spectrophotometric determination of trimethylamine-nitrogen (TMA-N) in cadaver tissues for the estimation of late postmortem interval: a pilot study[J]. J Huazhong Univ Sci Technology Med Sci,2008,28(6):630-633.

[136] Reiter C, Wollenek G. [Determination of maggot species of forensically significant blow flies][J]. Z Rechtsmed,1983,90(4):309-316.

[137] Rognum T O, Holmen S, Musse M A, et al. Estimation of time since death by vitreous humor hypoxanthine, potassium, and ambient temperature[J]. Forensic Sci Int,2016,262:160-165.

[138] Tharun S, Parker R. Targeting an mRNA for decapping: displacement of translation factors and association of the Lsm1p-7p complex on deadenylated yeast mRNAs[J]. Mol Cell,2001,8(5):1075-1083.

[139] Siddamsetty A K, Verma S K, Kohli A, et al. Estimation of time since death from electrolyte, glucose and calcium analysis of postmortem vitreous humour in semi-arid climate[J]. Med Sci Law,2014,54(3):158-166.

[140] Sperling F A, Anderson G S, Hickey D A. A DNA-based approach identification of insect species used for postmortem interval estimation[J]. J Foren Sci,1994,39(2):418-427.

[141] Sun T, Yang T, Zhang H, et al. Interpolation function estimates post mortem interval under ambient temperature correlating with blood ATP level[J]. Forensic Sci Int,2014,238:47-52.

[142] Sun T Y, Chen X R, Liu Z L, et al. Expression profiling of microRNAs in hippocampus of rats following traumatic brain injury[J]. J Huazhong Univ Sci Technolog Med Sci,2014,34(4):548-553.

[143] Tagliaro F, Manetto G, Cittadini F, et al. Capillary zone electrophoresis of potassium in human vitreous humour: validation of a new method[J]. J Chromatogr B Biomed Sci Appl,1999,733(1-2):273-279.

[144] Dunckley T, Parker R. The DCP2 protein is required for mRNA decapping in *Saccharomyces cerevisiae* and contains a functional MutT motif[J]. EMBO J, 1999,18(19):5411-5422.

[145] LaGrandeur T E, Parker R. Isolation and characterization of Dcp1p, the yeast mRNA decapping enzyme[J]. EMBO J,1998,17(5):1487-1496.

[146] Wang L, Zhou W, Ren L, et al. Comparative study of two vitreous humor sampling methods in rabbits[J]. J Huazhong Univ Sci Technolog Med Sci, 2006,26(4):475-477.

[147] Wang Q, Zhang Y, Lin H, et al. Estimation of the late postmortem interval using FTIR spectroscopy and chemometrics in human skeletal remains[J]. Forensic Sci Int,2017,281:113-120.

[148] Williams H. A model for aging of fly larvae in forensic entomology[J]. Forensic Sci Inter,1984,25(3):191-199.

[149] Wu S, Duan N, Shi Z, et al. Dual fluorescence resonance energy transfer assay between tunable upconversion nanoparticles and controlled gold nanoparticles for the simultaneous detection of Pb^{2+} and Hg^{2+}[J]. Talanta,2014,128:327-336.

[150] Xuan M G, Fu G W, Liu F, et al. The impact of gender, age and tissues in vitro on estimating postmortem interval by FTIR spectroscopy[J]. Fa Yi Xue Za Zhi, 2013,29(1):1-4.

[151] Zhang J, Li B, Wang Q, et al. Application of Fourier transform infrared spectroscopy with chemometrics on postmortem interval estimation based on pericardial fluids[J]. Sci Rep,2017,7(1):18013.

[152] Zilg B, Bernard S, Alkass K, et al. A new model for the estimation of time of death from vitreous potassium levels corrected for age and temperature[J]. Forensic Sci Int,2015,254:158-166.

彩　　图

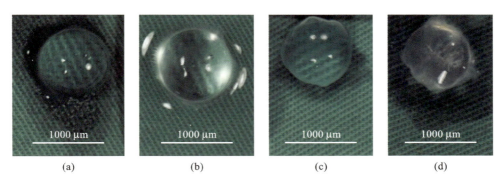

图 1-5　晶状体球状完整度与死亡时间的关系
(a)24 h；(b)48 h；(c)72 h；(d)96 h

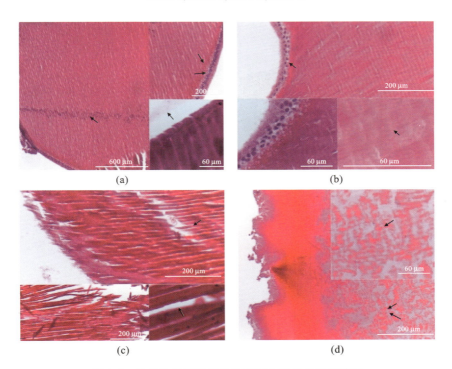

图 1-6　晶状体镜下组织结构随死亡时间的变化情况
(a)24 h；(b)48 h；(c)72 h；(d)96 h

· 203 ·

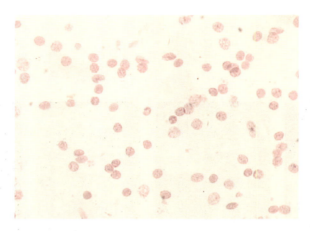

图 3-3　Feulgen 染色

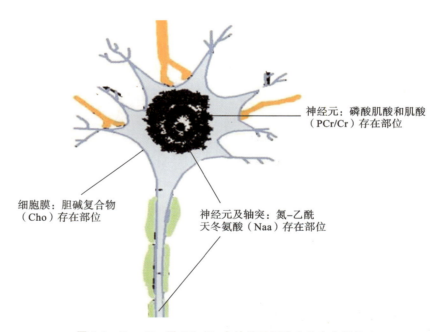

图 5-2　Naa、Cho 及 PCr/Cr 在神经元细胞中的存在部位

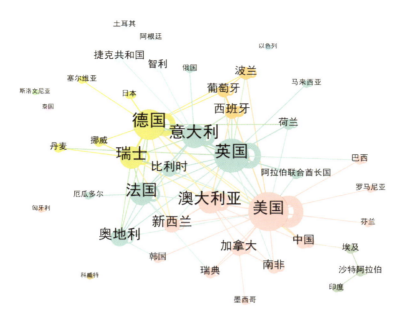

图 8-11　WoS 数据库收录的死亡时间推断研究相关文献的国家合作网络（1976—2019 年）

图 8-12　WoS 数据库收录的死亡时间推断研究相关文献的机构合作网络（1976—2019 年）
注：图片由软件导出，部分机构名称与实际名称略有差异。

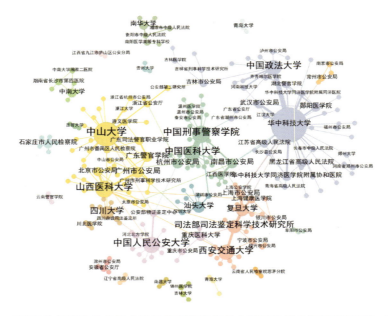

图 8-13　CNKI 数据库收录的死亡时间推断研究相关文献的机构合作网络（1980—2019 年）
注：图片由软件导出，部分机构名称与实际名称略有差异。

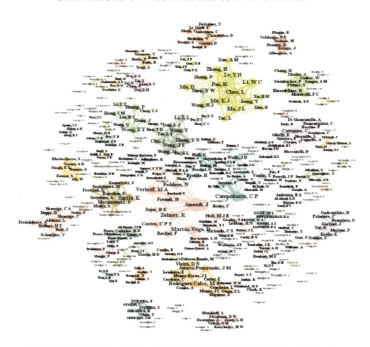

图 8-14　WoS 数据库收录的死亡时间推断研究相关文献的作者合作网络（1976—2019 年）

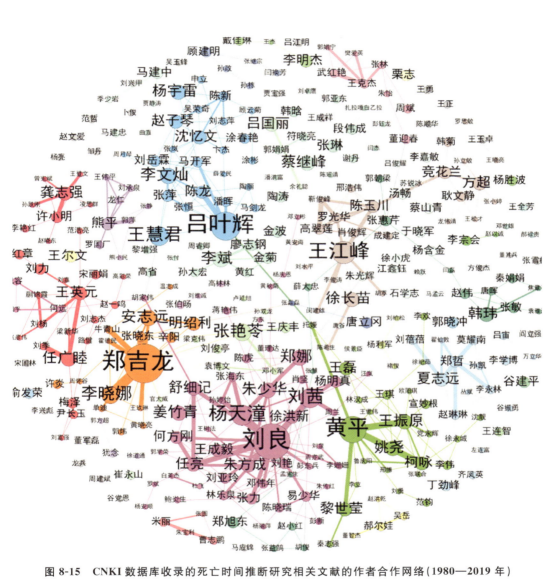

图 8-15 CNKI 数据库收录的死亡时间推断研究相关文献的作者合作网络（1980—2019 年）

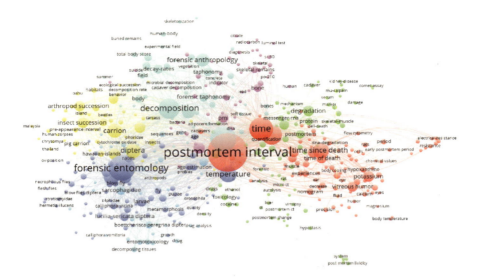

图 8-16　WoS 数据库收录的死亡时间推断研究相关文献的关键词共现情况（1976—2019 年）

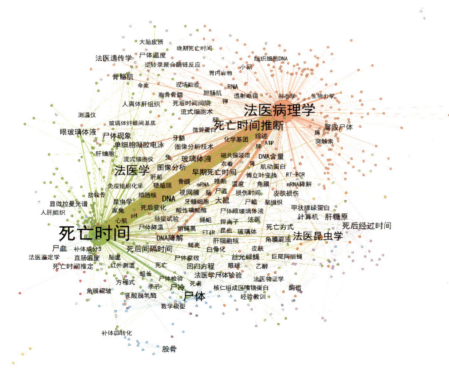

图 8-18　CNKI 数据库收录的死亡时间推断研究相关文献的关键词共现情况（1980—2019 年）